A forma da cidade de origem portuguesa

editora
unesp

A forma da cidade de origem portuguesa

Manuel C. Teixeira

CIP – Brasil. Catalogação na fonte
Sindicato Nacional dos Editores de Livros, RJ

T267f

Teixeira, Manuel C.

A forma da cidade de origem portuguesa / Manuel C. Teixeira. – São Paulo : Editora Unesp : Imprensa Oficial do Estado de São Paulo, 2012.

208 p. : il.

Inclui bibliografia

ISBN 978-85-393-0175-1 (Unesp)

ISBN 978-85-401-0033-6 (Imprensa Oficial)

1. Urbanismo. 2. Arquitetura. 3. Arquitetura colonial portuguesa. 4. Geografia urbana. 5. Cidades e vilas – Portugal - História. I. Título.

11-5662. CDD: 711.4
CDU: 711.4

02.09.11 08.09.11 029325

Foi feito o depósito legal na Biblioteca Nacional
(lei nº 10.994, de 14.12.2004)

Impresso no Brasil 2012

Grafia atualizada segundo o Acordo Ortográfico da
Língua Portuguesa de 1990, em vigor no Brasil desde 2009.

Fundação Editora da UNESP (FEU)

Praça da Sé, 108
01001 900 São Paulo SP
Tel.: (0xx11) 3242-7171
Fax: (0xx11) 3242-7172
www.editoraunesp.com.br
www.livrariaunesp.com.br
feu@editora.unesp.br

Imprensa Oficial do Estado de São Paulo

Rua da Mooca, 1.921 Mooca
03103 902 São Paulo SP
SAC 0800 0123 4014
sac@imprensaoficial.com.br
livros@imprensaoficial.com.br
www.imprensaoficial.com.br

Editora afiliada:

Sumário

INTRODUÇÃO

A língua portuguesa é hoje o elo de uma vasta comunidade cultural, composta por mais de 220 milhões de pessoas, e une países e regiões na Europa, nas Américas, na África e no Oriente. Tal comunidade, que tem se desenvolvido e enriquecido ao longo de séculos em múltiplos processos de troca e de simbiose, tem como uma de suas expressões mais visíveis um grande patrimônio urbano e arquitetônico que importa conhecer, divulgar e preservar.

Mesmo nos locais em que a cultura portuguesa não sobreviveu por meio da língua, ela permanece no urbanismo, na arquitetura e nos modos de fazer e de construir que resultaram desse multifacetado encontro civilizacional, e do qual são testemunhos. Cada uma dessas realidades urbanas e arquitetônicas tem sua especificidade e deve ser entendida em suas múltiplas raízes europeias, africanas, índias e orientais. No entanto, o elemento comum que as une é sua matriz portuguesa e isso significa que, além das especificidades locais, existe uma identidade urbana e arquitetônica que é partilhada por todos e que deve ser reconhecida, enfatizando o sentido de comunidade que estabelece a união dos países de língua portuguesa.

A construção de núcleos urbanos foi uma componente importante dos projetos coloniais europeus a partir do século XV. As cidades, as vilas e as aldeias eram essenciais para satisfazer as necessidades desses diferentes projetos, fossem eles de conquista, de exploração territorial ou de comércio. Esses núcleos urbanos cumpriam vários papéis simultaneamente, podendo ser centros políticos e administrativos, portos marítimos, polos comerciais, bases para a exploração de recursos naturais ou de atividades agrícolas, ou servindo, ainda, de refúgio contra perseguições políticas ou religiosas na Europa. As funções militares estavam também presentes na maior parte das vezes: muitos núcleos dispunham de um forte ou de uma fortaleza e eram rodeados, por vezes, por um perímetro muralhado. Foi essa multiplicidade de funções que assegurou a continuidade de muitas cidades, tornando-as capazes de se adaptarem a diferentes conjunturas ao longo do tempo.

As cidades ofereciam proteção contra todo o tipo de perigos em terras estranhas e transmitiam aos colonos um sentimento de estabilidade. Para tal, muito contribuía o fato de sua construção ter como referências iniciais os espaços urbanos de suas sociedades de origem, expressando suas tradições e cultura e assegurando, dessa forma, uma aparência de continuidade de modos de vida. Contudo, a habitual escassez de recursos, a deficiente qualidade da mão de obra, as diferentes condições ambientais e os diferentes materiais disponíveis implicaram que esses modelos fossem transformados e adaptados às novas circunstâncias. Por sua vez, além de seus diferentes objetivos, os projetos coloniais das diferentes nações europeias se iniciaram e culminaram em diferentes momentos históricos. As respectivas cidades, construídas em diversos períodos, refletiam as diferentes fases de desenvolvimento da cultura urbana europeia. Consequentemente, não é estranho encontrarmos cidades de origem portuguesa construídas, no início do século XV, nas ilhas atlânticas, evidenciando suas raízes medievais, ou cidades setecentistas francesas construídas nas Caraíbas, denotando as suas referências iluministas.

O projeto colonial português se baseava, de início, no estabelecimento de rotas marítimas e na exploração de monopólios comerciais, sendo necessário, para tal, assegurar o controle de portos e de pontos estratégicos na costa. Para cumprir esse objetivo, foi construída, a partir do século XV, ao longo das costas de África, Brasil, Arábia, Índia e Extremo Oriente, uma rede apertada de feitorias, de fortes e de núcleos urbanos – a maior parte deles localizados junto ao mar – em baías abrigadas ou na embocadura ou margens de rios navegáveis, com fáceis comunicações para o interior. A ocupação urbana dessas regiões interiores só ocorreria alguns casos, e mais tardiamente, ligada a projetos de exploração territorial.

Em muitos casos, essas implantações coloniais evoluíam umas a partir das outras, principalmente as que se situavam em locais estrategicamente importantes para a proteção das rotas marítimas ou para o abastecimento dos navios, ou onde a atividade comercial era mais intensa. As feitorias eram entrepostos comerciais, muitas vezes pouco mais que uma casa ou um armazém defendidos por uma paliçada, alguns dos quais vieram a ser protegidas por um forte. O crescimento de alguns desses conjuntos através da construção de casas no exterior do recinto fortificado e do estabelecimento de uma comunidade deu origem a novos núcleos urbanos, cumprindo uma variedade de funções.

As primeiras fases de construção desses núcleos urbanos eram habitualmente de responsabilidade dos próprios colonos, a maior parte das vezes sem apoio de arquitetos, de engenheiros ou de quaisquer especialistas. Inevitavelmente, eram inspirados nos modelos urbanos da metrópole que os colonos conheciam por sua própria experiência de vida e que reproduziam nos novos territórios. Em geral, essas referências eram as estruturas de povoamento frequentemente designadas por vernaculares, que se desenvolviam em uma articulação íntima com a topografia e que ali eram retomadas. Em outras situações, ou em fases posteriores e mais estabilizadas da implantação humana, agrimensores, capitães dos navios ou alguém mais hábil ou mais qualificado no conhecimento da geometria colaboravam no arruamento. Nesses casos, o espírito geométrico já permeava o modo como se definiam os traçados urbanos, que tendiam a adotar uma estrutura de base regular. A crescente participação de arquitetos e de engenheiros, a partir do século XVI, reforçou a regularidade dos traçados, correspondendo à base matemática da formação teórica desses técnicos, bem como aos ideais de racionalidade da cultura renascentista. A adoção desse tipo de traçado, baseados na geometria, correspondia também à crescente intervenção estatal no processo colonial, expressando, por meio da regularidade, a ordem imposta pelo poder real sobre o território.

As diferentes condições físicas em que eram implantadas as novas cidades; a natureza das culturas em que se inseriam e as influências que delas recebiam; as funções a que se destinavam; os promotores e os agentes envolvidos em sua construção; o período histórico de seu desenvolvimento; e a respectiva cultura urbana eram fatores que contribuíam para a especificidade formal de cada uma delas. Ao longo do tempo, sua matriz inicial, de raiz portuguesa, foi incorporando outros elementos e referências, enriquecendo-se por meio de sucessivos processos de síntese, de miscigenização e de influências cruzadas.

Torna-se necessário desenvolver a pesquisa dos urbanismos e das arquiteturas que radicam nessa matriz comum, mas contextualizados em seus cruzamentos com diferentes culturas e em suas especificidades locais, identificando seus elementos de referência; suas características morfológicas e formas de adaptação a diferentes contextos; suas similitudes, divergências, continuidades e permanências. Da mesma forma que essas realidades urbanas foram resultado de processos de síntese de diferentes culturas, a interpretação dessa mesma realidade tem de ser realizada por meio da síntese de diferentes perspectivas e de diferentes origens. O estudo desse patrimônio urbano, em suas múltiplas manifestações, constitui uma condição necessária não só para a preservação e a reabilitação desses núcleos urbanos e arquitetônicos, mas também para a concepção da arquitetura e do urbanismo contemporâneos.

A relação com o território, o urbanismo e a arquitetura são componentes fundamentais da cultura de uma sociedade. A compreensão dos processos que deram origem a essas formas de organização espacial e o conhecimento de suas características morfológicas e das práticas sociais e culturais que lhes estão associadas são essenciais para a permanência da memória dessas comunidades. Só o respeito por sua própria cultura urbana, historicamente sedimentada e entendida na dialética entre a identidade global e a especificidade local, pode impedir a descaracterização das cidades e seu desenvolvimento segundo princípios e modelos alheios às culturas locais. Em uma outra perspectiva – igualmente importante – existem também valores econômicos e sociais que devem ser levados em conta e explorados, de forma a assegurar o bem-estar das comunidades, e que justificam e exigem a preservação desse patrimônio.

Este trabalho, em que se focam as raízes portuguesas desses núcleos urbanos, procura ser um passo na direção dessa pesquisa, necessariamente multipolar e multifocal, que deverá abarcar múltiplos contextos geográficos e culturais e envolver as comunidades científicas, especialistas e a população em geral. Esta deverá ser sensibilizada para a necessidade de assumir esse componente fundamental de sua tradição e de sua cultura, já que é ela, em última instância, quem poderá assegurar sua continuidade. O patrimônio só pode permanecer vivo e evoluir se for compreendido pela sociedade, se ela o reconhecer como parte de sua cultura e se for social e economicamente útil.

1

A ESPECIFICIDADE DO URBANISMO DE ORIGEM PORTUGUESA

Praia da Vitória, Açores, Portugal.

As cidades e os espaços urbanos de origem portuguesa apresentam características morfológicas específicas que os distinguem dos espaços urbanos de outras culturas. Apesar de ser possível encontrar essas características morfológicas, consideradas individualmente, em outros contextos históricos e geográficos, a articulação desses elementos e sua síntese são especificamente portugueses.

Neste texto, o termo *cidade* será empregado de forma genérica, designando, desse modo, todo tipo de conjuntos urbanos. Os termos *cidade*, *núcleo urbano*, *conjunto urbano* e *aglomerado urbano* serão indistintamente utilizados para designar a realidade urbana que aqui abordamos. Considerando o período histórico que vai da fundação da nacionalidade portuguesa no século XII ao final do século XVIII, é possível identificar as principais características morfológicas das estruturas urbanas portuguesas e o modo como elas foram se desenvolvendo e sedimentando. Muitas dessas características não só estão ainda presentes nas cidades de origem portuguesa, como são, mesmo hoje, um componente importante de sua cultura urbana e de um modo específico de construir a cidade.

As especificidades da cidade de origem portuguesa têm a ver com muitos aspectos: suas heranças culturais no contexto europeu e extraeuropeu, as lógicas de localização e de escolha dos sítios para a implantação dos núcleos urbanos, os elementos geradores dos traçados, sua relação com as características físicas do território e com as estruturas geométricas subjacentes ao plano, as hierarquias e os elementos de referência do traçado, as praças e seu papel na organização urbana, as estruturas de quarteirão e de loteamento e os processos de planejamento e de construção da cidade.

A cidade portuguesa é morfologicamente diferente em cada momento histórico. Não há uma cidade portuguesa imutável no tempo, mas formas e concepções urbanas que vão evoluindo, como resultado de múltiplas influências – algumas herdadas historicamente, outras advindas da cultura urbana erudita em permanente mutação e outras, ainda, decorrentes do contato com outras culturas. Contudo, são perceptíveis elos de continuidade que articulam essas diferentes formas e concepções de cidade nos quais reconhecemos um fundo de permanência ao longo do tempo. São esses elementos de continuidade e de permanência, observados quer nas morfologias, quer nos processos de concepção e de desenho, que podemos considerar as invariantes do urbanismo português.

Entre os fatores determinantes para a estruturação das cidades, a geografia e a topografia do terreno, a natureza do solo e o clima têm papel fundamental. É a partir dessas características físicas que se desenvolve a civilização material, de que as cidades são expressão. Fatores de ordem cultural, em que se incluem os valores sociais, políticos, morais e religiosos que estruturam a sociedade, vêm articular-se com aqueles fatores físicos, expressando-se também nas formas de organização urbana. A cidade resulta da síntese desses diferentes componentes, e é nas formas específicas de sua articulação que qualquer cidade deve ser entendida.

A civilização material, que respeita o conjunto de práticas que se desenvolvem a partir das características físicas e ambientais de determinado território, corresponde ao que é habitualmente designado urbanismo vernáculo. O componente vernáculo é aquele que traduz verdadeiramente a identidade de uma zona geográfica e de uma comunidade. Essa identidade, que está entranhada no território, nos modos de vida e nas tradições das pessoas, traduz-se na adoção de soluções urbanas idênticas, nas mesmas morfologias e no uso dos mesmos materiais construtivos. A cultura, que é a expressão da concepção do mundo e das referências intelectuais de uma sociedade, corresponde àquilo que é habitualmente designado por urbanismo erudito, cujas origens, muitas vezes, são estranhas ao território em que se formaliza.

O vernáculo, e a civilização material que lhe corresponde, é a base da identidade; o erudito, e os valores culturais de que são expressão, traduz-se na diferença. Isso significa que, sobre uma mesma base civilizacional, podem vir a implantar-se diferentes culturas. O espaço mediterrânico é um bom exemplo de um espaço de convergência de culturas sobre uma base civilizacional comum. Sua civilização material desenvolveu-se a partir da natureza do solo, da topografia, do clima, da vegetação, das culturas adequadas a esse contexto físico e dos modos de vida que a partir deles se estruturaram. Ao longo dos tempos, sobre esse *continuum* civilizacional, o espaço mediterrânico sofreu a influência de múltiplas culturas – Grécia, Roma, a Cristandade, o Islão –, que sobre ele se implantaram, mas que não mudaram os modos de vida nem a relação das populações com o território nem as formas de povoamento. Independentemente das diferenças culturais, é na componente civilizacional que encontramos similitudes e identidades, no tempo e no espaço.

Quando os fatores civilizacionais prevalecem, as morfologias urbanas são menos regulares e geralmente chamadas de vernáculas, orgânicas ou não planeja-

Lisboa, Portugal.
O desenvolvimento da cidade em estreita relação com o sítio.

das. Essa componente vernácula corresponde habitualmente às primeiras fases de implantação urbana, feitas sem o recurso de técnicos especializados, em que se observa uma estreita relação do traçado urbano com as características físicas de seus locais de implantação. Os principais elementos estruturantes da cidade são as ruas que se implantam sobre as linhas naturais do território e os edifícios singulares localizados em pontos dominantes, que são referência para a organização dos espaços envolventes e para a organização da cidade em seu todo.

Por sua vez, quando prevalecem os fatores culturais, as morfologias resultantes são mais regulares, adotam padrões geométricos e são chamadas de eruditas ou planejadas. Essa componente erudita está geralmente presente em fases posteriores de desenvolvimento, quando o crescimento urbano ou a importância da cidade justificam a participação de técnicos especializados, com uma formação teórica e detentores de um conhecimento intelectual. Nesse caso, é o próprio espaço urbano, definido por um traçado regular de base geométrica, que é o elemento estruturante fundamental da cidade.

Nas cidades de origem portuguesa, sempre encontramos articuladas essas duas vertentes, que correspondem a duas concepções distintas de ordenamento do espaço urbano. Por um lado, uma componente vernácula, herdeira da civilização mediterrânica de que Portugal ainda faz parte, que viria a reforçar-se com a presença muçulmana e que se traduz na capacidade de a cidade se articular com o território em que se implanta. Por outro lado, uma com-

Vila de Alcobaça, Brasil.
A cidade estruturada segundo um plano regular.

ponente erudita, herdeira da cultura urbana romana, reformulada no Renascimento e que se traduz na regularidade e na geometria dos traçados.

A cidade de origem portuguesa caracteriza-se pela síntese dessas duas componentes, harmonizando, de maneira inteligente, essas duas formas de conceber a cidade.

Independentemente de se tratar de um traçado com um caráter vernáculo ou erudito, de se desenvolver gradualmente ou segundo um plano predefinido, a cidade portuguesa é sempre pensada no sítio e com o sítio, atendendo muito de perto às características físicas do território em que se constrói. A cidade portuguesa não contraria o sítio em que se implanta; em vez disso, tira partido dele e se constrói com ele. Mesmo nos casos em que os planos tinham por base princípios geométricos, houve sempre o cuidado de adaptar o plano, e a sua geometria, às preexistências, fossem elas naturais ou construídas pelo homem, harmonizando-se com elas.

Como consequência, os traçados urbanos portugueses raramente eram geometricamente rigorosos. Além de suas referências geométricas, tais traçados adaptavam-se à topografia, à hidrografia e ao ambiente físico de seus locais de implantação, sendo frequentemente subvertidos para uma melhor adequação ao terreno, sob o ponto de vista funcional, formal ou simbólico. Essa plasticidade dos traçados urbanos portugueses não se traduzia, contudo, em estruturas amorfas. Pelo contrário, as cidades portuguesas eram estruturadas e hierarquizadas, facilmente legíveis e paisagisticamente valorizadas. Essa adaptação ao território e ao clima e sua não sujeição a rígidos princípios geométricos fizeram delas cidades eminentemente maleáveis e adaptáveis às diferentes circunstâncias a que tiveram de responder ao longo do tempo.

A cidade especificamente portuguesa, que está presente em todos os tempos

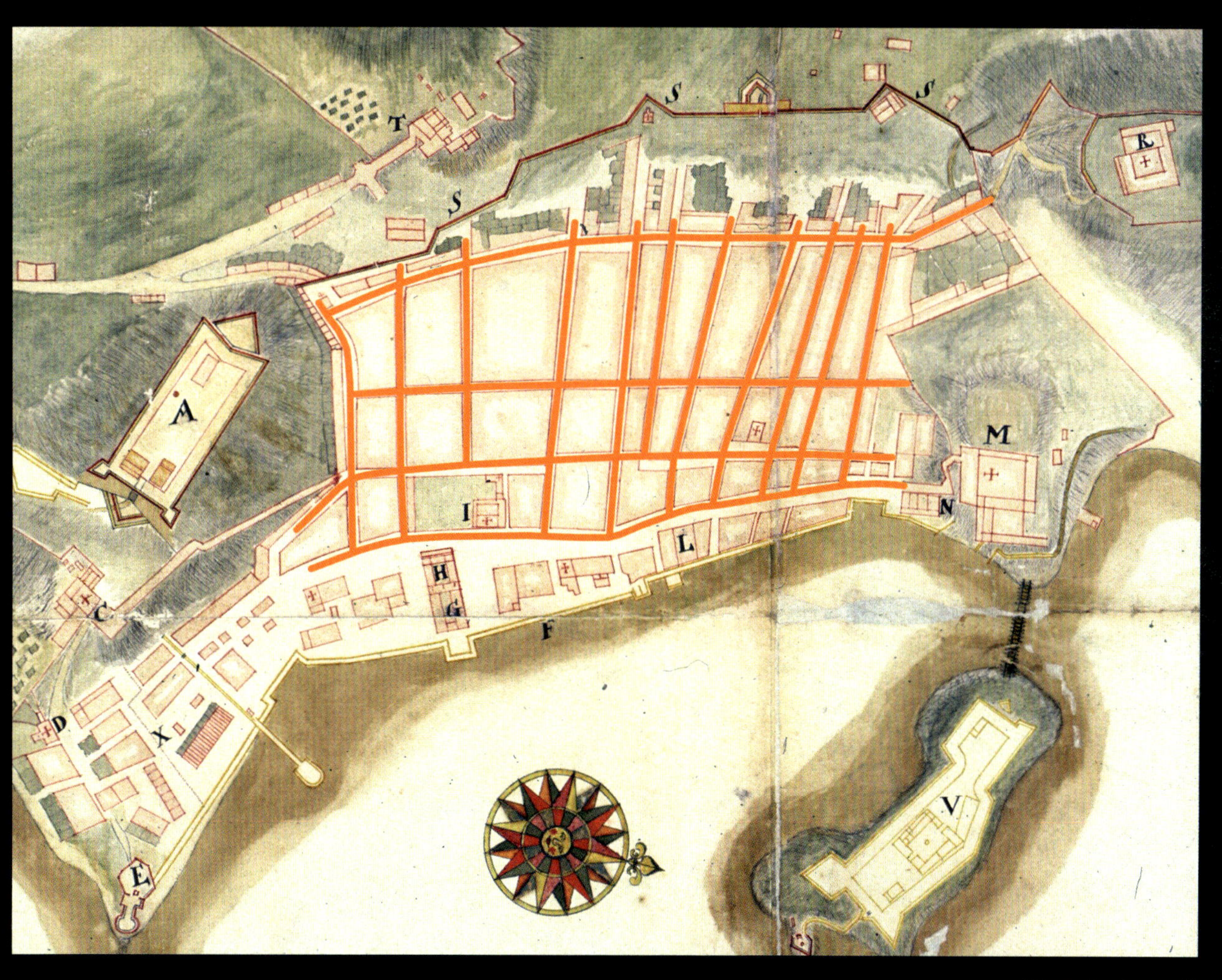

Rio de Janeiro, Brasil.
A cidade, baseada em uma estrutura regular, adaptada ao sítio.

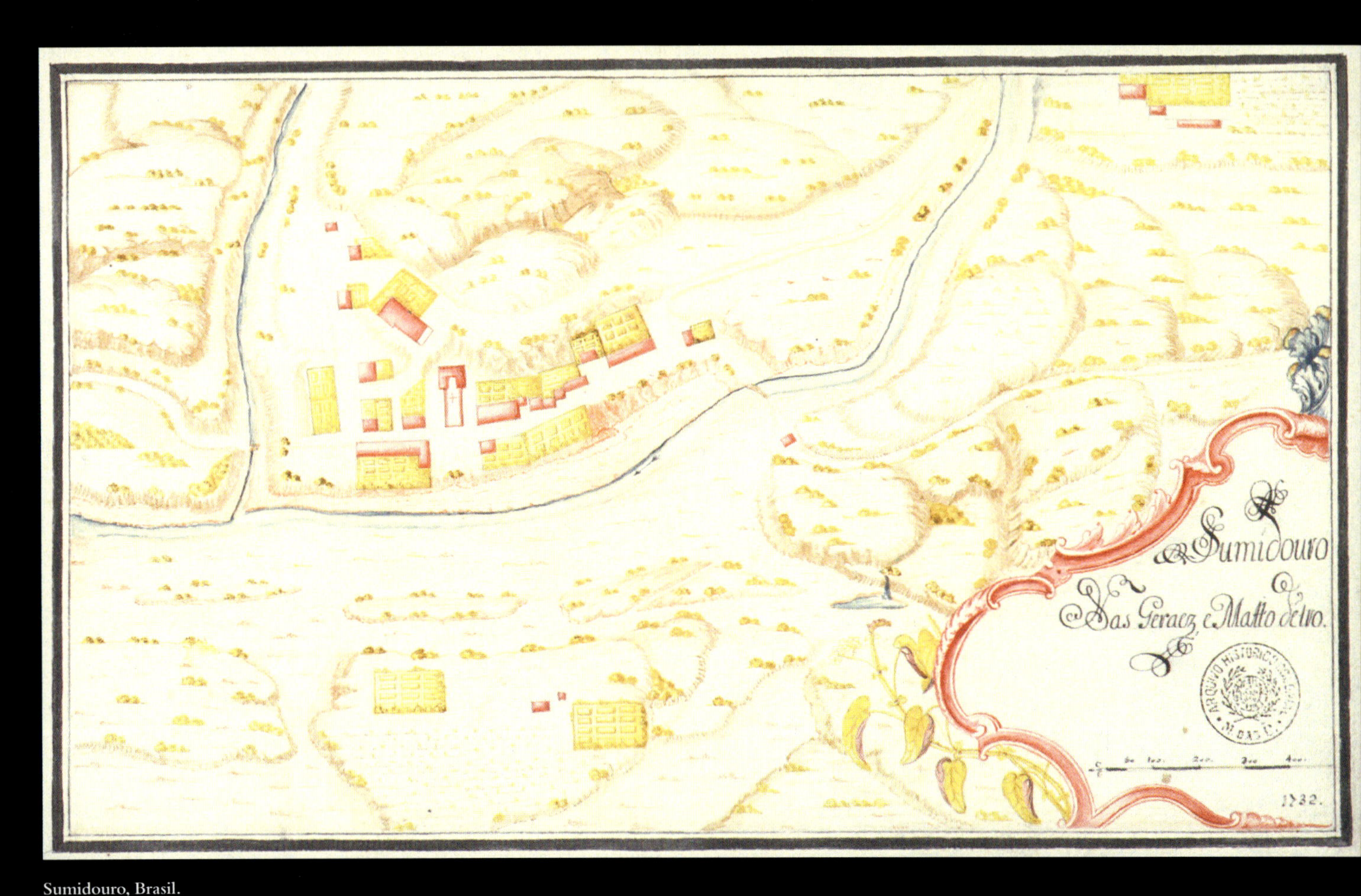

Sumidouro, Brasil.
A relação com o território. A componente vernácula dos traçados urbanos.

Lisboa, Portugal.
A geometria do traçado. A componente erudita dos traçados urbanos.

Rio de Janeiro, Brasil.
A localização de edifícios
notáveis em locais
topograficamente dominantes.

históricos, é uma cidade que foi construída segundo um plano ou com base em uma regularidade subjacente a seu traçado, ainda que nem sempre de uma forma explícita, mas que leva em consideração as particularidades do sítio e as explora, nomeadamente por meio da definição das principais vias estruturantes sobre as linhas naturais do território e da criteriosa localização dos edifícios notáveis em posições dominantes.

Se em planta essas cidades por vezes aparentam um traçado pouco rigoroso, no local, pelo contrário, a sensação é de regularidade. Estreitamente adaptadas ao terreno, são cômodas de percorrer, com as principais ruas traçadas de nível ou com inclinações suaves, enquanto ruas e escadinhas traçadas segundo linhas de maior declive funcionam como atalhos na estrutura da cidade. A judiciosa localização de edifícios notáveis em função das particularidades do sítio e a articulação da arquitetura com o plano fazem com que os pontos dominantes do território, bem como os alinhamentos e as perspectivas das ruas, sejam habitualmente pontuados por elementos significativos, valorizando a paisagem urbana. O fato de a maior parte das cidades de origem portuguesa não apresentar um caráter absolutamente geométrico não significa que não houvesse os conhecimentos técnicos suficientes para o fazer, mas sim que, da cultura urbana portuguesa, também faziam parte outras tradições, outros princípios e outras concepções urbanas que não tinham necessariamente uma base geométrica e que, ao longo do tempo, sempre permearam os seus traçados.

Entre as influências e concepções de espaço que estão na origem da cidade portuguesa e que nela se sintetizam estão, por um lado, uma concepção de espaço em que a importância primordial é dada aos edifícios notáveis localizados em posições dominantes, que dão

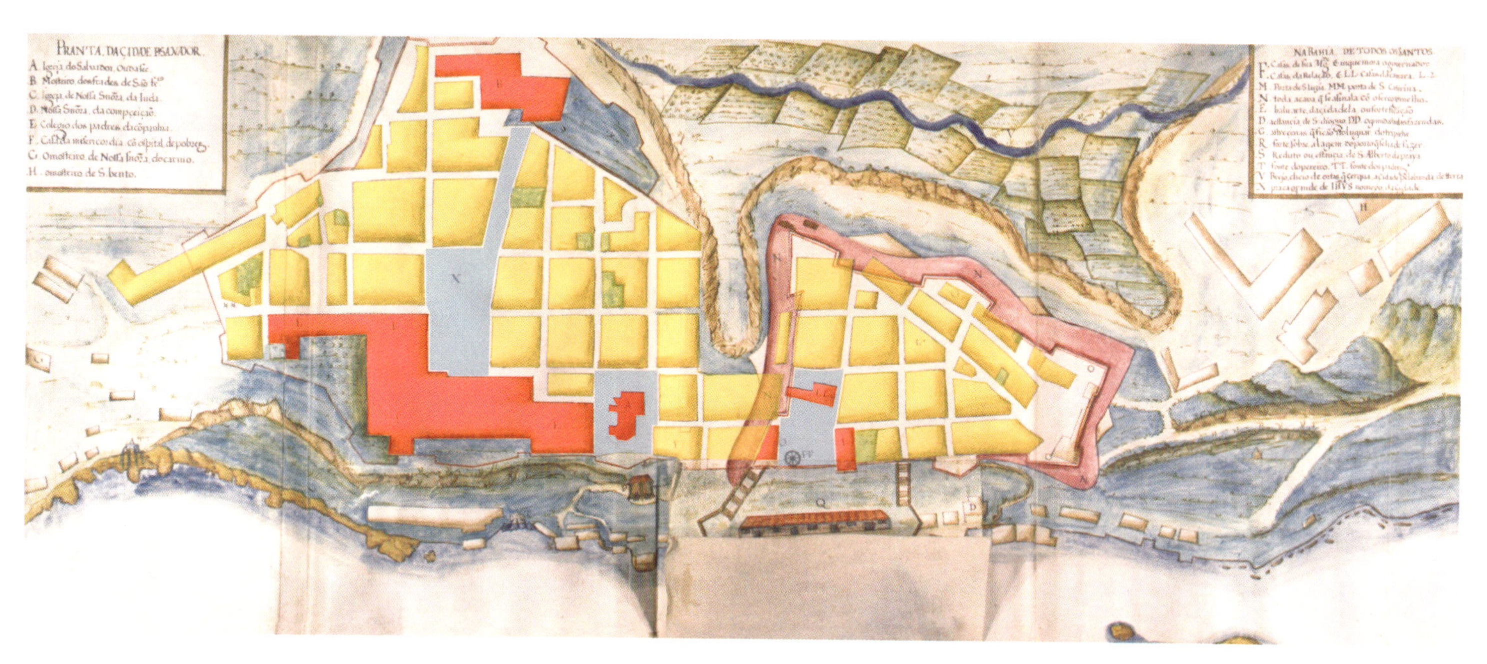

Salvador da Bahia, Brasil.
A localização de edifícios notáveis segundo a lógica geométrica do plano.

sentido e estruturam os espaços envolventes e, por outro, uma concepção de espaço de base geométrica em que é o próprio espaço urbano, definido por um traçado regular, que constitui o elemento primordial.

Como já dito, essas duas concepções de espaço surgem associadas nas cidades portuguesas construídas em múltiplos contextos históricos e geográficos. Nelas encontramos, integradas de diferentes formas, conforme as circunstâncias, uma componente vernácula, com morfologias urbanas irregulares muito associadas à estrutura do território, e uma componente erudita, que se traduz em traçados urbanos regulares. Sua síntese resulta com frequência em traçados que não são rigorosamente regulares em planta, mas que têm a capacidade de harmonizar essas duas formas de transformar uma cidade em um todo coerente.

Apesar dessa dualidade, não é correto estabelecer a dicotomia entre traçados urbanos planejados e não planejados nem associar a uns a componente erudita e a outros a componente vernácula. Enquanto os primeiros resultam de um plano prévio, a maior parte das vezes geometrizado, preconcebido e imposto no território, os segundos resultam de um acúmulo de pequenas e sucessivas intervenções, concretizadas ao longo de anos ou de gerações, não se verificando, neste caso, a existência de um plano global, geometrizado.

De fato, tanto uns como outros são o resultado de ações planejadas. Toda cidade é planejada, só que por diferentes atores sociais, diferentes escalas de intervenção e diferentes escalas de tempo. A diferença é que, enquanto a cidade "planejada" resulta da ação de um único ator ou de um número limitado de atores, normalmente técnicos especialistas, a cidade "não planejada" resulta de um acúmulo de múltiplas ações, também racionais e planejadas, mas de pequena escala e realizadas por diferentes promotores ao longo do tempo. Em qualquer um dos casos, os resultados construídos podem denotar maior ou menor regularidade geométrica, não se devendo confundir os agentes e os processos envolvidos na promoção urbana com as morfologias urbanas daí resultantes. Por um lado, o trabalho de sucessivas gerações de construir gradualmente seus próprios espaços urbanos podia resultar em traçados surpreendentemente regulares. Por outro, o urbanismo português de caráter erudito soube integrar o entendimento do território em suas propostas, adaptando os planos ao lugar e tornando-os menos rigorosos sempre que necessário.

2

A cidade portuguesa na cultura urbana europeia

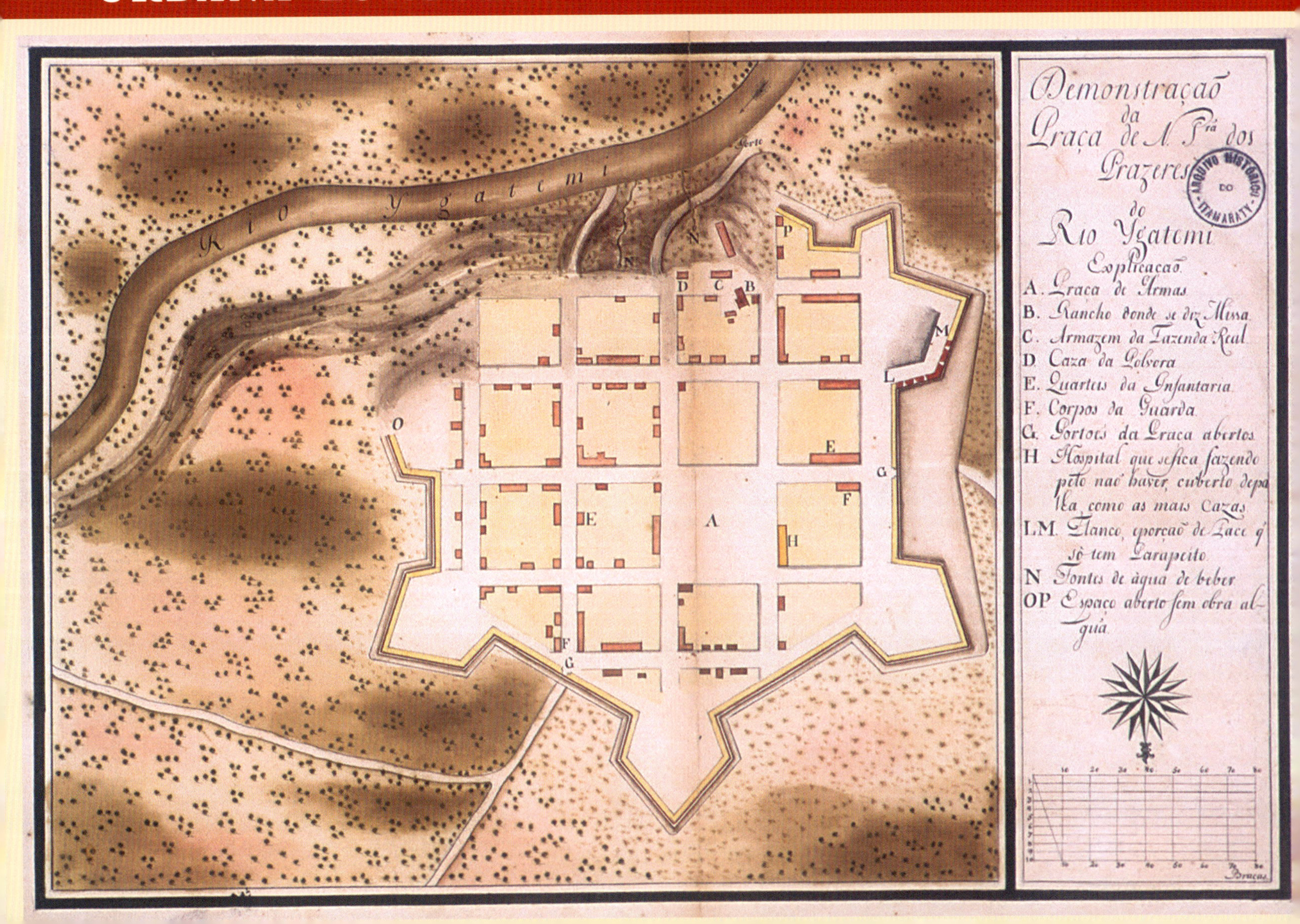

Fortaleza de Nossa Senhora dos Prazeres do Rio Ygatemi, Brasil.

Há uma herança cultural comum a toda a Europa, cuja matriz fundamental se encontra na cultura da Antiguidade Clássica e que se traduz em formas urbanas partilhando características morfológicas idênticas, baseadas na geometria e na regularidade. O urbanismo português insere-se plenamente nessa cultura urbana europeia, mas apresenta especificidades, resultantes de seu posicionamento geográfico e de sua história.

Portugal situa-se na face atlântica da Península Ibérica, sendo seu território dividido em duas zonas: o Portugal atlântico – a norte –, percorrido por cadeias montanhosas, com clima moderado, úmido e chuvoso, e o Portugal meridional, em sua maior parte uma vasta planície sem relevos, sob a influência de um clima com chuvas pouco abundantes e um longo verão seco. O contraste entre o norte e o sul é acentuado pela natureza do solo e dos materiais empregados na construção. Ao norte, desenvolveu-se a civilização do granito; ao sul, a civilização do barro.

Embora situado no extremo ocidental da Europa, o território português foi, ao longo dos tempos, um local de encontro de civilizações. Por um lado, sofreu as colonizações do Mediterrâneo oriental, com as feitorias fenícias, gregas e cartaginesas que se implantaram no território, fomentando o desenvolvimento local e trazendo os seus contributos civilizacionais e, por outro, sofreu as influências de povos vindos do norte e leste da Europa. Essa dualidade de influências civilizacionais manteve-se em épocas posteriores. Da Europa do sul chegaram, no século II a.C., os romanos e, a partir do século VIII, os muçulmanos. Da Europa do norte e central chegaram, a partir do século V, os francos, alanos, vândalos, suevos e visigodos. Apesar de os territórios de implantação desses vários povos por vezes se sobreporem, o norte de Portugal ficou marcado, do ponto de vista cultural e civilizacional, pela influência da Europa central, enquanto o sul adquiriu um caráter mediterrânico. Essa diversidade geográfica e civilizacional teve sua expressão na arquitetura e nos espaços urbanos portugueses, construindo sua identidade e sua especificidade dentro da cultura urbana europeia.

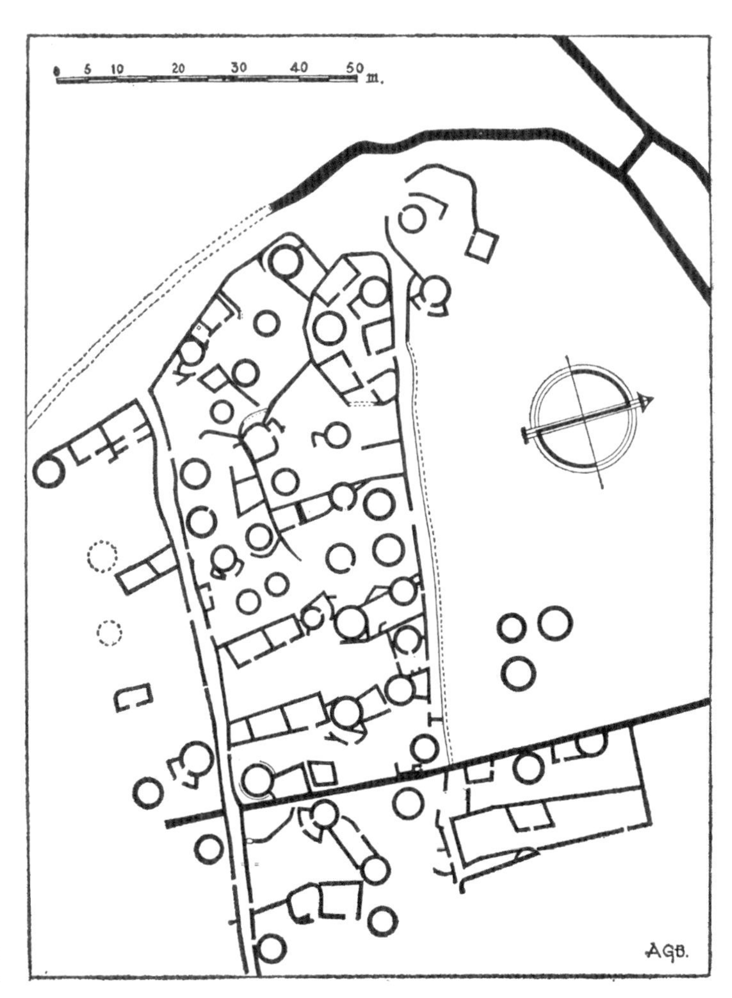

Planta da Citânia de Sanfins, Portugal.

São várias as características do mundo mediterrâneo que subsistem na tradição urbana portuguesa: a localização privilegiada dos núcleos urbanos na costa marítima, a escolha de lugares elevados para a implantação do núcleo defensivo, a estruturação da cidade em cidade alta – institucional, política e religiosa – e em cidade baixa – portuária e comercial –, a cuidadosa adaptação dos traçados à topografia e o papel estruturador dos edifícios notáveis na organização dos espaços urbanos. A adaptação ao território e a escolha de sítios elevados para a implantação dos núcleos de povoamento estão igualmente presentes na cultura castreja do norte da península, que é uma das mais antigas expressões da civilização do granito e que subsistiu até à ocupação romana. Os castros, ou citânias, eram núcleos de povoamento que, no período pré-romano, ocupavam os pontos dominantes do território. Em uma continuidade de tradição que remonta a essas estruturas de povoamento pré-romanas, muitas cidades portuguesas, bem como cidades de origem por-

Ruínas da Citânia de Briteiros, Portugal.

tuguesas construídas no contexto da expansão ultramarina, vieram a construir seu núcleo primitivo no topo de uma colina proeminente, a partir da qual a cidade, ou sua parte alta, se desenvolveu. São essas características que observamos em Lisboa, Porto ou Coimbra, bem como em Luanda, Salvador ou Rio de Janeiro.

Apesar da provável existência de feitorias gregas nas costas portuguesas, não há evidência dos traçados regulares hipodâmicos que, a partir do século VII a.C., começaram a ser implantados nas colônias gregas mediterrânicas. São outras as características das cidades gregas que subsistem na tradição urbana portuguesa: aquelas que se traduzem em um urbanismo vernáculo que nasce da compreensão do território, a partir do qual se gera a organização da cidade. Os traçados hipodâmicos constituíram, no entanto, um importante elemento para a formação da cultura urbana europeia. Sua regularidade e seus princípios estão na origem dos traçados em quadrícula das cidades romanas de colonização que se implantaram por toda a Europa.

Com a ocupação romana, do século II a.C. ao século V d.C., os princípios urbanísticos baseados na regularidade, na racionalidade e na geometria foram impostos a várias cidades portuguesas,

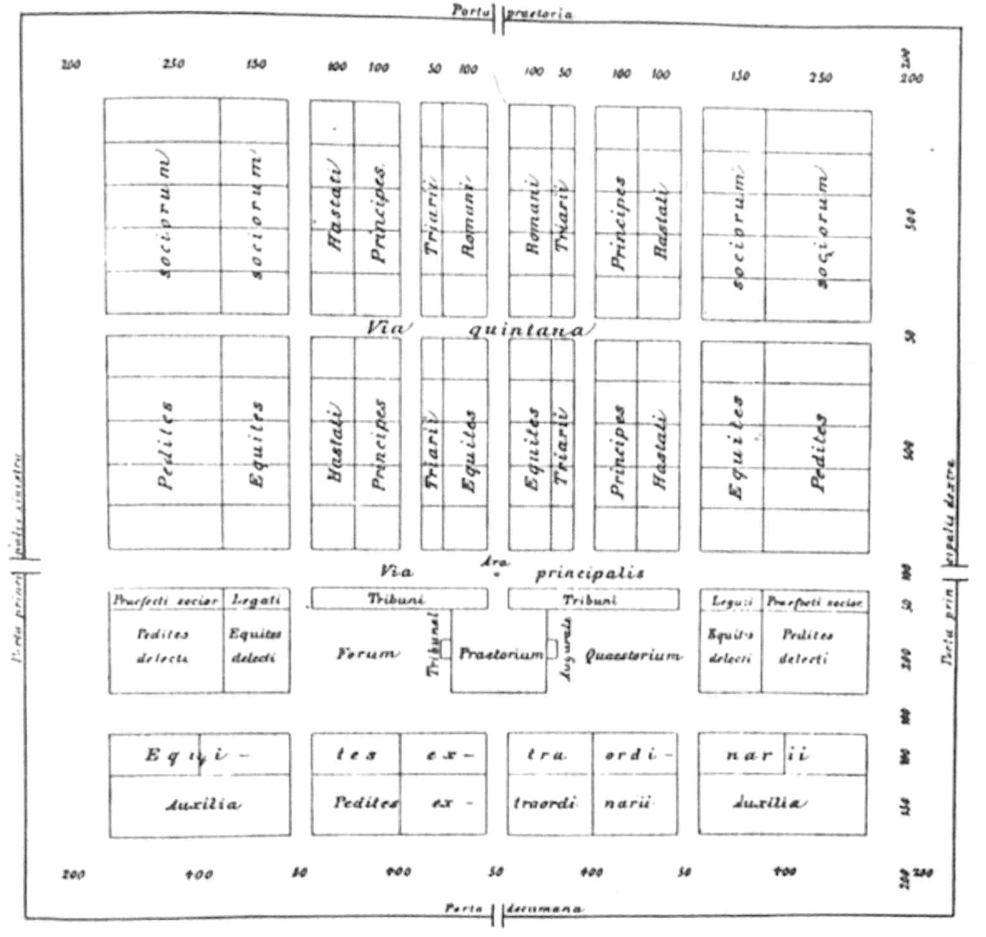

Plano de campo militar romano.

quer a cidades fundadas de novo, quer a núcleos urbanos já existentes, que foram ocupados e reestruturados. As cidades de Braga, Beja ou Évora, entre outras, mantêm ainda hoje as marcas da presença romana. O mesmo processo ocorreu em uma larga faixa do território europeu, das margens do Mediterrâneo ao norte de Inglaterra. A malha urbana definida por um traçado regular constituía o elemento estruturante da organização urbana, a cuja lógica se subordinava a localização dos edifícios e das funções da cidade. A concepção de espaço e a tradição de regularidade da cidade romana passaram a ser componentes importantes da cultura urbana europeia, permeando as concepções teóricas e os traçados urbanos de diferentes épocas.

A decadência do Império na Ibéria acentuou-se a partir de meados do século III d.C, a que correspondeu o declínio da vida urbana e o abandono de cidades de menor dimensão. No norte e centro da Europa, a regeneração urbana só ocorreu a partir do século XII. Já no sul do continente, a ocupação muçulmana permitiu o ressurgimento das cidades a partir do século VIII.

No decorrer de sua permanência em território português, até o século XIII, os muçulmanos deixaram inscrita sua cultura urbana em muitas cidades. Vários tipos de fatores determinavam a forma da cidade islâmica: as condições materiais e ambientais do espaço em que se implantavam e os fatores culturais e religiosos. Em relação aos primeiros, a

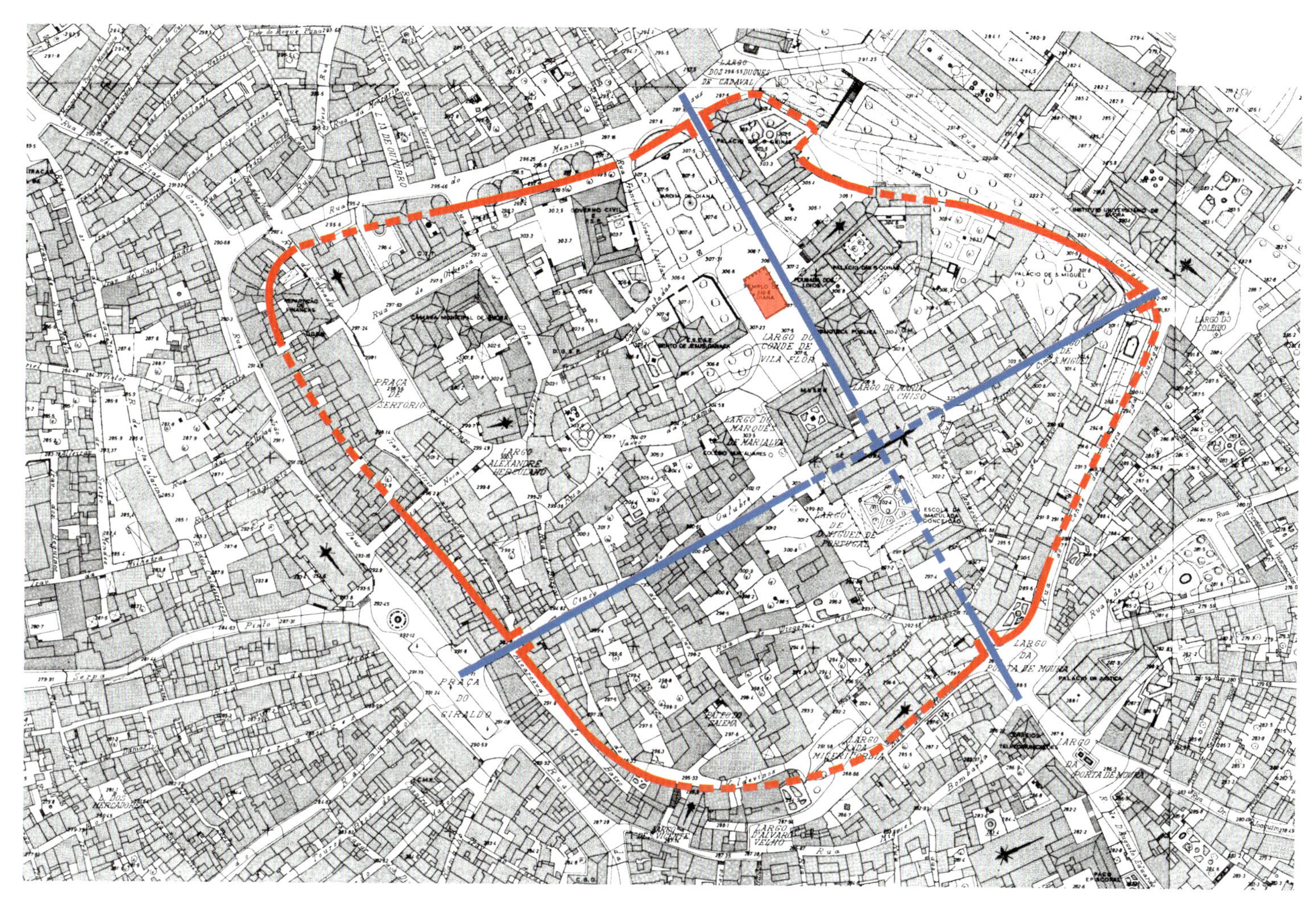

Évora, Portugal.
As marcas da cidade romana no traçado da cidade.

presença muçulmana contribuiu para o reforço das características mediterrânicas já presentes nas cidades do centro e do sul, que os muçulmanos ocuparam e adaptaram as suas necessidades. Muitas características que habitualmente se atribuem à cidade muçulmana ibérica são antes características da cidade mediterrânica, que se podem observar nos critérios de localização, na escolha dos sítios para a implantação dos núcleos urbanos, na capacidade de adaptação ao terreno e na organização funcional da cidade. No que diz respeito às influências culturais e religiosas, o Islão embebeu a prática religiosa na vida diária do indivíduo, prescrevendo padrões de comportamento cuja prática influenciava as estruturas sociais, os hábitos de vida e se traduziam em formas de organização espacial que moldaram a cidade muçulmana.

As formas de administração também tiveram influência na morfologia das cidades. Exceto em cidades reais ou nos pequenos núcleos habitacionais construídos no interior das alcáçovas, não havia a imposição de princípios de planejamento que se traduzissem em estruturas regulares. Excluindo os grandes eixos estruturantes da cidade, a estrutura urbana não era controlada centralmente e os espaços privados eram em grande medida responsáveis pela forma física da cidade. Os edifícios impunham-se ao sistema viário em vez de dependerem de uma estrutura predeterminada. A formação e o desenvolvimento das cidades islâmicas resultavam, assim, de dois processos: por um lado, da decisão dos poderes públicos de criar uma estrutura global ordenada e hierarquizada; por outro, da ação continuada de múltiplos decisores privados que cumulativamente iam construindo as zonas urbanas mais privadas. Muitas das características morfológicas daí resultantes e os próprios processos de construção da cidade, em que se inclui a relação entre os poderes público e privado, vão permanecer após a reconquista, passando a constituir uma importante componente da tradição urbana portuguesa.

Se o urbanismo português recebeu forte influência da cidade muçulmana, outra de suas matrizes fundamentais encontra-se na tradição clássica de Roma, partilhando de suas características morfológicas, baseadas na geometria e na regularidade, que permeiam toda a história das cidades europeias planejadas. De diferentes modos, a tradição dos traçados regulares manteve-se viva ao longo da Idade Média. As cidades de origem romana, ou o que delas restava, ainda pontuavam o território medieval europeu e as mais importantes continuavam a ser habitadas e a manter seu papel de centros administrativos. Os acampamentos militares continuaram a ser organizados de acordo com padrões regulares, de origem romana. Mesmo em programas não militares, a tradição de regularidade era mantida. O plano da abadia beneditina de St. Gall, do século IX, foi desenhado de acordo com rigorosos princípios de racionalidade e de regularidade. Esse plano, que pode ser encarado como um plano urbano, revela que, longe de se verificar uma quebra na tradição de planejamento geometrizado, existiram fortes elos de continuidade entre a Antiguidade Clássica e o Renascimento. As complexas relações proporcionais entre seus vários elementos, e de cada um com o plano global, e a procura de uma relação harmoniosa com o cosmos revelam preocupações já expressas por Pitágoras e Aristóteles e que mais tarde seriam retomadas por Alberti e por Palladio, entre outros.

As cidades medievais construídas na Europa entre os séculos XII e XIV de acordo com planos regulares, geralmente ortogonais, são a expressão mais visível dessa continuidade. Os planos ortogonais foram adotados quer na fundação de novos núcleos urbanos, quer na

Silves, Portugal.
Malha urbana de Silves, com a localização dos principais eixos estruturantes, da mesquita e da alcáçova.

Albufeira, Portugal.
A herança da cultura muçulmana no perfil da cidade.

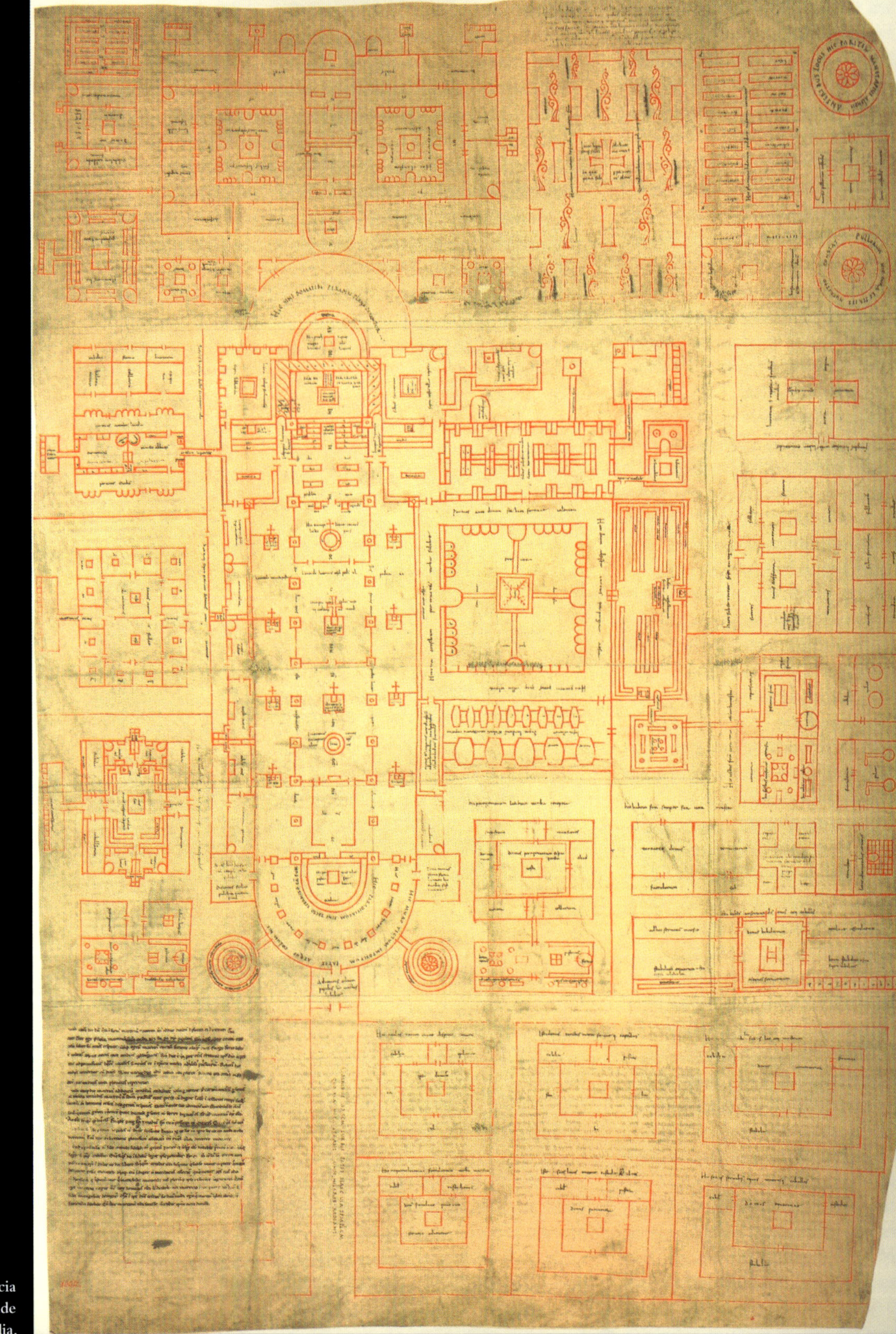

St. Gall. A permanência dos princípios de racionalidade regularidade na Alta Idade Média.

construção de novas expansões urbanas ordenadas de cidades já existentes. Esse renascimento urbano era expressão de diferentes processos que se desenvolviam desde o final do século XI: o crescimento populacional e o consequente aumento da força de trabalho disponível, o arroteamento de novas terras para cultivo e o aumento da produtividade agrícola, a guerra de reconquista contra os mouros, o restabelecimento de rotas comerciais entre diferentes regiões da Europa e com o exterior, a reabertura ao comércio sob domínio cristão dos portos mediterrânicos. Em Portugal, a partir do século XIII, a construção de cidades com características de regularidade estava relacionada ao processo de reconquista, à defesa de fronteiras por vezes ainda instáveis e à necessidade de colonizar e reorganizar economicamente o território.

Esses traçados eram a forma mais rápida de planejar e de fundar novas cidades. Sua estrutura de ruas ortogonais e de quarteirões retangulares tornava mais fácil tanto sua implantação quanto as operações subsequentes de loteamento e de distribuição da terra. Algumas dessas cidades, como as cidades novas florentinas ou algumas *bastides* francesas, apresentavam traçados que eram a reformulação explícita dos princípios do urbanismo colonial romano. Outras cidades, como as portuguesas, não evidenciavam tão explicitamente as referências aos cânones da Antiguidade, embora fosse patente sua regularidade subjacente.

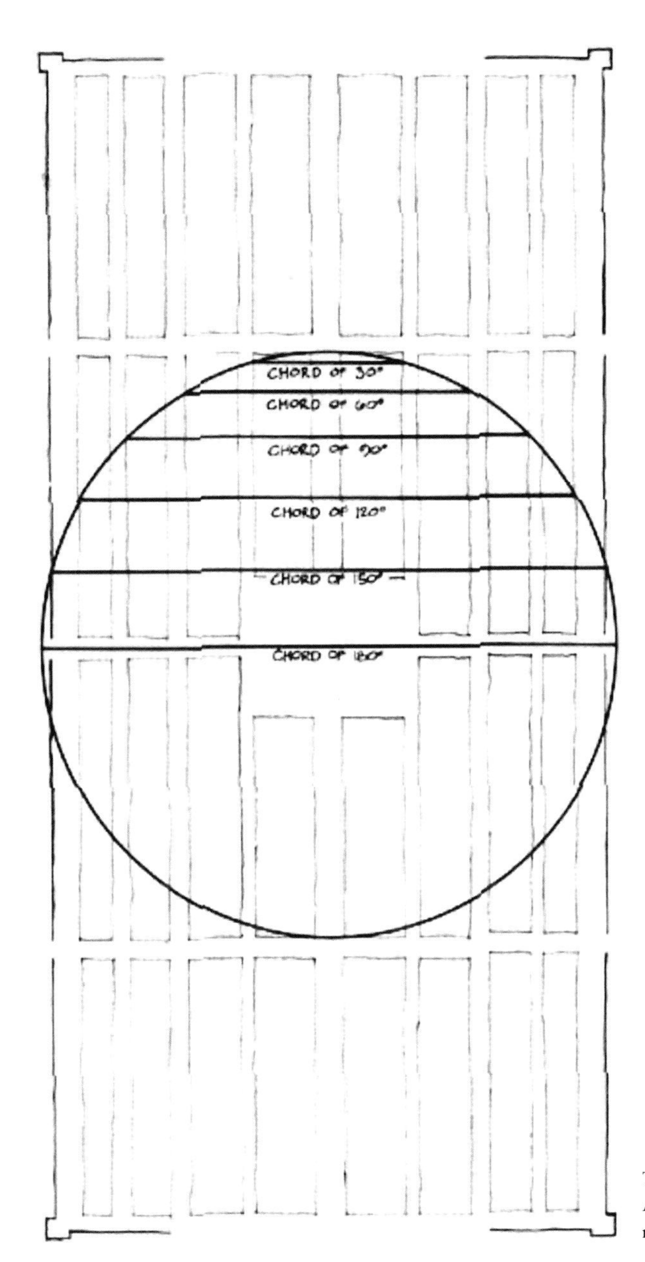

Terranuova, Itália.
A regularidade das cidades novas medievais europeias.

O desenho regular das cidades novas medievais era também o resultado de especulações teóricas sobre a boa forma urbana desenvolvidas ao longo dos séculos XIII e XIV, em que a estrutura regular de uma cidade tendia a ser vista como a expressão de uma sociedade perfeita e ordenada. A *Lei das Sete Partidas*, de 1260-1265, código de Afonso X, o Sábio, rei de Aragão, Castela e Leão, tratava em um de seus capítulos do traçado ideal da cidade, e, no fim do século XIV, na *Dotzé del Cristiá*, Eximenis, cuja principal referência eram os filósofos gregos da Antiguidade Clássica, refletia sobre a organização ideal de uma sociedade, do ponto de vista moral, judicial e legislativo, e da organização formal que lhe devia corresponder. A cidade desenhada de acordo com regras racionais era a exata expressão dessa sociedade ideal.

A relação entre a boa organização social e o bom ordenamento urbano irá desenvolver-se nos séculos XV e XVI, articulada com um novo entendimento dos valores políticos da cidade. A cultura renascentista encarava a cidade como uma parte vital da sociedade e a expressão visível de sua organização. Consequentemente, uma sociedade política e socialmente bem organizada tinha de se expressar por meio de uma cidade estruturada segundo princípios racionais e planejada de uma forma regular. A cidade assim estruturada era, por sua vez, o enquadramento necessário para o pleno desenvolvimento de uma sociedade perfeita.

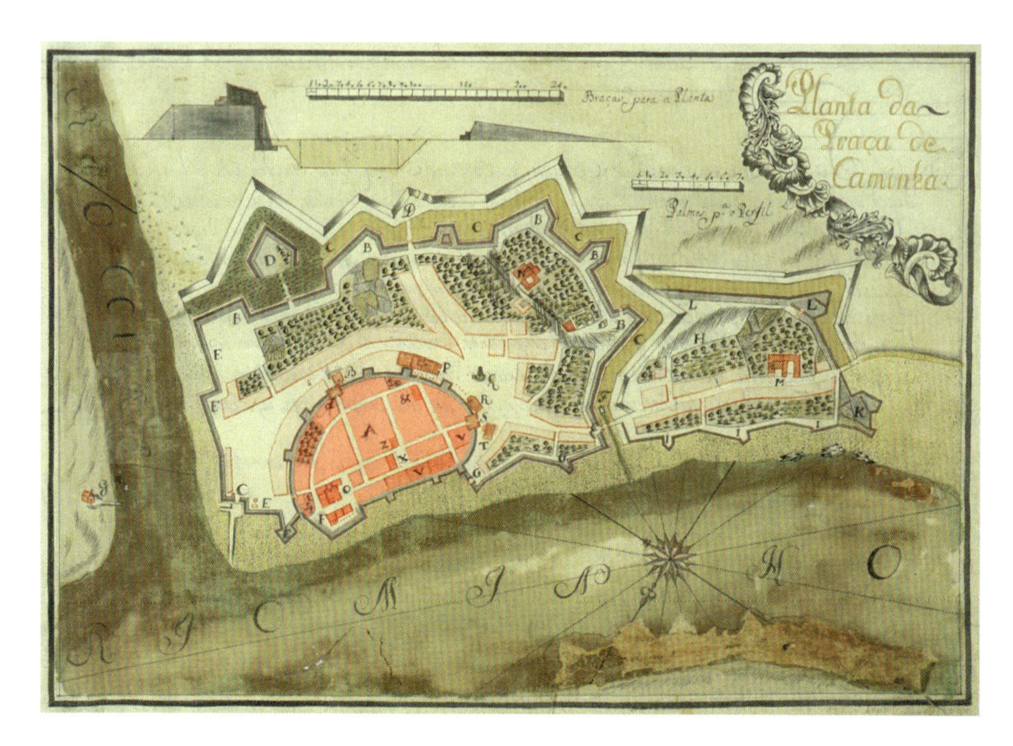

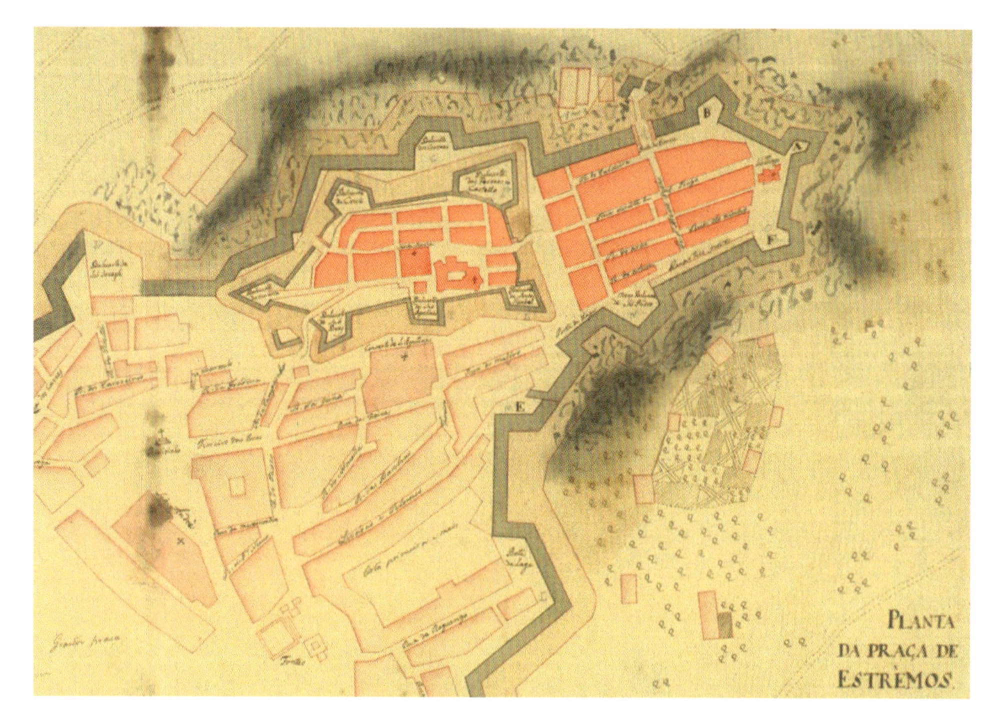

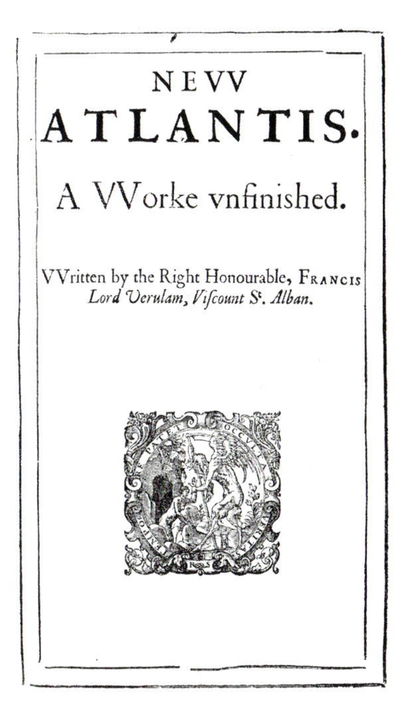
NEVV
ATLANTIS.
A VVorke vnfinished.

VVritten by the Right Honourable, FRANCIS
Lord Verulam, Viscount St. Alban.

AVRELII AVGVSTINI HIPONENSIS EPI LIBROR
DE CIVITATE DEI RETRACTATIO INCIPIT:
INTEREA CVM ROMA GOTHORV

Ao lado
Caminha, Portugal. Cidade medieval planejada.
Estremoz, Portugal. A cidade e o arrabalde planejados segundo princípios de regularidade.

Nesta página
Dotzé del Cristiá, de Eximenis.
A Utopia, de Thomas More.
A Nova Atlântida, de Francis Bacon.
A Cidade de Deus, de Santo Agostinho.

Todas as utopias políticas ou sociais dos séculos XVI e XVII tinham sua própria visão da cidade. A *Utopia* de Thomas More, de 1516, a *Cidade do Sol* de Campanella, de 1602, ou a *Nova Atlântida* de Francis Bacon, de 1627, entre muitas outras, refletem sobre a organização perfeita da sociedade e a correspondente organização racional de seu contexto urbano, baseando-se de uma forma mais ou menos explícita na *República* de Platão e na *Cidade de Deus* de Santo Agostinho. Nesse contexto ideológico, não é de estranhar a progressiva regularidade que se observa nos traçados urbanos europeus, construídos na Europa e em suas colônias. Também nos traçados urbanos portugueses se observa, particularmente a partir do século XVI, uma crescente procura de regularidade que irá se afirmar cada vez mais nos séculos seguintes. A componente ideológica, que associava a cidade regular à boa ordem social e política, estava necessariamente presente na construção das cidades ultramarinas, quando resultavam da direta intervenção real.

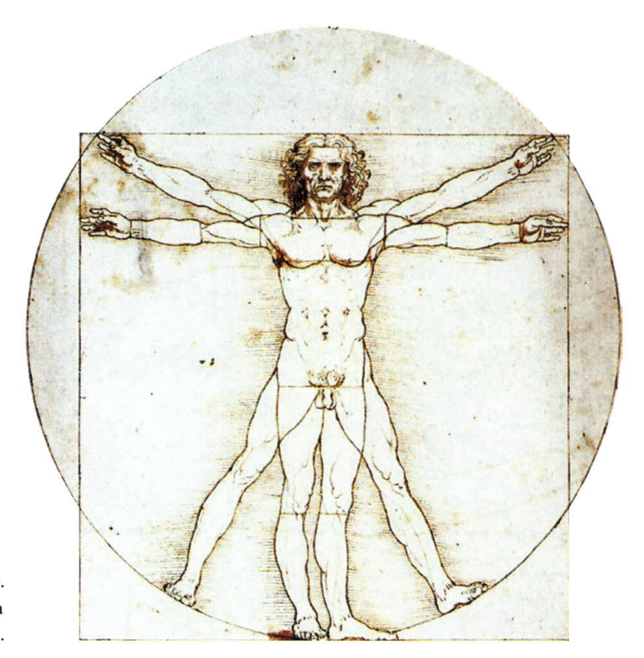

O homem Vitruviano.
O rigor da matemática
na base da arquitetura.

A circulação ativa de experiências e de conhecimentos nos campos da arquitetura e do urbanismo, que já se verificava na Idade Média, aumentou com a invenção da imprensa no século XV. Com os textos impressos, passou a ser possível uma difusão de ideias muito maior e uma circulação de conhecimentos mais ampla. É a imprensa que vai permitir o florescimento da teoria e a publicação de inúmeros tratados de arquitetura, de urbanismo e de engenharia militar nos séculos seguintes. Existia, nesse momento, um novo modo de expressão de ideias, por meio de textos e de gravuras, que já não necessitavam de ser construídas para serem conhecidas. A concepção intelectual e a execução prática passaram a ser encaradas como duas tarefas distintas.

O interesse pela estrutura ordenada das cidades no Renascimento tinha outras componentes. Por um lado, a separação que ocorreu a partir do século XV entre as artes liberais, que envolviam o conhecimento intelectual e a razão, e as artes mecânicas, que envolviam conhecimentos técnicos e trabalho manual. A sólida base teórica que encontrou na matemática permitiu à arquitetura elevar seu estatuto das artes mecânicas para as artes liberais. A geometria viria a constituir a principal ferramenta teórica dos arquitetos e engenheiros militares renascentistas. Foi também no Renascimento que o planejamento de cidades passou a ser encarado como parte da disciplina da arquitetura e a ser sujeito aos mesmos critérios de rigor de base matemática.

Por outro lado, o desenvolvimento, no decorrer do século XVI, de novas técnicas de representação da cidade, mediante uma projeção plana, contribuiu para se encarar a estrutura de uma cidade como uma abstração, incentivando sua representação da maneira mais regular possível. Tais técnicas de representação rigorosa passaram a ser utilizadas também no planejamento, reforçando o uso da matemática e da geometria como ferramentas essenciais para o desenho da cidade, daí resultando a procura de regularidade.

Finalmente, o desenvolvimento de novas técnicas de guerra, particularmente o uso da artilharia, fez com que as muralhas das cidades passassem a ser construídas de acordo com regras geométricas rigorosas, que aumentavam suas capacidades de defesa. O mesmo rigor geométrico das muralhas moldava a estrutura interna das cidades, que viriam a ser igualmente desenhadas de uma forma rigorosa e geométrica e concebidas em função das necessidades militares. Em muitos casos, serão os engenheiros militares que, encarregados do desenho das fortificações, também se ocuparão do plano urbano.

As especulações teóricas sobre a morfologia da cidade ideal, levadas a cabo pelas disciplinas da arquitetura e da engenharia militar, tinham sua principal fonte em Vitrúvio, arquiteto romano do século I a.C. Utilizando-se dos novos recursos da imprensa, seu tratado *De Architectura* foi publicado na Itália em 1486, seguido por outras edições em diferentes países. No capítulo dedicado ao urbanismo, Vitrúvio não se refere às cidades efetivamente construídas pelos romanos, mas antes a um modelo de cidade ideal. Sua proposta de cidade, de forma poligonal e inscrita em um círculo, com uma estrutura de ruas radiais que se desenvolviam a partir de uma praça central, viria a ser a referência para a maior parte das obras teóricas sobre a cidade ideal escritas na Europa nos séculos XV e XVI.

Algumas das principais contribuições para a especulação teórica do urbanismo renascentista foram, entre os autores italianos, Leon Battista Alberti e seu tratado *De Re Aedificatoria*, escrito em 1452 e publicado em 1485 após sua morte, o *Trattato d'Architectura*, de Filatete, escrito entre 1451 e 1464, o *Trattato di Architettura, Ingegneria e Arte Militare*, de Francesco di Giorgio Martini, escrito em 1495, mas que só viria a ser publicado no século XIX, *I Quattro Primi Libri di Architettura*, de Pietro Cataneo, publicado em 1554, e *L'Idea della Architettura Universale*, de Vincenzo Scamozzi, publicado em 1615.

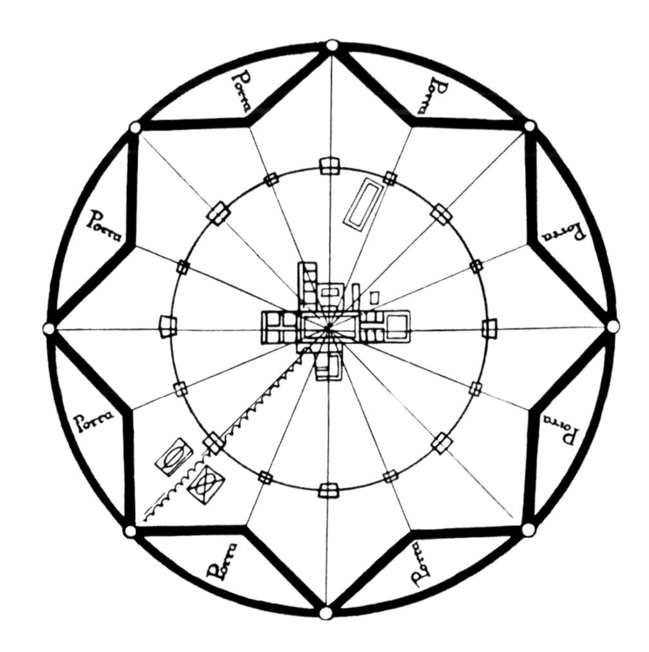

Sforzinda.
A cidade como abstração.

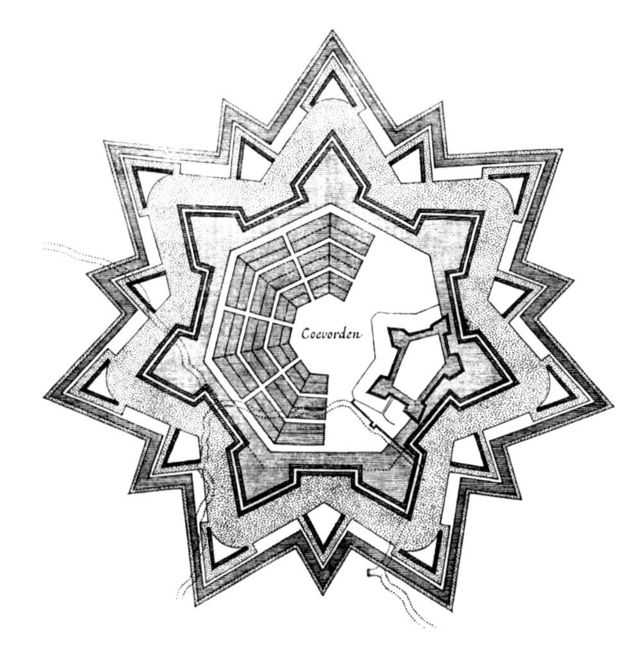

Coevorden.
A influência das novas técnicas de guerra no desenho da cidade.

Chaves, Portugal.
As novas estruturas fortificadas seiscentistas.

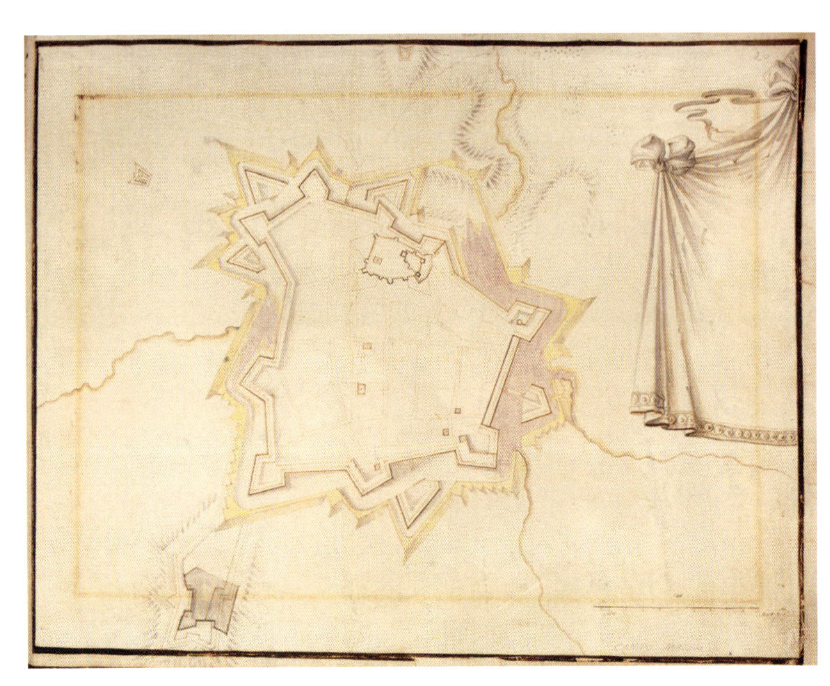

Campo Maior, Portugal.
O papel da engenharia militar
no planejamento da cidade.

O tratado de Francesco di Giorgio Martini, apesar de sua publicação só se ter concretizado séculos depois de ter sido escrito, era conhecido por meio de cópias manuscritas e sua influência pode ser sentida em outros autores. Algumas de suas reflexões sobre o planejamento urbano são particularmente relevantes para o caso português. Para Francesco di Giorgio, a cidade deveria ser concebida de forma a responder às necessidades e condições específicas de seu tempo, mas devia também ser adaptável a futuras necessidades. Nessa perspectiva, o urbanista deveria preocupar-se apenas com as principais linhas do plano, permitindo que no futuro fossem introduzidos todos os ajustamentos necessários. Essa era também uma característica do urbanismo português, em que os planos tinham uma predisposição para se adaptar quer às condicionantes naturais, quer às diversas circunstâncias que se viessem a revelar ao longo do tempo.

Portugal teve um papel importante no desenvolvimento dos novos conceitos de cidade. As ciências da matemática, da cosmografia e da geometria, bases essenciais do espírito científico renascentista e que tinham expressão direta no pensamento e na prática da engenharia militar e do urbanismo, eram também ciências fundamentais para a arte de navegar e parte integrante da cultura científica dos descobrimentos. Em consequência, a formação teórica dos arquitetos e engenheiros portugueses beneficiou-se da rica experiência científica desenvolvida pelos matemáticos e cosmógrafos envolvidos no empreendimento dos descobrimentos e do papel pioneiro de Portugal no ensino dessas matérias. Tanto os conhecimentos teóricos de base quanto alguns dos instrumentos utilizados – por exemplo, a bússola e o astrolábio – eram comuns a ambas as atividades, aparentemente dissimilares.

A necessidade de ocupar e de defender os territórios ultramarinos por meio da construção de fortes e de núcleos urbanos fortificados conduziu desde cedo ao desenvolvimento da engenharia militar e, desde meados do século XVI, à fundação de escolas em que a matemática, a cosmografia e a geometria eram ensinadas: a *Aula de Matemática*, sob responsabilidade do cosmógrafo-mor Pedro Nunes, ministrada nos Armazéns da Guiné e da Índia ainda na primeira metade do século XVI; a *Aula do Paço*, criada pouco depois, em 1562; a *Aula da Esfera* no Colégio de Santo Antão no final do século XVI e, ainda no período Filipino, a *Aula do Risco*. A *Aula do Paço* seria a inspiração para a criação da *Academia de Matematicas y Arquitectura Militar*, em Madri, em 1584. De 1580 a 1640, as coroas portuguesa e espanhola estiveram reunidas, sob o domínio dos reis de Castela, e a biblioteca da *Aula do Paço*, bem como alguns dos seus professores, incluindo o cosmógrafo-mor João Baptista Lavanha, foram transferidos para Madri.

Depois da restauração da independência em 1640, foi criada, em Lisboa, a *Aula de Fortificação e Arquitetura Militar*, bem como outras escolas similares em várias cidades de Portugal e do Brasil. Dessa escola saíram os engenheiros que iriam ter um papel determinante na fundação de cidades brasileiras nos séculos XVII e XVIII. Já no reinado de D. José I, na segunda metade do século XVIII, foi fundada a *Casa do Risco*, a primeira escola de arquitetura, que funcionava simultaneamente com a *Aula de Fortificação*.

Os contatos entre Portugal e a Europa, as relações entre técnicos e o intercâmbio de ideias haviam se intensificado a partir do século XV. Desde o final desse século, arquitetos italianos e de outras nacionalidades eram chamados para trabalhar em Portugal e em seus territórios ultramarinos. Foi assim que Andrea de Sansavino passou nove anos em Portugal, entre 1491 e 1500, a convite de D. João II. Tratados italianos, impressos ou em cópias manuscritas, eram conhecidos e estudados em Portugal, e alguns traduzidos para português. As décadas de 1540 e de 1550, no reinado de D. João III, foram um período ativo na tradução de obras estrangeiras. Entre as obras traduzidas para português incluem-se os *Dez Livros de Arquitectura*, de Vitrúvio, traduzidos por Pedro Nunes em 1541, o *De Re Aedificatoria*, de Alberti, por André de Resende, e o *Método de Fortificação*, de Durer, por Isidoro de Almeida. Tratados portugueses de arquitetura militar e urbanismo, baseados na teoria e na experiência prática dos portugueses na fundação de cidades, foram também escritos a partir da segunda metade do século XVI, entre os quais estão os tratados de arquitetura de 1576 e 1579 atribuídos ao engenheiro-mor António Rodrigues e o tratado de Mateus do Couto, de 1631.

Nos séculos XVII e XVIII, o planejamento das cidades, associado à fortificação, passou a ser cada vez mais o domínio dos engenheiros militares. As escolas de fortificação alemã, holandesa e francesa foram proeminentes na Europa no século XVII e tiveram grande influência em Portugal. A escola francesa foi particularmente importante a partir de meados do século XVII, no contexto das guerras de Portugal com Espanha que se sucederam à restauração da independência. O período entre a segunda metade do século XVII e o início do século XVIII foi ativo na construção de fortes e de obras de fortificação em cidades com importância estratégica. Vários engenheiros franceses foram responsáveis pela concepção e execução de muitas dessas obras, entre os quais Nicholas de Langres, Michel de Lescol, Jean Gillot, Pierre de Sainte Colombe, Alain Manesson Mallet e Charles de Lassart, que viria a ser nomeado engenheiro-mor do Reino. A influência francesa fez-se sentir quer no desenho de novas estruturas fortificadas, e consequentemente nos traçados urbanos, quer nos escritos teóricos que vieram a ser elaborados por engenheiros militares portugueses. O *Methodo Lusitanico de Desenhar as Fortificações das Praças Regulares e Irregulares*, de Luís Serrão Pimentel, de 1680, e mais tarde, em 1728, *O Engenheiro Português*, de Manuel de Azevedo Fortes, são exemplo disso.

Correspondendo à crescente racionalidade dos traçados, o número de arquitetos e de engenheiros militares envolvidos no desenho de cidades foi aumentando ao longo do século XVII. No Brasil, no início daquele século, havia apenas cinco engenheiros, enquanto em 1715 o número era de 25. A proeminência dos engenheiros militares aumentou ainda mais no século XVIII, quando os reis D. Afonso V e D. José I chamaram um grande

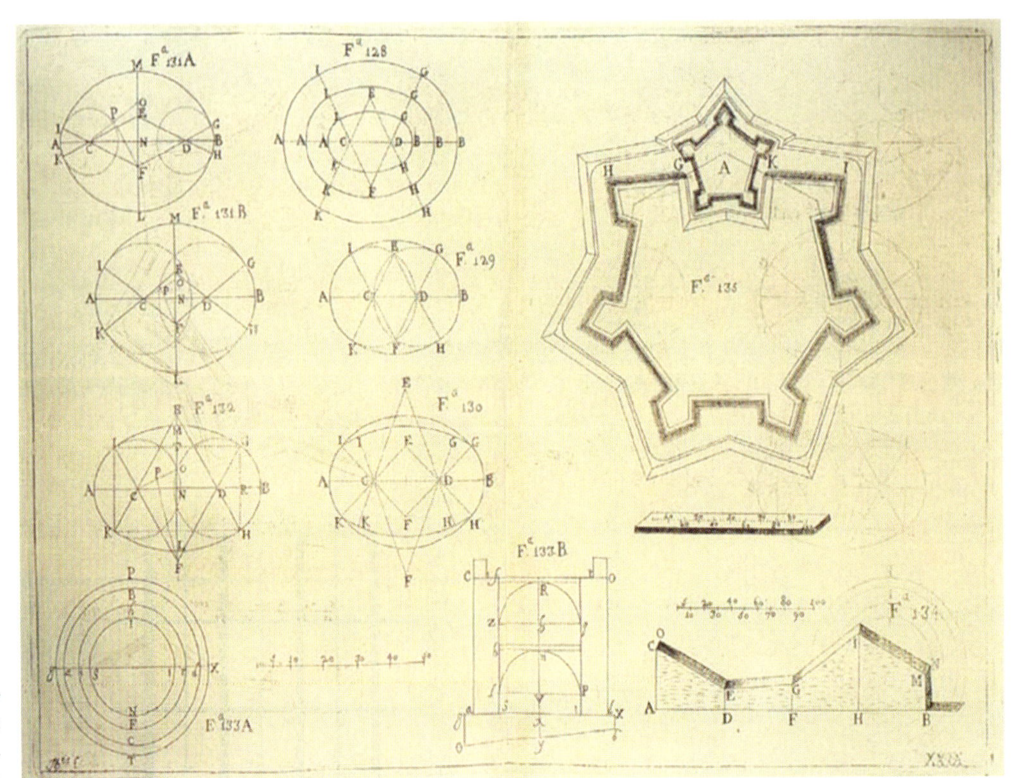

Methodo Lusitanico de Desenhar as Fortificações das Praças Regulares e Irregulares, de Luís Serrão Pimentel. A geometria na base do Methodo.

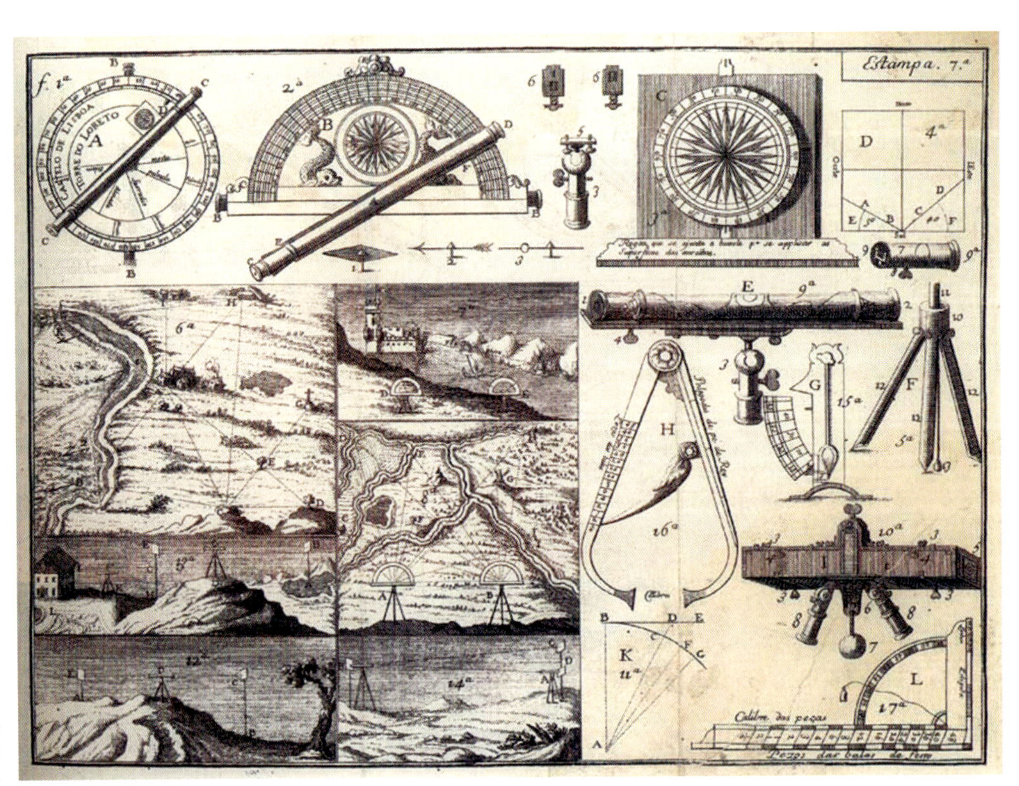

O Engenheiro Português, de Manuel de Azevedo Fortes. Instrumentos de medição.

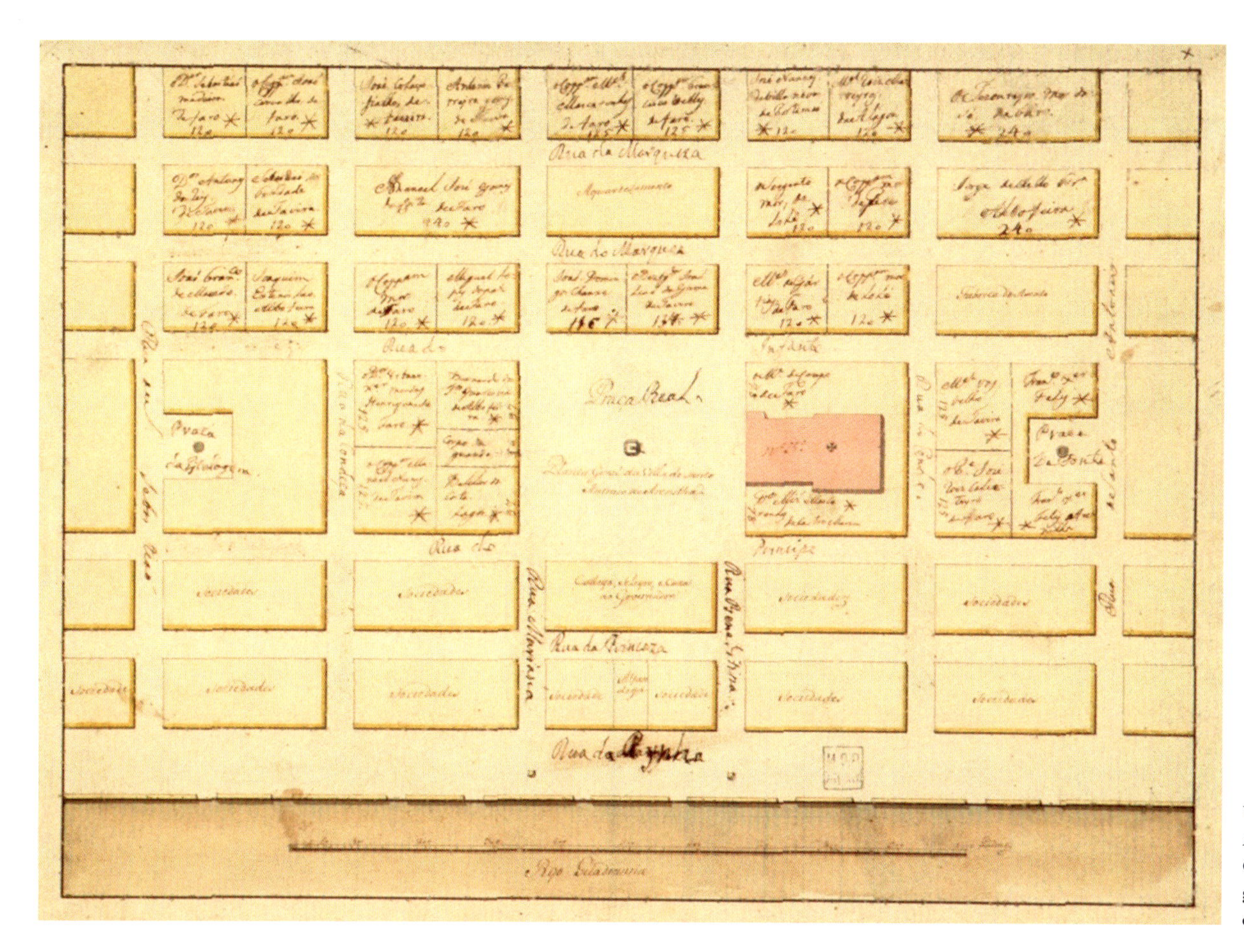

Vila Real de Santo António, Portugal. O culminar do rigor geométrico no desenho da cidade.

número de técnicos estrangeiros para trabalharem nas campanhas de exploração e de demarcação das fronteiras entre os territórios portugueses e espanhóis nas Américas. Muitos deles se envolveram no vasto programa de urbanização então levado a cabo para estruturar e ocupar efetivamente os territórios cuja soberania os portugueses reclamavam.

Além da existência de uma matriz cultural comum, que radicava na cultura da Antiguidade Clássica, os empreendimentos coloniais em que as principais potências europeias estiveram envolvidas a partir do século XV constituíram um meio importante pelo qual se reforçou a identidade urbana europeia. Apesar das diferenças regionais, culturais e históricas, o urbanismo colonial europeu desenvolveu-se sobre uma base comum de ideias, de princípios e de formas, que radicavam nessa matriz cultural. Por sua vez, a rapidez e o pragmatismo exigidos nas fundações coloniais justificavam a adoção, na maior parte dos casos, de padrões urbanos regulares e geometrizados. Se, de início, as fundações urbanas coloniais dos vários países expressavam a singularidade de cada um, logo se assistiu à adoção de padrões urbanos comuns, a que não eram estranhas a circulação de ideias, a crescente participação de engenheiros no desenho das cidades e a troca de experiências entre os vários espaços coloniais.

De maneira progressiva, quer nas colônias, quer na Europa, assiste-se a uma regularidade cada vez maior dos traçados, que vai ter sua expressão mais estruturada no século XVIII, quando se generaliza a adoção de padrões de arquitetura uniforme e de planos geometrizados na fundação de novas cidades, de que são exemplo as fundações urbanas portuguesas, nas colônias e na metrópole.

3

A relação dos traçados urbanos com o território

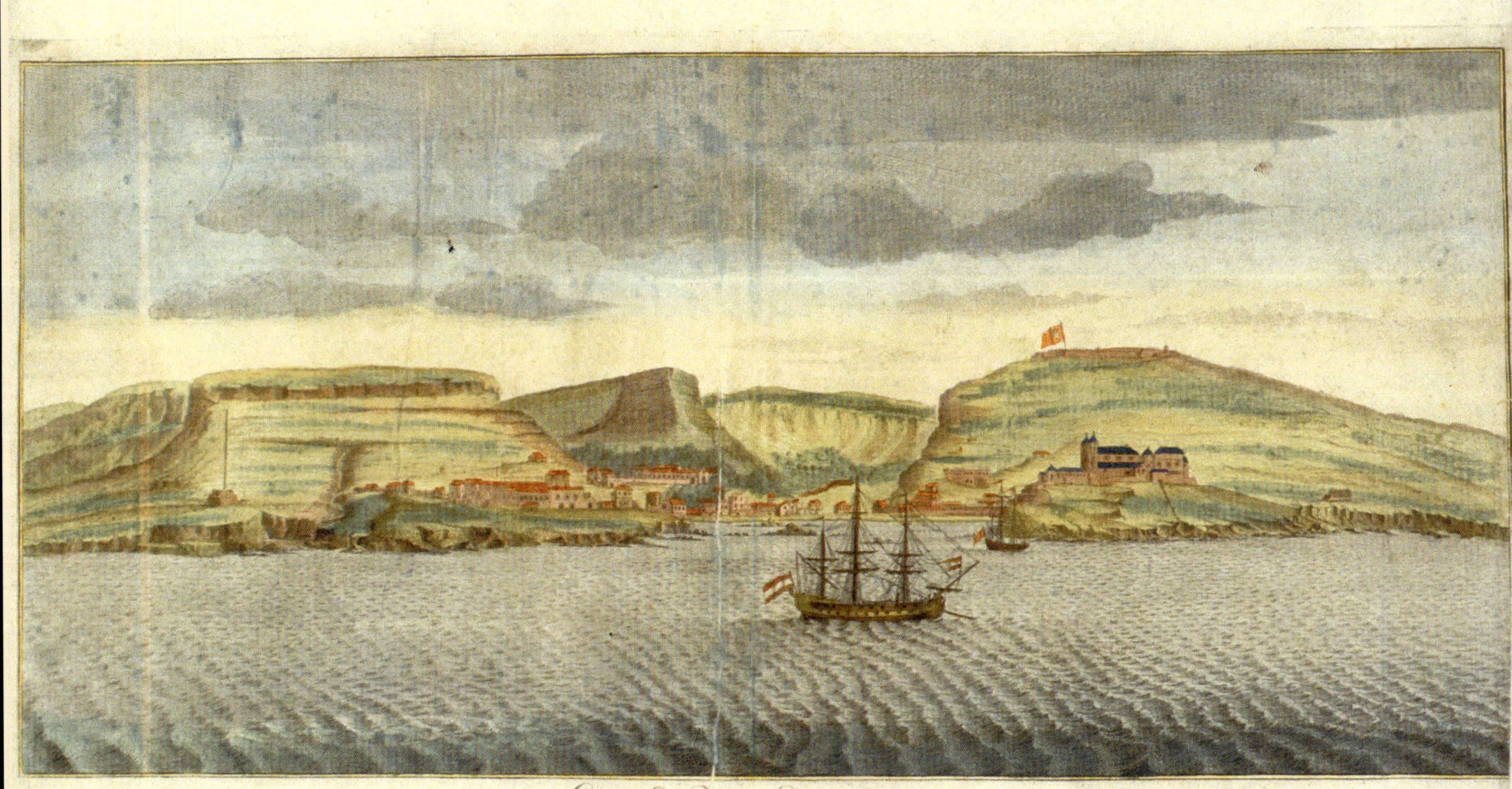

Uma das principais características das cidades de origem portuguesa é a relação do traçado urbano com as características físicas do território em que se implanta. Essa relação observa-se quer nos critérios de localização e de escolha do sítio, quer no modo como suas sucessivas fases de desenvolvimento e o desenho dos espaços urbanos se articulam com as características físicas e ambientais.

A necessidade de se referenciar e orientar no espaço, condição para a própria sobrevivência dos homens, fez com que desde cedo eles aprendessem a ler o território. O primeiro recurso para se orientar foi seguir os cursos d'água e as linhas de cumeada, que constituem as primeiras grandes referências, os caminhos e as fronteiras entre territórios. A partir daí, desenvolveu-se sua relação com os espaços naturais, entendendo suas características físicas, reconhecendo as áreas apropriadas a diferentes usos, as possibilidades de exploração econômica,

Ribeira Grande, Cabo Verde.

Lisboa, Portugal.
A paisagem da cidade
construída de acordo com a topografia.

bem como a seleção das áreas adequadas para a vida humana e para a fundação de núcleos de povoamento.

A localização dos núcleos urbanos dependia essencialmente das funções a que se destinavam: comerciais, portuárias, administrativas, políticas, militares ou outras. Já a seleção do sítio específico para sua implantação levava em consideração as condições físicas mais adequadas, entre as quais se destacam a topografia, a exposição solar, o regime de ventos, o abastecimento de água, a qualidade do solo e suas qualidades defensivas. As interações entre os vários fatores eram múltiplas: se as funções do núcleo urbano levavam à escolha de localização, a questão defensiva podia condicionar a escolha do sítio, e a topografia o traçado das muralhas.

As características topográficas eram determinantes para a localização do núcleo urbano inicial, para a definição do perímetro das fortificações que acompanhavam a estrutura do terreno, para a definição das principais direções de crescimento urbano sobre as linhas naturais do território, para a implantação dos principais edifícios institucionais em locais dominantes e para a estruturação formal dos espaços urbanos associados a esses edifícios. Em muitas cidades de origem portuguesa, as implantações urbanas iniciais eram construídas em lugares elevados, com melhores possibilidades de defesa e a partir dos quais era possível controlar o território em volta. Os principais edifícios da cidade – as estruturas religiosas, políticas e militares – implantavam-se em locais dominantes, pontuando as cotas mais altas, tornando-se polos do crescimento urbano. Isso deu origem à paisagem tradicional das cidades portuguesas, em que as colinas eram acentuadas por castelos, fortes, conventos, igrejas ou outros edifícios notáveis. As relações de poder e a ordem hierárquica da sociedade estavam assim embebidas na estrutura urbana, por meio da proeminência que era dada a tais instituições no perfil da cidade. Esses edifícios eram, por sua vez, ligados por caminhos que se sobrepunham às linhas naturais do território – as linhas de cumeada e as linhas de vale –, as quais se tornavam as principais ruas da cidade. Nos extremos dessas vias estruturantes, ou em seus pontos de confluência, de divergência ou de inflexão, associados

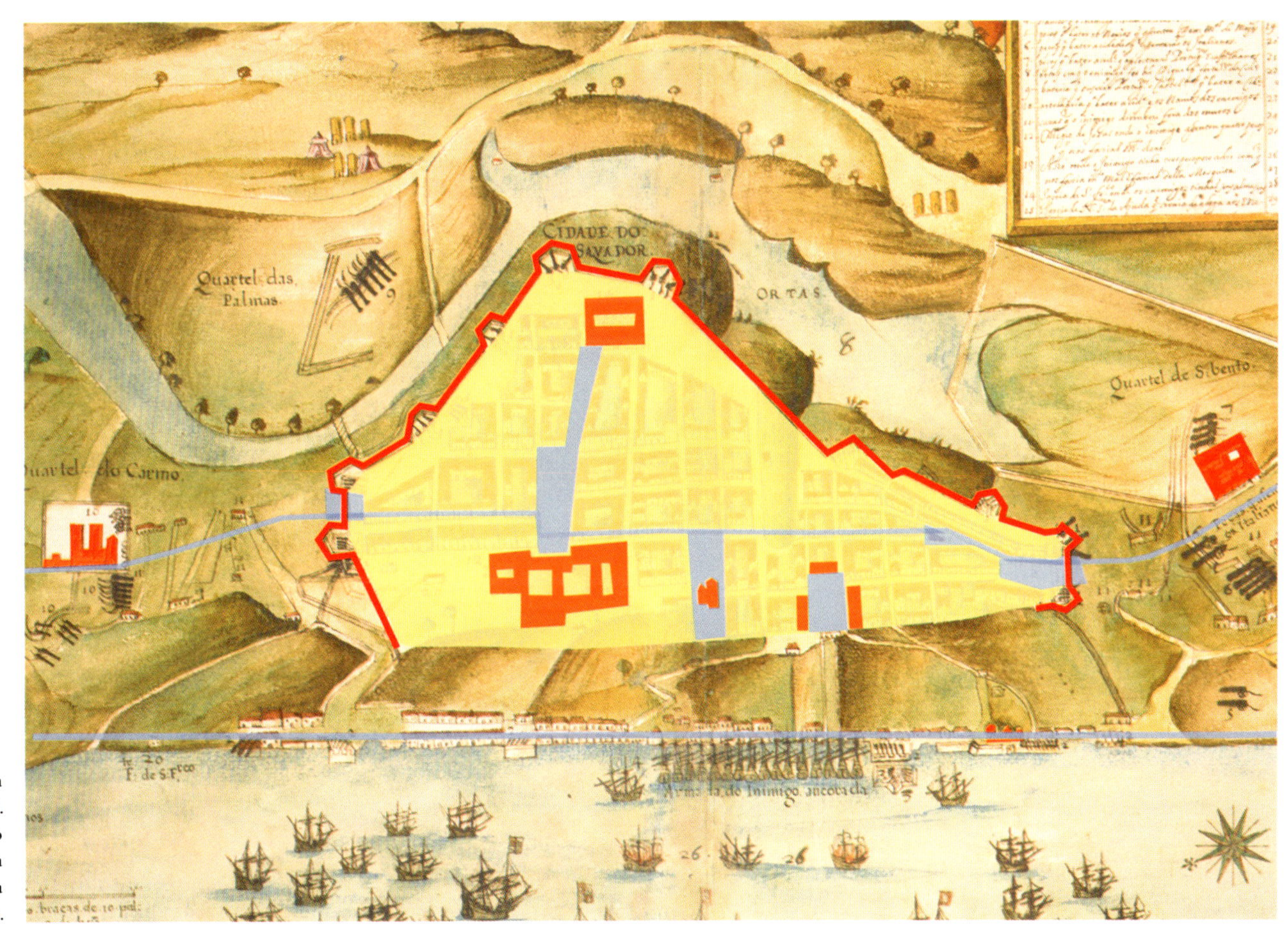

Salvador da Bahia, Brasil. A adaptação do traçado urbano à estrutura física do território.

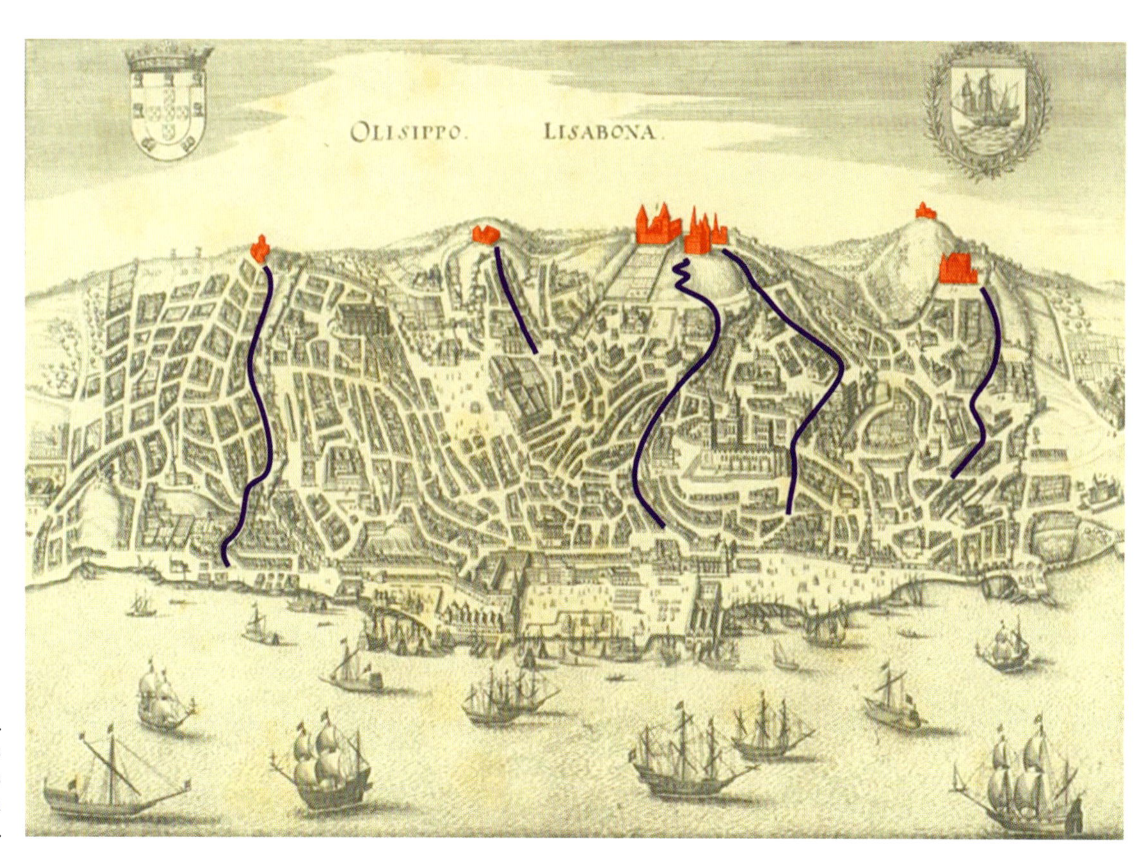

Lisboa, Portugal.
Ruas construídas sobre as linhas de cumeada, orientadas para edifícios localizados em posições dominantes.

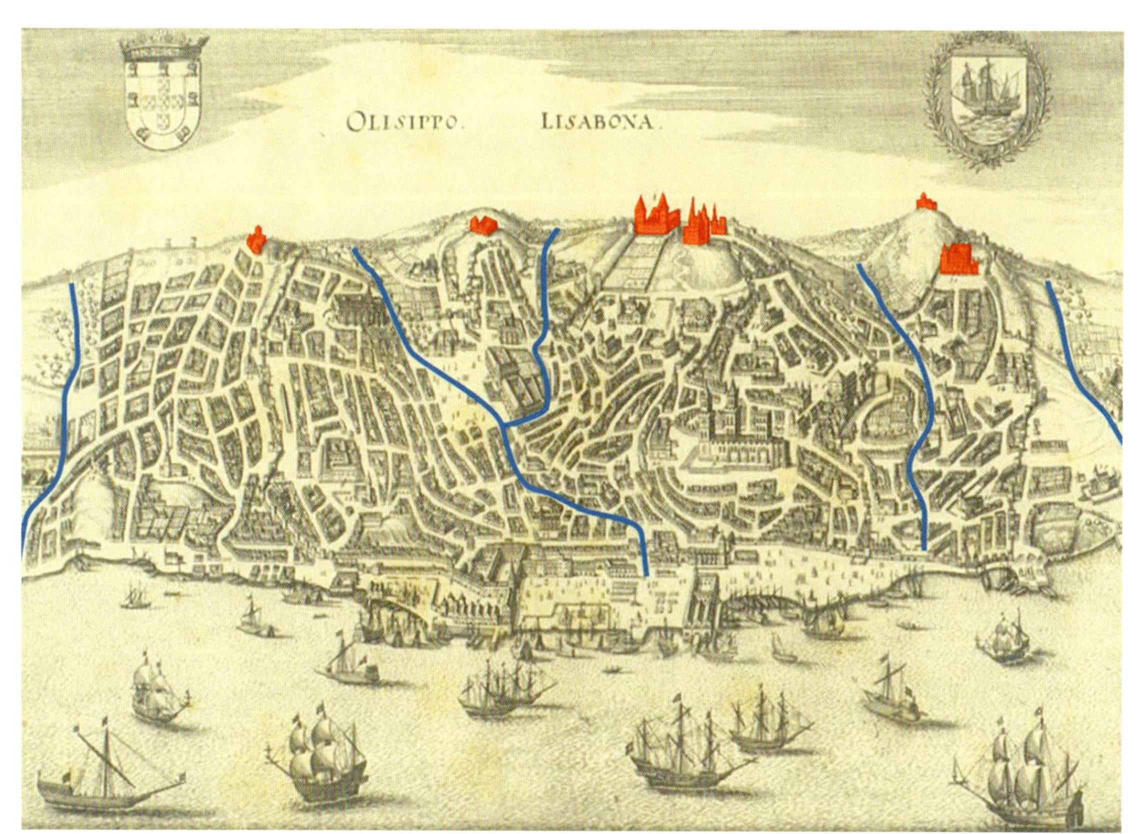

Lisboa, Portugal.
Ruas construídas sobre as linhas de vale.

aos edifícios singulares que se implantavam nesses pontos notáveis, geravam-se espaços urbanos com características de centralidade, que habitualmente se traduziam em praças urbanas.

Tanto os edifícios singulares, por sua localização, quanto as ruas que os ligavam, e também os espaços urbanos que geravam, estavam intimamente ligados à estrutura do território e se desenvolviam a partir dela. O fato de os locais dominantes, e com maior visibilidade, onde se implantavam os edifícios mais importantes, serem pontos notáveis das linhas de cumeada ou das linhas de vale significa que as principais vias urbanas construídas sobre essas linhas naturais do território se orientavam naturalmente em relação a esses edifícios. Se esses locais já eram privilegiados desde o início, sua importância aumentava ainda mais com a implantação dos edifícios notáveis, que se destacavam por sua volumetria e pelo grande investimento arquitetônico de que eram objeto. A importância desses locais seria ainda reforçada pelo desenvolvimento de praças associadas aos edifícios notáveis, e em relação às quais as malhas urbanas se articulavam.

Dessa forma, como dizia Sérgio Buarque de Holanda, a silhueta da cidade "se enlaça na linha da paisagem".[1] Acomodando-se ao sítio, a cidade era facilmente legível, de fácil referenciação e orientação porque seus códigos de leitura se identificavam com os do território. Da mesma forma, era uma cidade naturalmente hierarquizada, porque as hierarquias do território estavam embebidas na estrutura urbana. Estabelecia-se assim uma estreita relação entre a estrutura territorial e a estrutura urbana, tornando explícitas as relações entre sítio e plano urbano, entre linha natural e via estruturante, entre ponto de inflexão e praça, entre local dominante e arquitetura notável.

Angra do Heroísmo, Açores, Portugal. A localização da cidade em uma baía abrigada.

1 Holanda, *Raízes do Brasil*, p.110.

Salvador da Bahia, Brasil.
A cidade alta e a cidade baixa.

Muitas cidades de origem portuguesa localizavam-se junto ao mar ou nas margens dos rios. Os sítios escolhidos para a implantação desse tipo de cidade obedeciam a um conjunto de requisitos que se mantiveram ao longo do tempo. Uma situação privilegiada, que encontramos reproduzida em muitas cidades insulares e ultramarinas, era sua localização em baías amplas e abrigadas, com águas profundas e boas condições de porto natural, com encostas suaves e boas exposições solares, orientadas ao sul no hemisfério norte ou ao norte no hemisfério sul. Deviam, além disso, ser lugares sadios e com boas águas, percorridos por cursos de água doce e com boas condições de defesa, as quais se traduziam na existência de um lugar elevado, onde se pudesse construir um castelo ou um forte, e no aproveitamento de acidentes naturais, como promontórios, cabos ou ilhas localizados nos extremos da baía, onde fosse possível construir outros sistemas defensivos que protegessem o porto e a cidade.

Um dos núcleos de ocupação primitiva, e simultaneamente o primeiro núcleo defensivo, localizava-se em uma colina ou em um morro proeminente, dominando o mar e o porto, enquanto outro núcleo de ocupação se desenvolvia junto à praia, associado às atividades ligadas ao mar. O resultado era que muitas cidades de origem portuguesa se estruturavam inicialmente em duas partes distintas: a cidade alta, local do poder político, institucional, militar e religioso, e a cidade baixa, dedicada às atividades comerciais e portuárias. Essa estrutura de cidade respondia à estrutura física do território e, ao mesmo tempo, expressava as relações de poder na sociedade. Fases de desenvolvimento urbano posteriores acabavam por unir as duas partes da cidade, que, contudo, mantiveram sua matriz funcional inicial.

A cidade alta estruturava-se inicialmente com a implantação dos edifícios notáveis em situações proeminentes e das vias estruturantes do plano em sintonia com o território e, em um segundo momento, com a articulação das malhas urbanas que se desenvolviam associadas aos edifícios notáveis e às vias estruturantes. O desenvolvimento da cidade baixa iniciava-se pelo estabelecimento de um caminho ao longo da praia, seguindo a curvatura da baía, ligando dois polos localizados em seus extremos. Esses elementos polarizadores eram geralmente capelas, construídas nos extremos da

Ponta Delgada, Açores, Portugal.
As fases sucessivas de desenvolvimento urbano.

Horta, Açores, Portugal.
A capela na praia, polo de estruturação da cidade baixa.

Horta, Açores, Portugal.
Rua longitudinal, paralela à linha de costa.

baía. Cada uma das capelas pontuava um espaço aberto: um adro, um rossio ou um largo que com o tempo se estruturavam formalmente como praças. Era ao longo desse percurso que, de um lado e outro, se construíam as primeiras casas e se estruturava a primeira rua, muitas vezes chamada de rua Direita, a qual, em muitos casos, permaneceu, até hoje a rua mais importante do núcleo urbano.

Em fases subsequentes, construíam-se uma ou duas outras ruas paralelas a esta primeira rua longitudinal, e a curta distância dela para o interior, e algumas ruas transversais que as ligavam. Estruturava-se assim um conjunto de quarteirões de forma sensivelmente retangular, que se dispunha paralelamente à linha de costa. Nas fases seguintes de desenvolvimento urbano, eram construídas ainda outras ruas longitudinais, paralelas à linha de costa, e eram prolongadas ou construídas novas transversais.

Dada a distância cada vez maior a que cada nova rua longitudinal era traçada em relação às anteriores, os novos quarteirões dispunham-se agora perpendicularmente à linha da costa. As ruas perpendiculares ao mar tendiam a adquirir uma importância crescente na estrutura da cidade, estabelecendo sua ligação com o interior e tornando-se a direção dominante do traçado. Algumas dessas ruas adquiriam um maior protagonismo, orientando-se para edifícios proeminentes e consolidando os caminhos que ligavam a zona baixa à zona alta da cidade.

Vila Franca do Campo, Açores, Portugal.
Rua transversal, perpendicular à linha de costa.

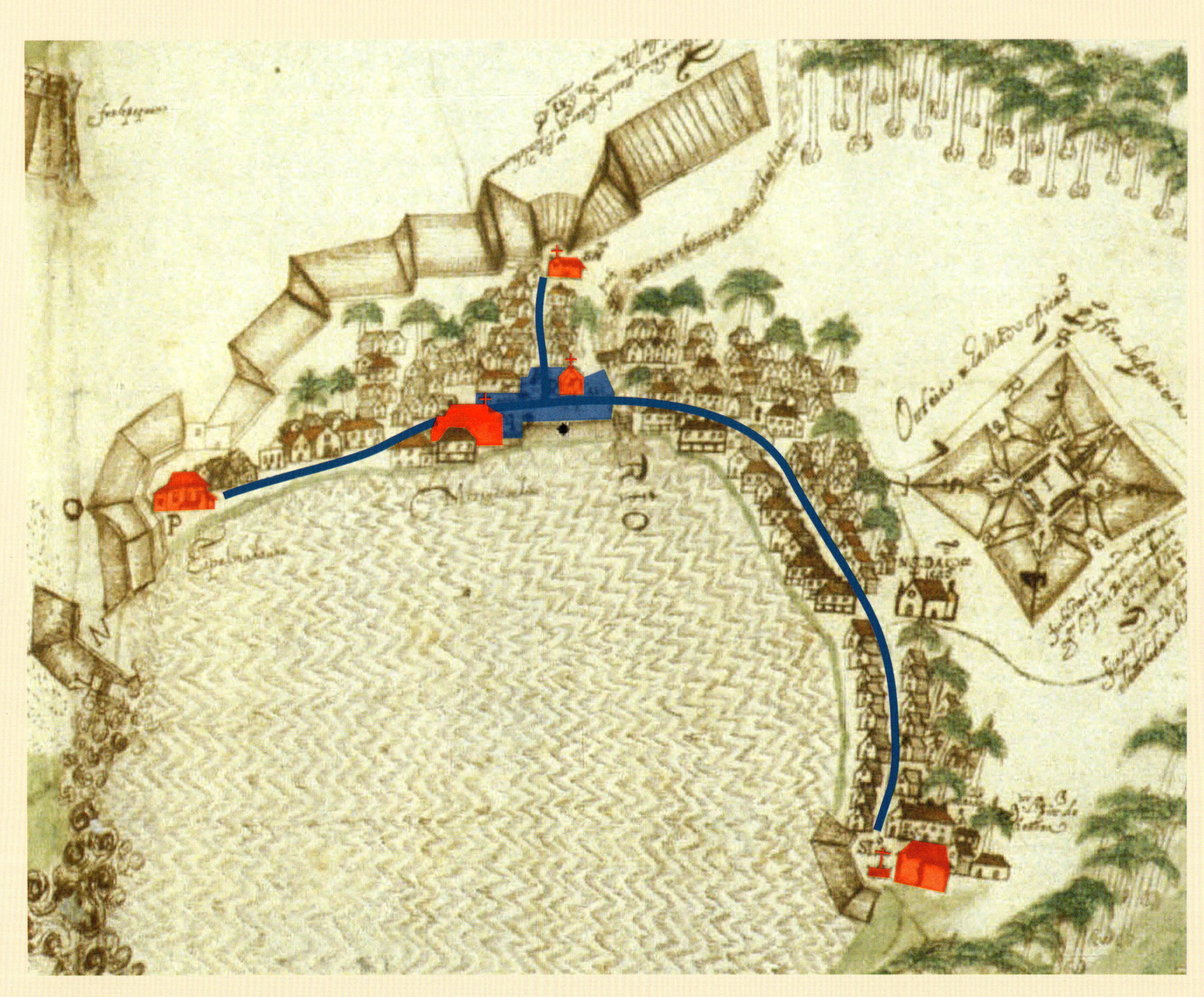

São Tomé, São Tomé e Príncipe.
A estrutura da cidade portuguesa marítima.

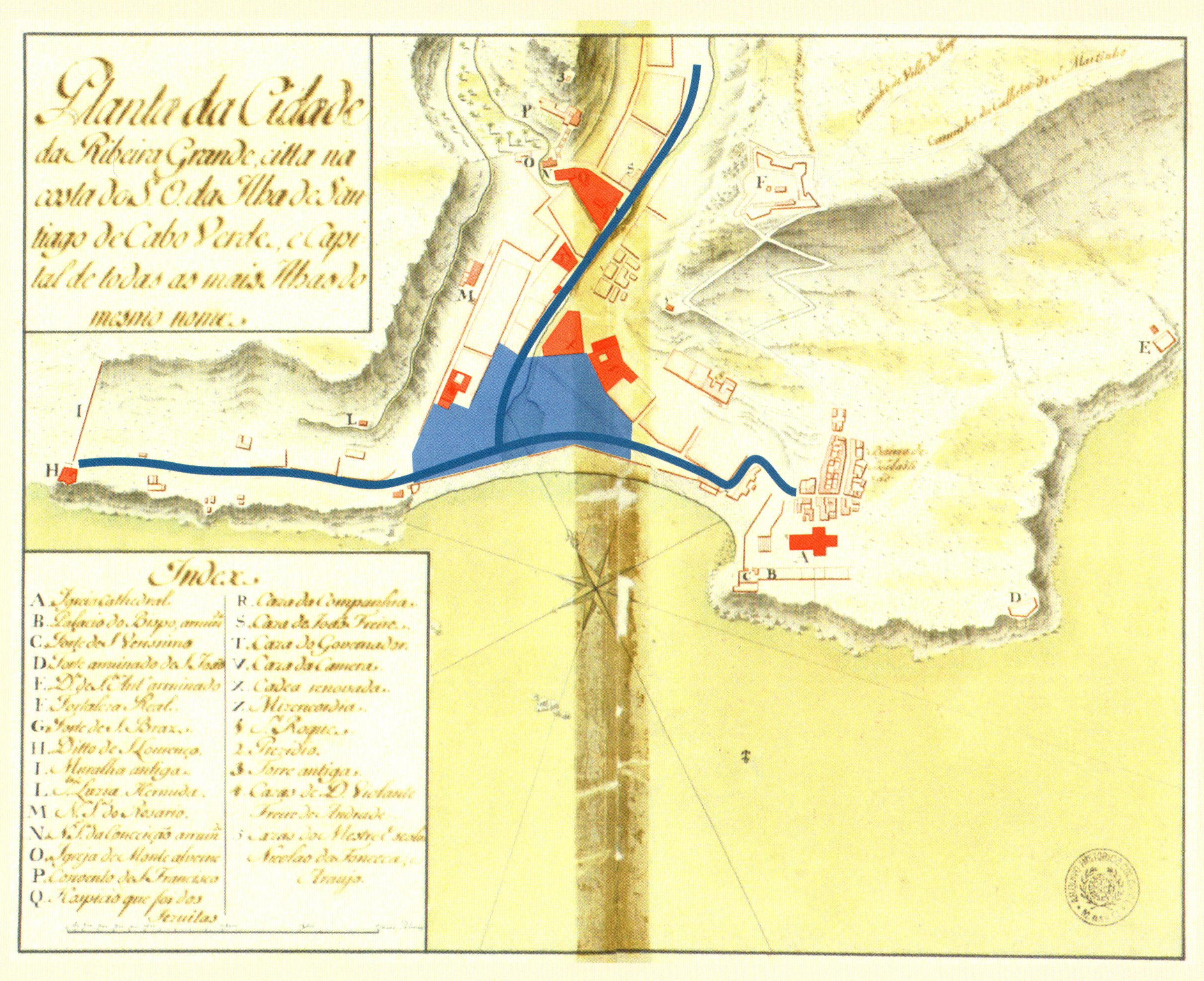

Ribeira Grande, Cabo Verde.
A praça no cruzamento de vias estruturantes.

A estruturação progressiva da Praça XV de Novembro.

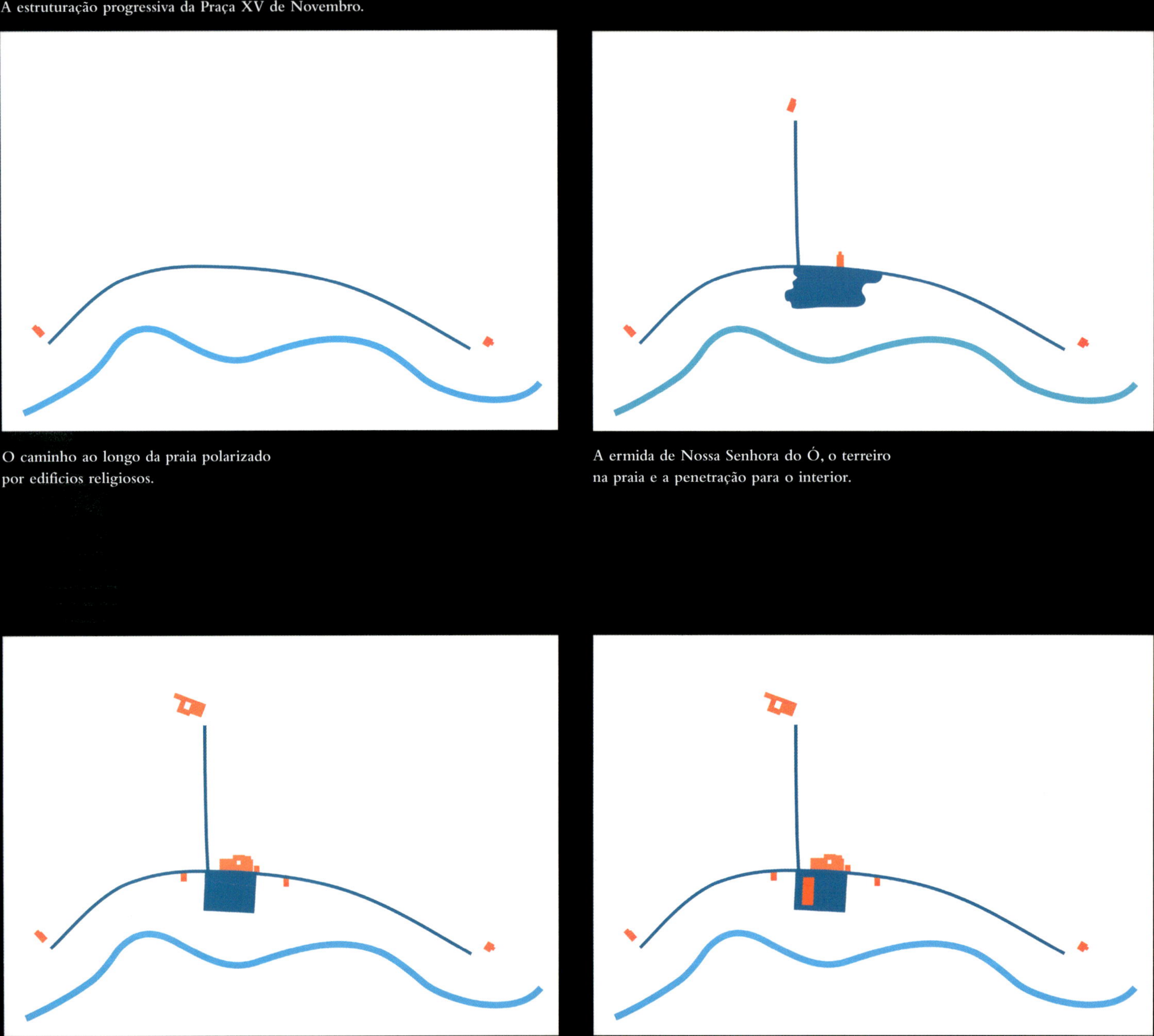

O caminho ao longo da praia polarizado por edifícios religiosos.

A ermida de Nossa Senhora do Ó, o terreiro na praia e a penetração para o interior.

Ao longo do processo, a rua Direita ia reforçando seu papel como principal eixo estruturante do núcleo urbano, ao longo do qual iam se implantando habitações de qualidade, comércios e funções urbanas centrais. Sensivelmente a meio dessa rua, no cruzamento com a principal via de penetração para o interior, e habitualmente associado a um edifício religioso, desenvolvia-se um largo ou terreiro, de início formalmente indefinido, que progressivamente se transformava em praça. Era nesse espaço que, ao longo do tempo, polarizavam-se funções urbanas centrais e implantavam-se edifícios institucionais, cívicos ou religiosos, em articulação com os quais a praça se organizava formalmente. Foi esse o processo de desenvolvimento da praça da Matriz de Ponta Delgada, nos Açores, da praça do Pelourinho na Ribeira Grande, em Cabo Verde, da praça XV, no Rio de Janeiro, entre muitas outras. Em muitos casos, essas praças são, até hoje, as principais da cidade, em termos funcionais ou simbólicos.

A adaptação ao sítio era realizada mediante estratégias de desenho que, desenvolvidas de início em uma vertente vernacular, vieram a ser incorporadas no urbanismo erudito. A experiência colonial e a necessidade de adaptar os modelos urbanos a vários contextos geográficos e ambientais contribuíram decisivamente para a exploração formal das lógicas de relação com o sítio. A localização dos edifícios notáveis e sua arquitetura eram exploradas como elementos de referência e valorizadores da paisagem da cidade. Para além de as ruas se perspectivarem em direção a edifícios notáveis, é frequente tais edifícios surgirem como foco de eixos visuais, sofrendo torções ou ajustamentos em sua implantação para se oferecerem melhor a seu usufruto estético, contribuírem para a riqueza da paisagem urbana e participarem melhor da organização formal da cidade.

A mesma relação com o suporte físico traduzia-se na organização dos espaços urbanos, em uma escala de mais detalhe. O desenho de ruas e de praças se, por um lado, levava em consideração a lógica de organização da cidade em seu todo, os usos que se localizavam nesses espaços e a arquitetura que os definia, por outro lado resultava das condições ambientais, sendo levados em consideração a topografia, a orientação solar e o regime de ventos. Aspectos como orientação desses espaços, sua geometria, dimensão e perfil, bem como o tratamento arquitetônico das fachadas ou a existência de arcadas, eram a resposta a condições ambientais específicas.

4

A REGULARIDADE DOS TRAÇADOS URBANOS

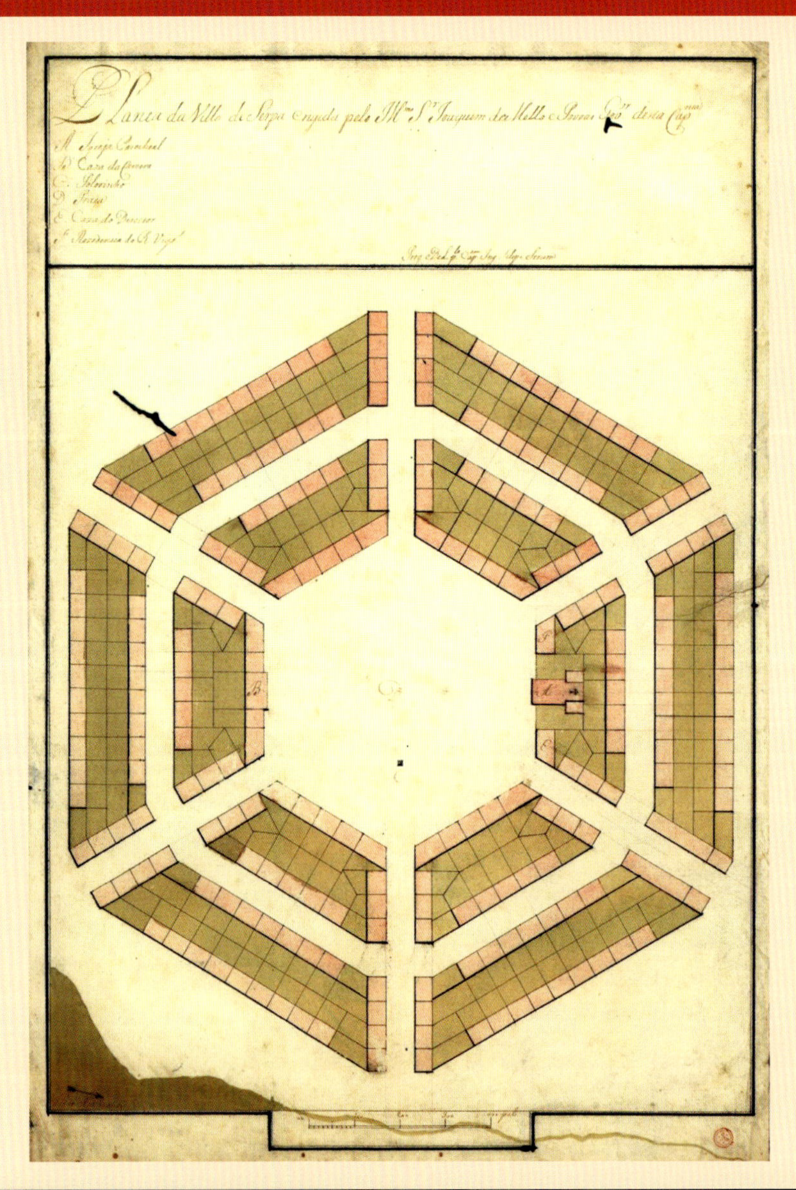

Vila de Serpa, Brasil.

A regularidade dos traçados urbanos sempre esteve presente nas cidades portuguesas. A origem dessa regularidade, mais ou menos afirmada conforme as épocas de construção, é parte da cultura urbana europeia que partilhamos. Ela se caracteriza pela adoção de uma ordem geométrica como elemento gerador do traçado urbano e ordenador dos diferentes tipos de edifícios e de funções urbanas.

Os traçados urbanos geométricos têm sua origem no esforço da humanidade para entender a ordem do universo e nela se integrar. Além das indicações que as referências terrestres lhe ofereciam – os vales, as cumeadas, os montes, os rios –, a humanidade desde cedo tomou consciência das referências celestes para se orientar. A primeira dessas referências era o percurso do Sol no céu. Os lugares opostos que marcavam o nascimento e o pôr do Sol, juntamente com o ponto que marcava a metade de seu percurso,

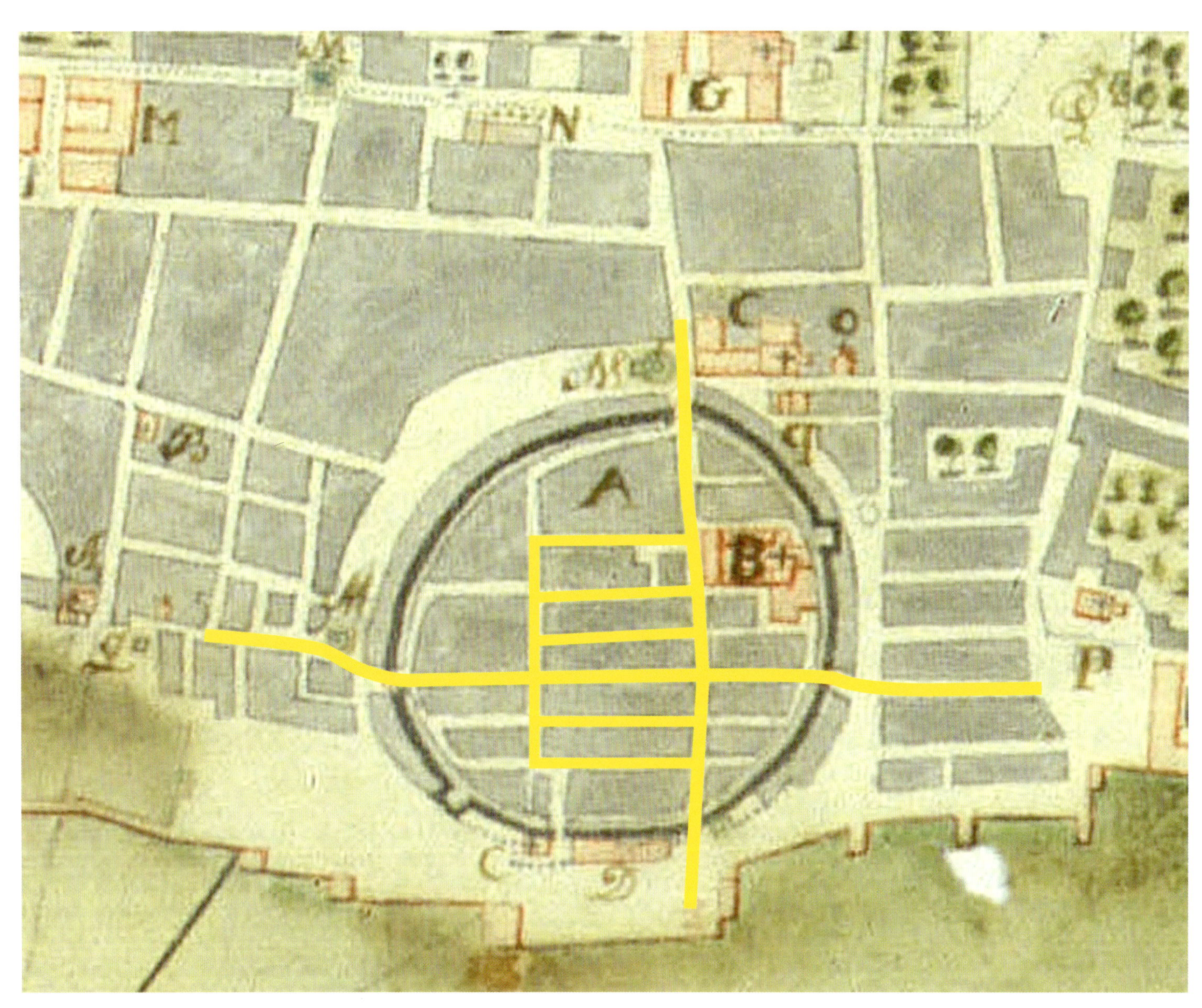

Viana do Castelo, Portugal.
Cidade medieval planejada.

permitiu-lhe construir uma visão do universo com uma estrutura quadripartida. Essa estrutura abstrata e racional de concepção do mundo tornou-se também uma forma de relação com o divino. A partir desse momento, a humanidade já não queria apenas integrar-se no ambiente natural e fazer suas construções de maneira harmoniosa com a natureza. Ela passou a querer que os espaços por si construídos se integrassem nessa sua concepção do mundo, expressão de uma ordem divina perfeita. São essas duas formas de entender o mundo que nos surgem articuladas na construção das cidades. As indicações que as referências terrestres oferecem são articuladas com as grandes diretrizes que a abóbada celeste fornece e sujeitas à visão abstrata do mundo.

A adoção desses modelos geometrizados sempre esteve associada a ações de planejamento promovidas pelo poder e, ao longo da história, esse tipo de estruturas justificava-se por três ordens de razões: a preocupação de inscrever os traçados urbanos em uma ordem universal, expressa pelo rigor da geometria; a associação que se estabelecia entre regularidade, beleza da cidade e bom governo; e o pragmatismo associado a uma estrutura regular, mais fácil de implantar, de construir e de gerir. Nos traçados regulares do universo urbanístico português incluem-se, além das próprias cidades romanas construídas em Portugal entre os séculos I a.C. e III d.C., as cidades novas medievais dos séculos XIII e XIV, as remodelações urbanas quinhentistas, os traçados urbanos modernos construídos nas ilhas atlânticas e na África, desde o século XV, e no Brasil e no Oriente, a partir do século XVI, os quais atingiram sua afirmação plena nos traçados iluministas setecentistas, no Brasil e em Portugal.

As cidades novas medievais evidenciavam em seu traçado uma clara intenção de planejamento, que se expressava em uma estrutura urbana ordenada. Os traçados dessas cidades tinham uma base regular, com uma organização ortogonal de ruas e de quarteirões. As ruas eram organizadas hierarquicamente, alternando as ruas principais e as de trás, cruzadas por outras ruas secundárias que lhes eram perpendiculares, formando um conjunto de quarteirões retangulares, estreitos e alongados, de perímetro regular e dimensão idêntica, com uma estrutura de loteamento igualmente regular. Cada quarteirão era composto por um número idêntico de lotes estreitos, paralelos uns aos outros, que iam de lado a lado do quarteirão, definindo uma hierarquia de ruas de frente e de trás.

A partir do final do século XV, a regularidade cada vez maior dos traçados era expressão da crescente racionalização da cultura urbana europeia na qual Portugal participou ativamente por meio do

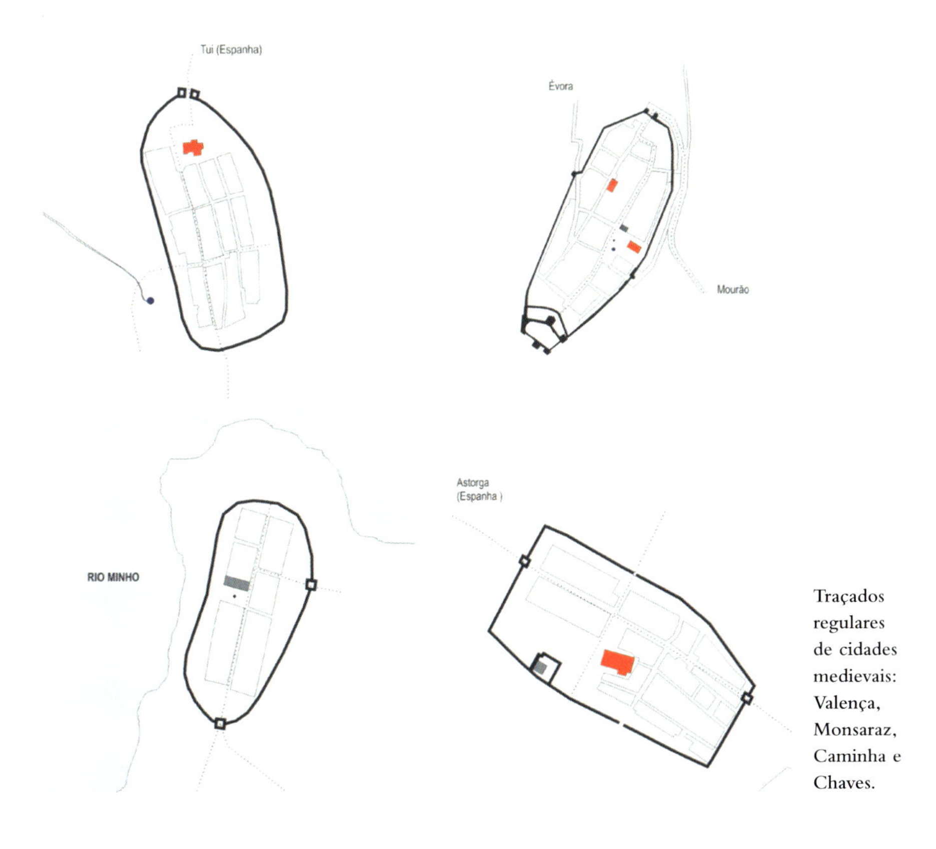

Traçados regulares de cidades medievais: Valença, Monsaraz, Caminha e Chaves.

desenvolvimento das ciências da matemática e da geometria, parte integrante da cultura científica do Renascimento. As cidades da expansão ultramarina tiveram papel importante no desenvolvimento do urbanismo português. Se, em uma primeira fase, no início do processo de expansão no século XV e até meados do século XVI, as influências urbanísticas foram fundamentalmente de Portugal sobre as ilhas atlânticas e os territórios ultramarinos, rapidamente elas se observaram nos dois sentidos, passando a verificar-se uma clara influência das práticas de urbanização levadas a cabo nas colônias, nomeadamente no Brasil, sobre o urbanismo português.

Quando se inicia o desenvolvimento das cidades atlânticas da Madeira e dos Açores, na primeira metade do século XV, as novas propostas urbanas renascentistas não estavam ainda sistematizadas. O *De Re Aedificatoria* de Alberti seria impresso apenas em 1485, e a principal produção tratadística se desenvolveria no século XVI. As referências para a construção das fases iniciais daquelas cidades eram ainda os traçados vernáculos ou os traçados das cidades medievais planejadas, algumas das quais tinham sido construídas em Portugal havia pouco mais de um século. A síntese desses princípios com os emergentes princípios teóricos do urbanismo renascentista vai ser realizada nas cidades insulares a partir do fim do século XV.

A primeira dessas experiências urbanísticas inovadoras verificou-se na cidade do Funchal a partir de 1485, quando o donatário da ilha da Madeira, futuro rei D. Manuel I, iniciou um vasto programa de modernização dos espaços urbanos da cidade. Nesse programa de obras incluía-se a construção de uma nova expansão urbana segundo um traçado ortogonal moderno e a construção de novos edifícios institucionais – a Casa de Câmara, o Paço de Tabeliães, a Alfândega e a Sé – inseridos nessa malha. Os quarteirões da nova zona urbana eram menos alongados que os quarteirões medievais e cada um deles era constituído por duas fileiras de lotes, cuja frente se orientava para faces opostas do quarteirão. Associada à Sé foi construída uma praça urbana de forma regular, planejada de acordo com o moderno vocabulário urbano que D. Manuel procurava instituir.

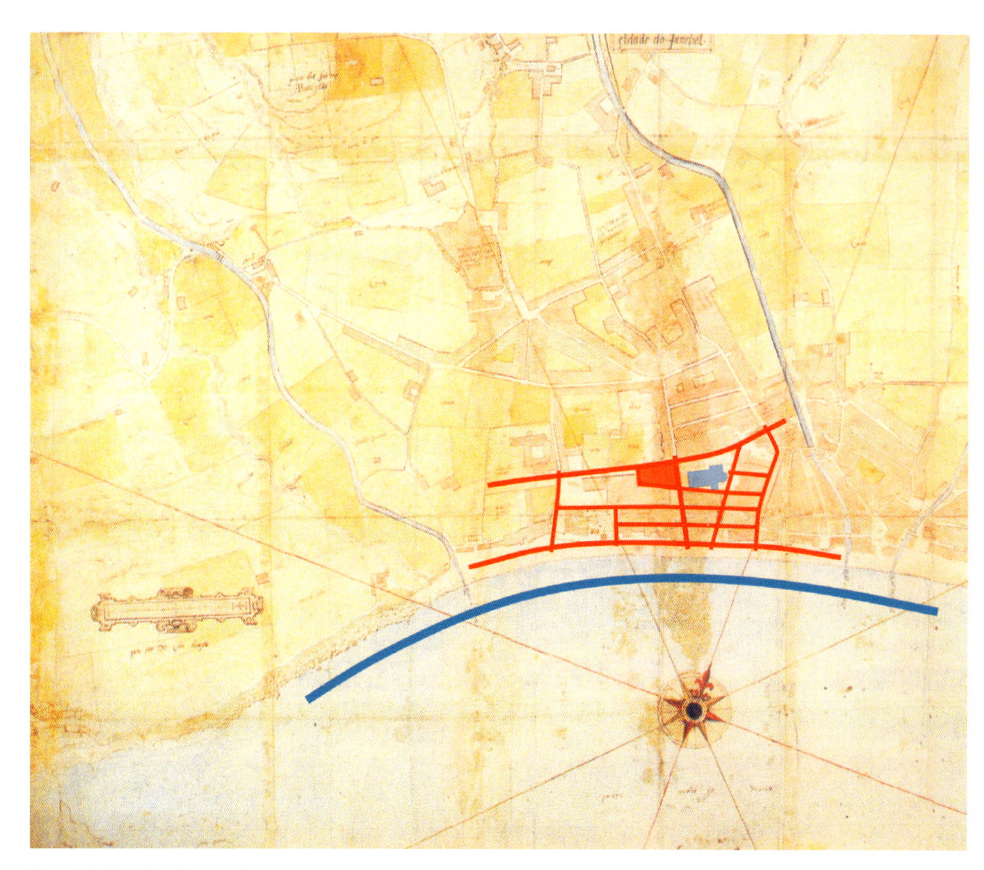

Funchal, Madeira, Portugal.
O traçado urbano regular de finais do século XV.

Na primeira metade do século XVI a cidade de Angra vai reestruturar-se igualmente com um traçado urbano regular. O plano consistia em uma malha ortogonal, definindo um conjunto de quarteirões retangulares, cada um deles constituído também por duas fileiras de lotes, com as frentes viradas para as ruas principais, que se orientavam na direção do mar. O centro do plano era a igreja da Sé, situada no meio de uma praça retangular que correspondia a um quarteirão não construído. Tal como a praça da Sé no Funchal, essa também era uma praça nova, regular e geometrizada, que constituía um importante espaço central da cidade e elemento ordenador da nova malha urbana. A diferença entre as duas é que, enquanto a Sé do Funchal se encontrava situada em um dos lados menores da praça, a Sé de Angra implantava-se no meio da praça.

As remodelações urbanas do século XVI realizadas em Portugal foram um reflexo direto dessas intervenções. Tanto o Funchal como Angra foram referências para a construção de novas praças e extensões urbanas planejadas e, tal como nessas cidades, o programa de modernização urbana associava a intervenção urbanística com a arquitetura. Em muitas cidades do Reino procedeu-se à abertura de praças novas onde se implantaram novos edifícios institucionais que passaram a constituir os elementos arquitetônicos de referência de tais praças. Nas novas expansões urbanas eram adotados os mesmos princípios de regularidade e de ordenamento, associados a uma nova estrutura de quarteirões.

Angra do Heroísmo, Açores, Portugal.
Traçado urbano quinhentista.

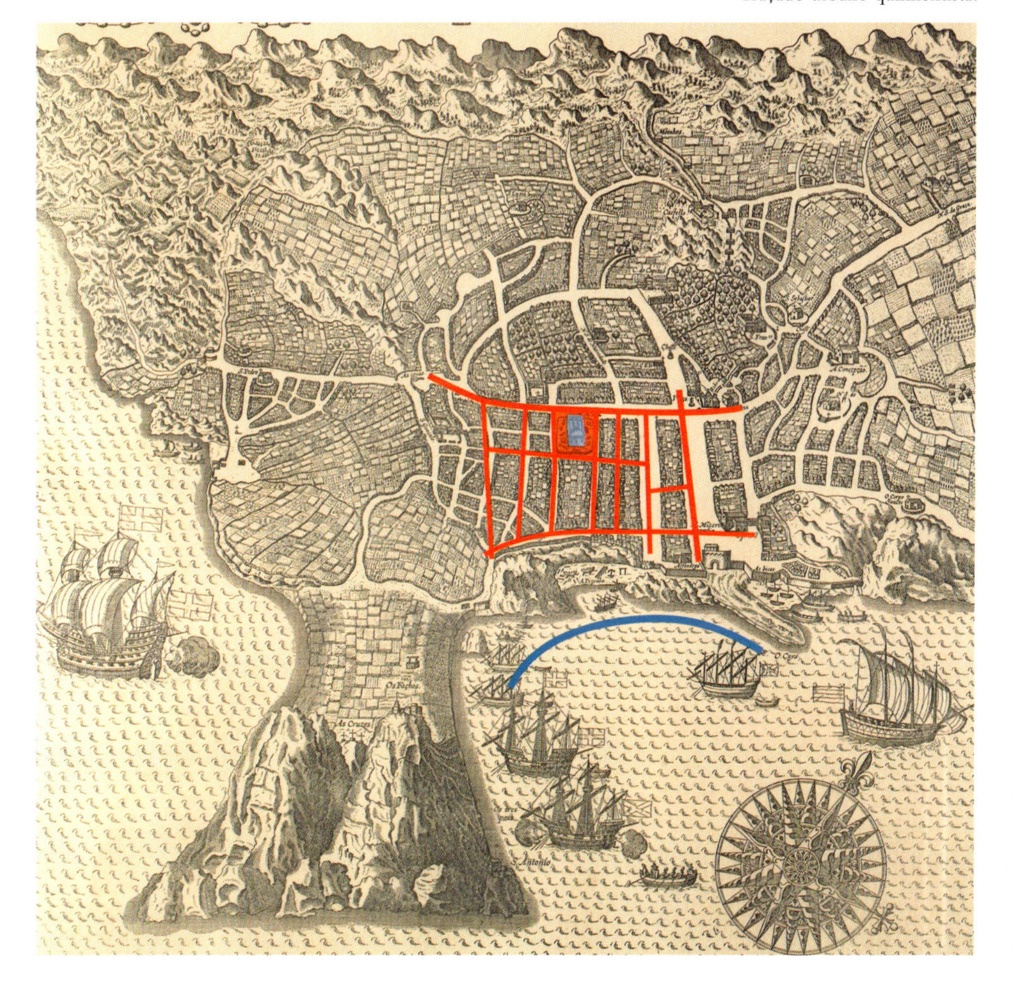

Em todas essas intervenções procurava-se a valorização do espaço público e nelas encontramos expressão das estratégias de composição urbana do urbanismo renascentista: a construção de malhas urbanas ortogonais, as ruas com um traçado retilíneo e ordenado, a localização de edifícios ou elementos arquitetônicos notáveis no alinhamento de ruas, a definição de praças novas, fechadas e regulares, e o ordenamento e a repetição de fachadas. Por trás desses diferentes tipos de intervenção estavam a noção de planejamento, que devia presidir a organização da cidade como um todo, e a noção de regularidade, que devia estar subjacente a qualquer intervenção e era considerada uma das condições necessárias para a beleza da cidade.

No contexto da expansão ultramarina portuguesa, generalizam-se a adoção de malhas urbanas regulares, de gênese ortogonal, como base dos novos traçados urbanísticos, e a estruturação de praças centrais, de forma quadrada ou retangular, inseridas na malha. Em alguns casos, esses traçados eram o resultado da ação de arquitetos ou engenheiros militares; em outros, havia apenas a colaboração de agrimensores, que dividiam a terra,

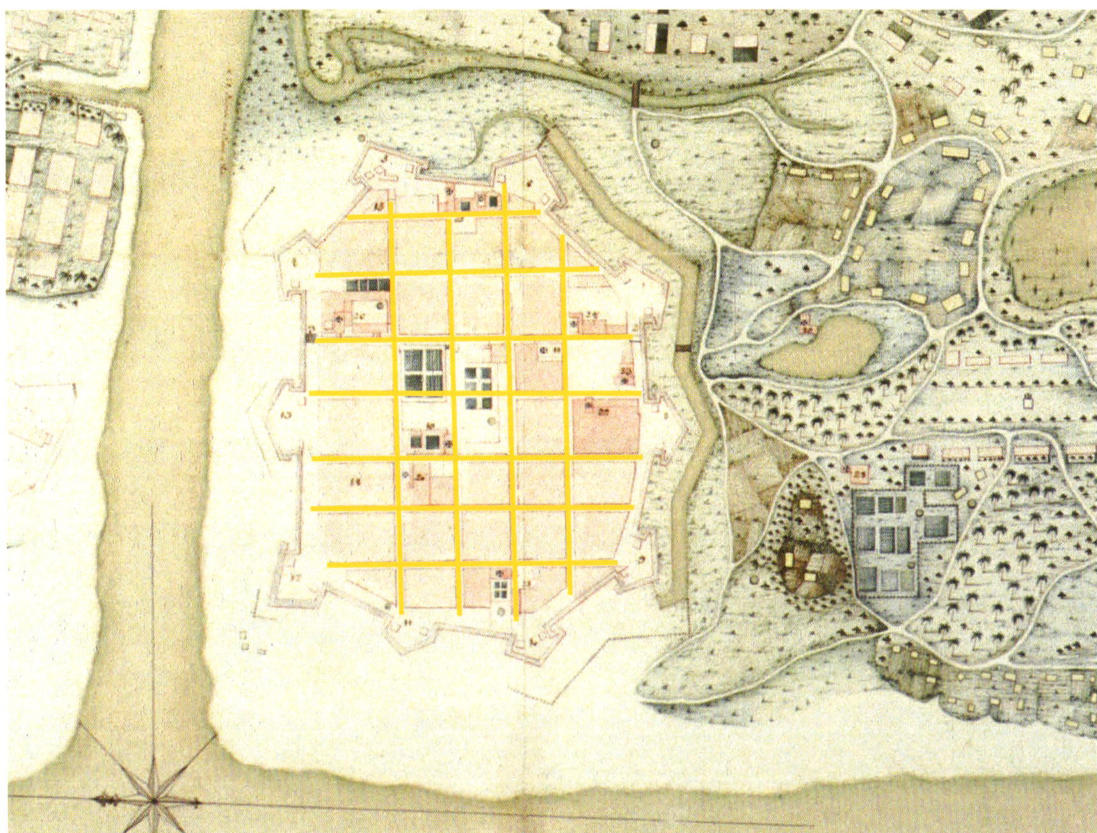

Baçaim, Índia.
A geometrização do traçado.

Damão, Índia.
A referência dos modelos
teóricos renascentistas.

ou dos capitães dos navios, que sabiam utilizar a bússola e que eram chamados a fazer a arruação. Mesmo sem o apoio de urbanistas, o espírito geométrico permeava o modo como se definiam os traçados urbanos e se dividia a terra.

A partir do século XVI, verifica-se cada vez mais a adoção de traçados geometrizados, seja no planejamento de novas cidades, seja na expansão de cidades já existentes. No norte de África e na Índia algumas das cidades construídas pelos portugueses adotaram os modelos teóricos de cidades ideais renascentistas. A necessidade de afirmação militar, política e cultural por parte de Portugal nesses contextos e a necessidade de construir rapidamente eram respondidas da forma mais adequada com a adoção desses modelos. No Brasil, onde tais modelos ideais não foram utilizados nesse período, é possivel observar o desenvolvimento de novos princípios urbanísticos e a evolução de um novo vocabulário, de que são exemplo os traçados quinhentistas do Rio de Janeiro e de Salvador. A participação dos engenheiros militares no traçado e na urbanização das cidades e a crescente tendência para escolher lugares planos, em vez dos sítios acidentados que antes eram preferidos, quer para as novas fundações, quer para as expansões urbanas, foram fatores igualmente importantes para a adoção de padrões regulares. As cidades de São Luís do Maranhão e Belém do Pará, do início do século XVII, são exemplos de cidades seiscentistas

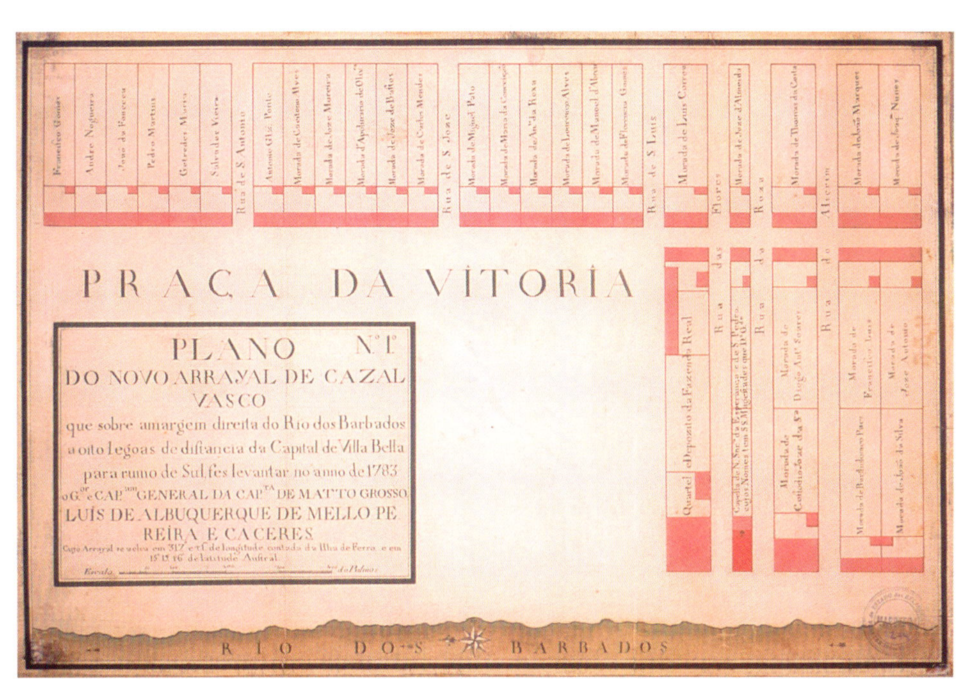

Cazal Vasco, Brasil.
A regularidade dos traçados setecentistas.

que, de diferentes formas, adotaram malhas regulares.

Cada vez mais, o planejamento das cidades passou a ser função dos engenheiros militares, cuja formação teórica se traduzia no planejamento de traçados urbanos regulares. O vasto projeto urbanizador levado a cabo no Brasil no século XVIII incluiu a fundação de novas vilas e cidades, bem como a refundação de aldeamentos missionários, integrando-os na rede urbana. Em ambos os casos estão patentes as mesmas preocupações de regularidade e de ordenamento e o entendimento da cidade como elemento civilizacional que se devia expressar por meio de sua boa organização espacial. A racionalidade iluminista vai traduzir-se em traçados urbanos rigorosamente geométricos. A regularidade passou a estar presente não apenas no traçado urbano, mas também na padronização das estruturas de quarteirões e de loteamento, no alinhamento de ruas e de fachadas e na adoção de programas arquitetônicos uniformes aos quais todas as construções deviam obedecer. A maior parte das cidades desse período tinha por base uma retícula regular e organizava-se em torno de uma praça localizada centralmente. A praça era concebida como o centro funcional, simbólico e geométrico do novo aglomerado, a partir da qual se definiam o traçado das ruas e a estrutura de quarteirões e se estruturava todo o plano da cidade.

As cidades setecentistas eram herdeiras do saber teórico e da experiência urbanizadora desenvolvida na fundação de cidades ao longo dos séculos anteriores. Esse capital de conhecimentos, desenvolvidos fundamentalmente em contextos coloniais, tornou-se a base das intervenções urbanas levadas a cabo em Portugal na segunda metade do século XVIII. A reconstrução de Lisboa após o terremoto de 1755, as reformas urbanas do Porto na segunda metade do século e o plano de Vila Real de Santo António de 1775 representam, de diferentes formas, a síntese da experiência urbanística portuguesa dos séculos anteriores. Vila Real de Santo António é uma cidade nova, construída sobre um terreno plano sem preexistências, onde se expressam plenamente os princípios racionais e abstratos da urbanística portuguesa setecentista. As reformas urbanas do Porto consistiam ou na definição de linhas de expansão da cidade ou no reordenamento do tecido urbano existente, em um caso e no outro lidando com um território fortemente marcado por preexistências construídas. A reconstrução de Lisboa, embora levada a cabo em grande parte sobre um território de que se fez tábua rasa, lidava com preexistências mentais, ou as memórias da cidade pré-terremoto, que se mantinham como referências do plano.

Silves, Brasil.
A estrutura ortogonal como base dos traçados.

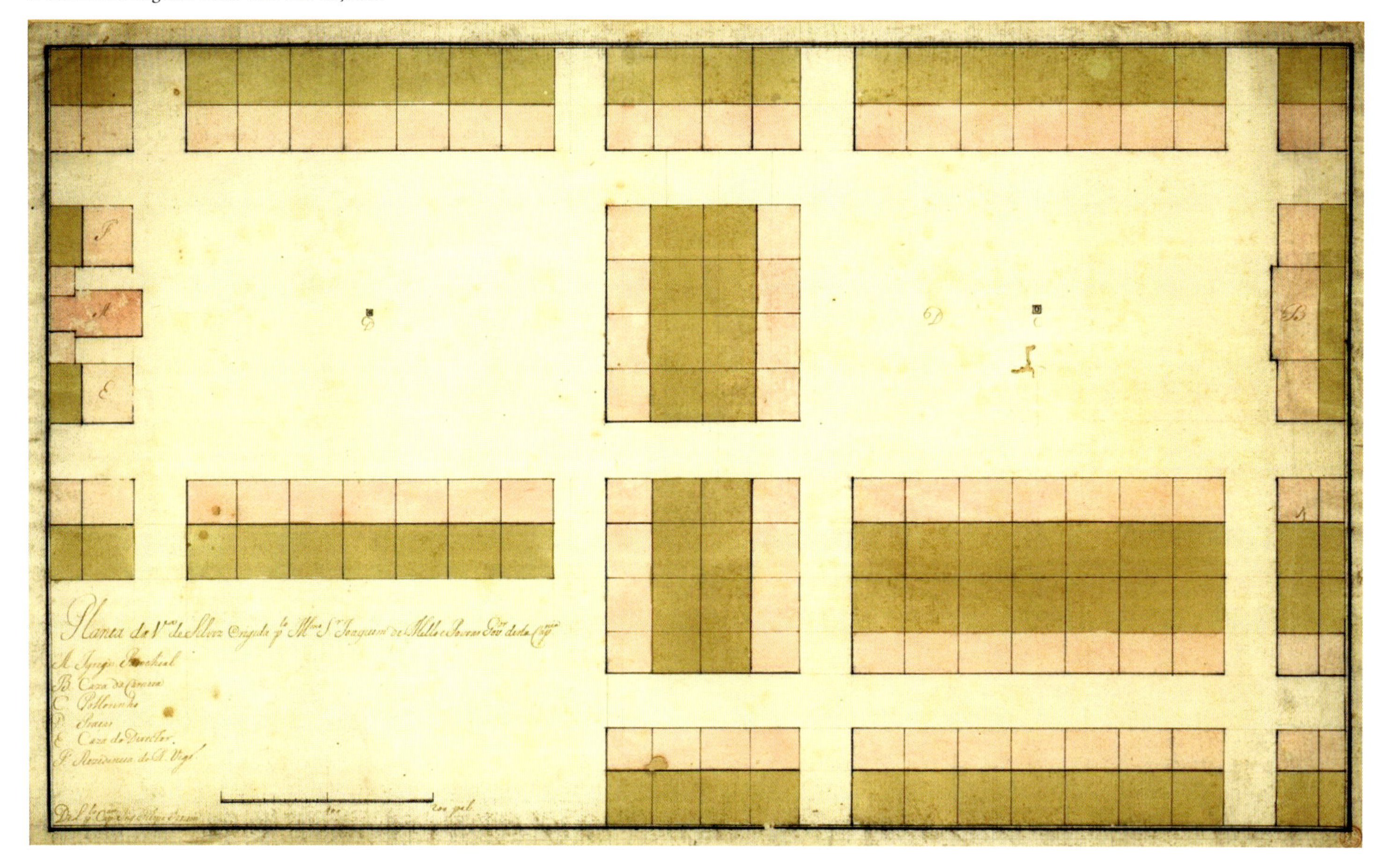

Apesar das diferenças, em todas essas intervenções encontramos a mesma procura de regularidade do traçado, os alinhamentos de ruas, a padronização do loteamento, a uniformidade da arquitetura e a valorização do espaço público, em especial das praças, que passam a assumir um papel estruturante e gerador da lógica urbana.

Na definição desses traçados urbanos planejados encontramos sempre como elemento estruturador do desenho uma malha conceitual, uma métrica ou uma geometria, muitas vezes uma grelha ortogonal, que podia se traduzir de diferentes formas no traçado. Em alguns casos, a malha conceitual expressava-se literalmente no traçado, havendo uma coincidência perfeita entre uma e outro. Em outros, essa malha conceitual não se expressava imediatamente no traçado, antes se traduzia formalmente de um modo mais sutil e simultaneamente mais complexo. Na primeira situação, há geralmente uma malha única geradora do sistema de ruas e de quarteirões, e o traçado global resulta, na maior parte das vezes, em uma quadrícula. Na segunda, há múltiplas geometrias articulando os vários componentes, atingindo-se sucessivos graus de complexidade.

Nas cidades portuguesas, é mais comum encontrarmos o segundo tipo de relação, isto é, aquele em que a malha conceitual que estrutura o traçado não se traduz literalmente no traçado físico. A malha conceitual é deliberadamente subvertida, gerando malhas urbanas que, ainda que regulares, são difíceis de apreender de forma imediata. Em Macapá, construída a partir de 1758, a malha conceitual inicial foi transformada em estruturas distintas geradoras dos sistemas de praças, de ruas e de quarteirões. Em muitas situações, havia a necessidade de adaptar o plano idealizado às particularidades do sítio e às preexistências, dando origem a traçados aparentemente não regulares, ou em que a regularidade em planta não estava plenamente afirmada. Trata-se frequentemente de exercícios complexos e bastante sutis de composição urbana, só verdadeiramente legíveis e compreensíveis no local. São esses traçados que conseguem, de uma forma inteligente, articular uma concepção regular do traçado com o aproveitamento e a valorização das particularidades do sítio.

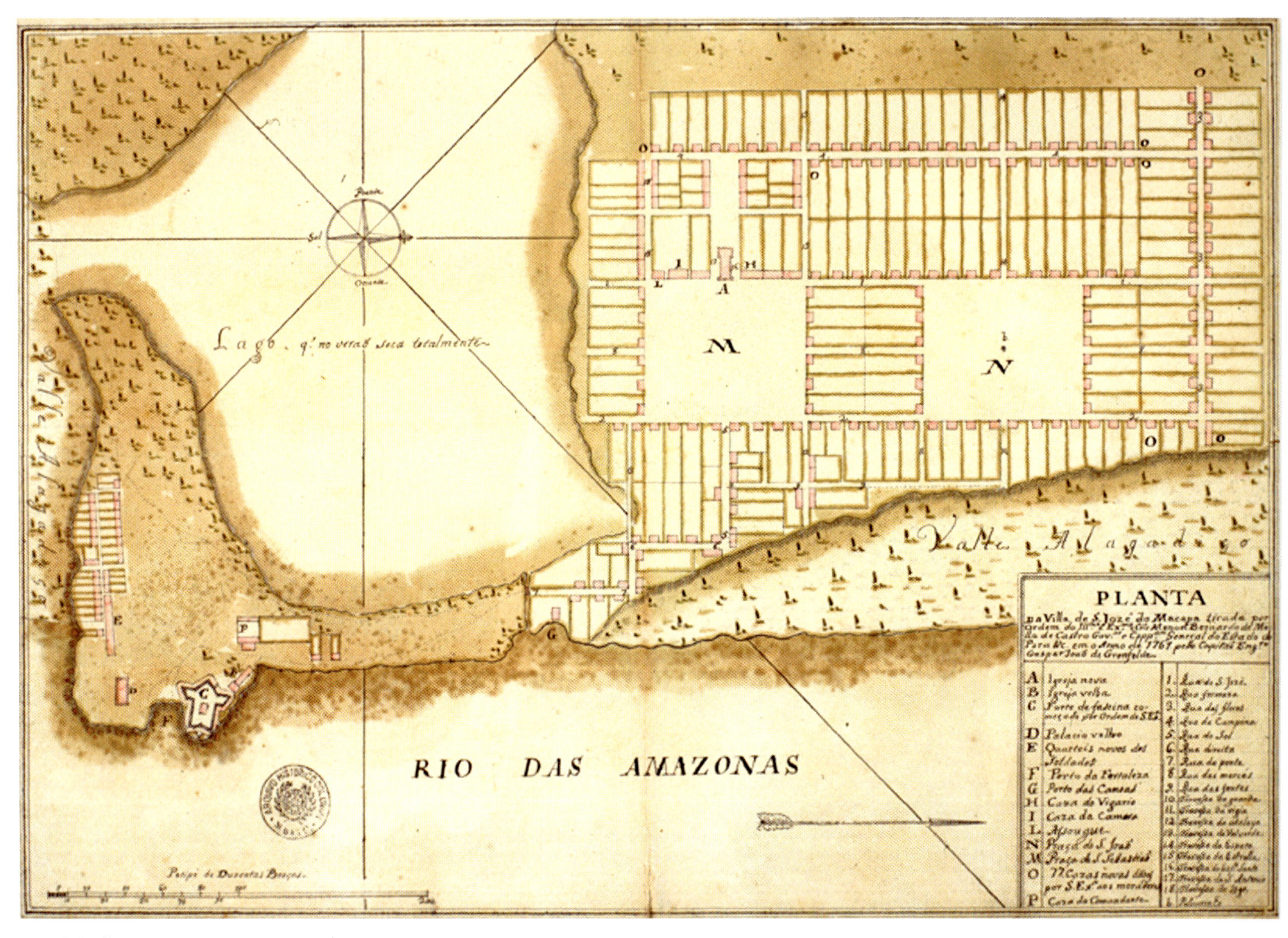

Macapá, Brasil.
O plano de Gronfeld, de 1761.

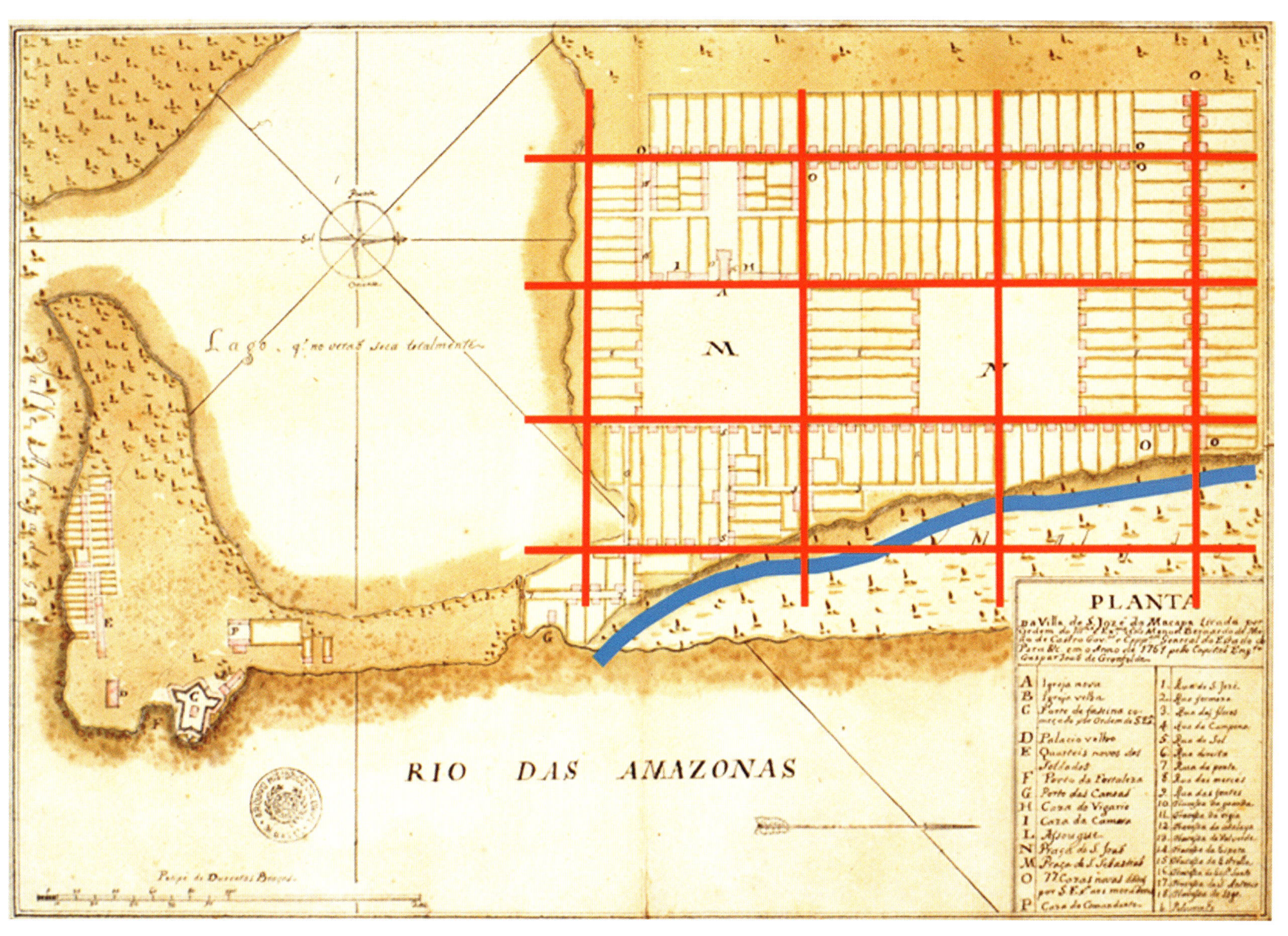

Macapá, Brasil.
O traçado conceitual inicial.

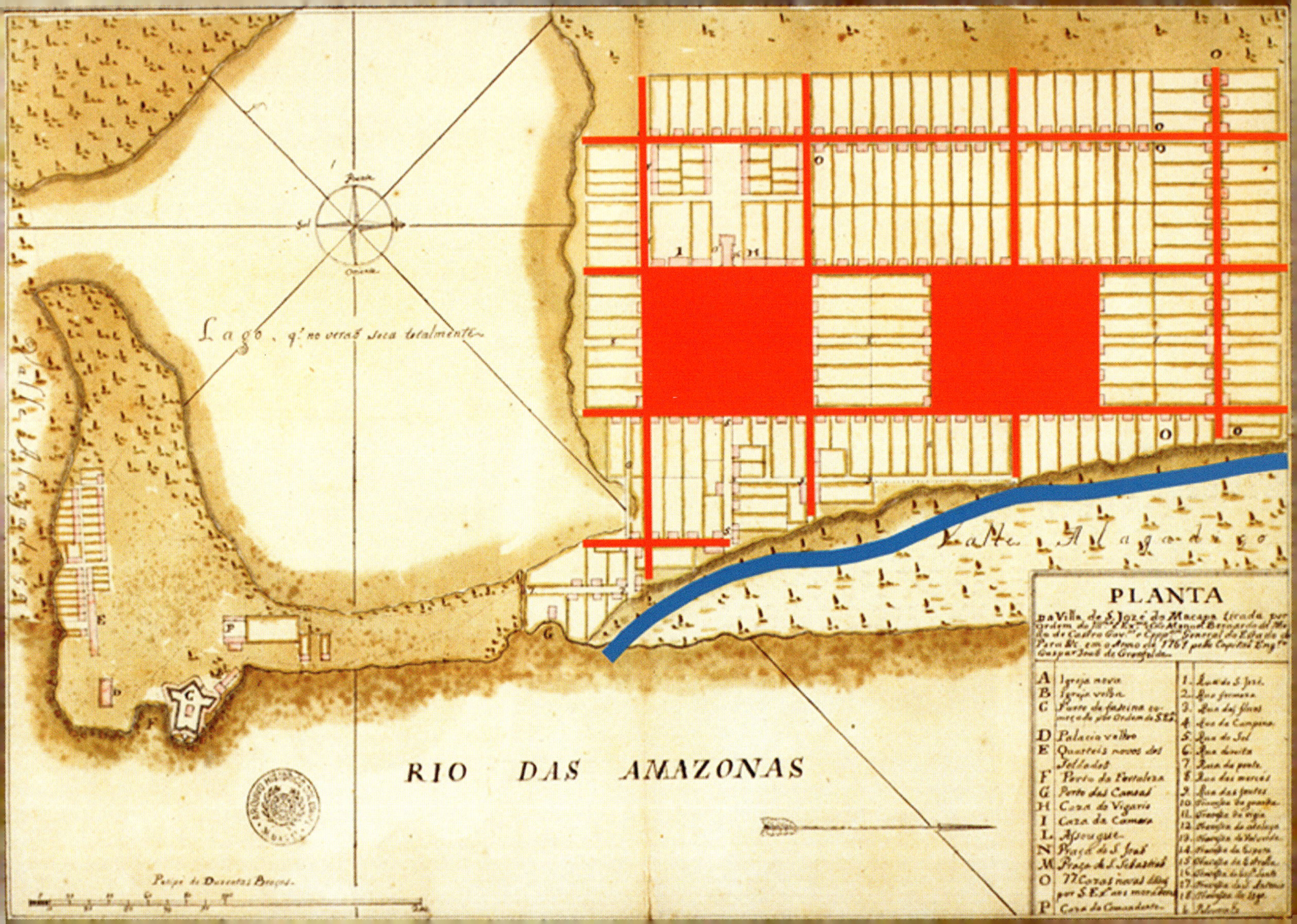
Lago q.e no verão seca totalmente
Valle Alagadiço
RIO DAS AMAZONAS
PLANTA
A Igreja nova
B Igreja velha
C Forte de fasxina começado por Ordem de S.Ex.a
D Palacio velho
E Quarteis novos dos Soldados
F Porto da Fortaleza
G Porto das Canoas
H Caza do Vigario
I Caza da Camara
L Açougue
N Praça de S. José
M Praça de S. Sebastião
O 77 Cazas novas dadas por S.Ex.a aos moradores
P Caza do Comandante
1. Rua de S. José
2. Rua formoza
3. Rua das flores
4. Rua da Campina
5. Rua do Sol
6. Rua direita
7. Rua da ponte
8. Rua das mercês

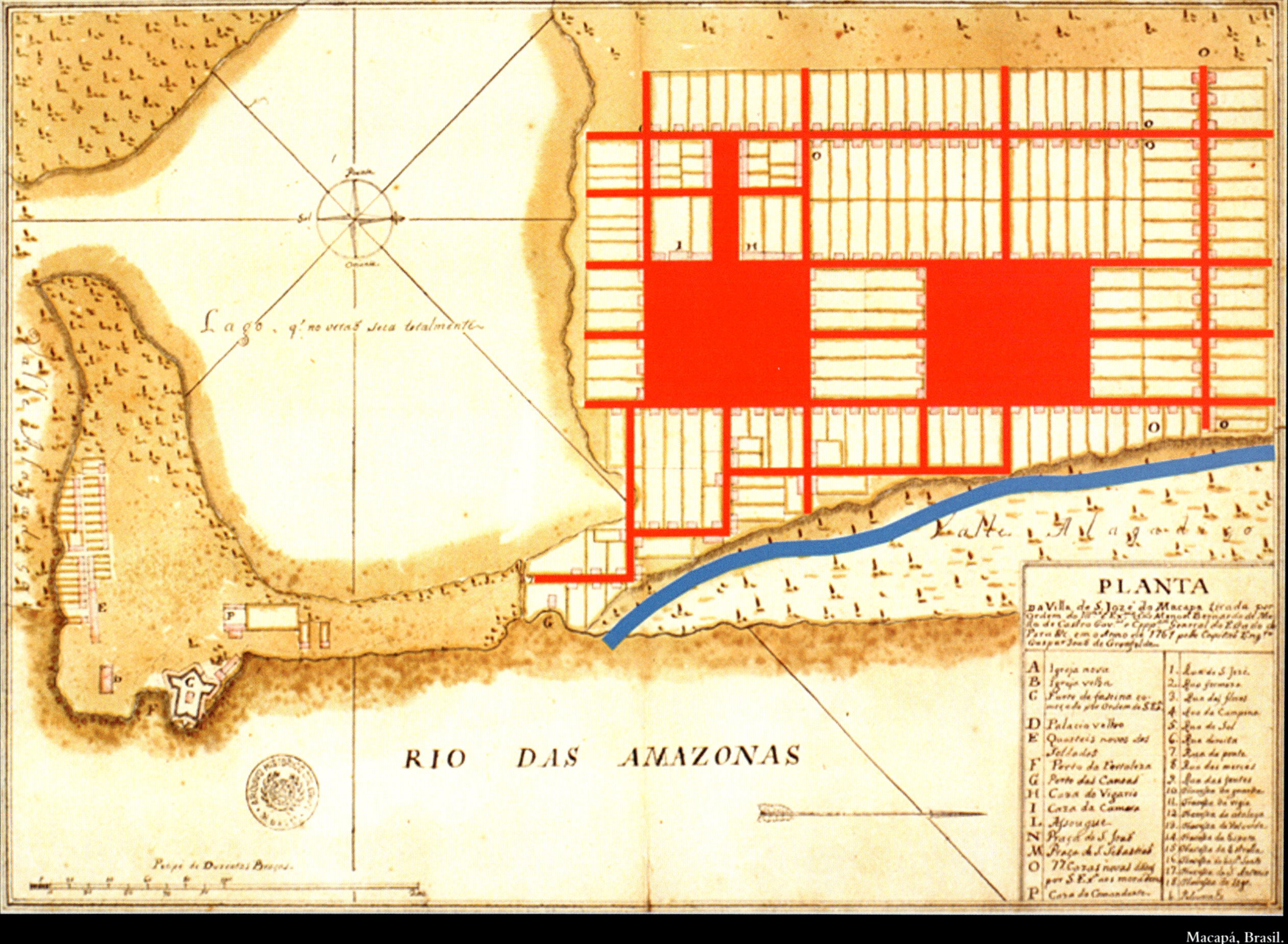

Macapá, Brasil.
O traçado das ruas secundárias.

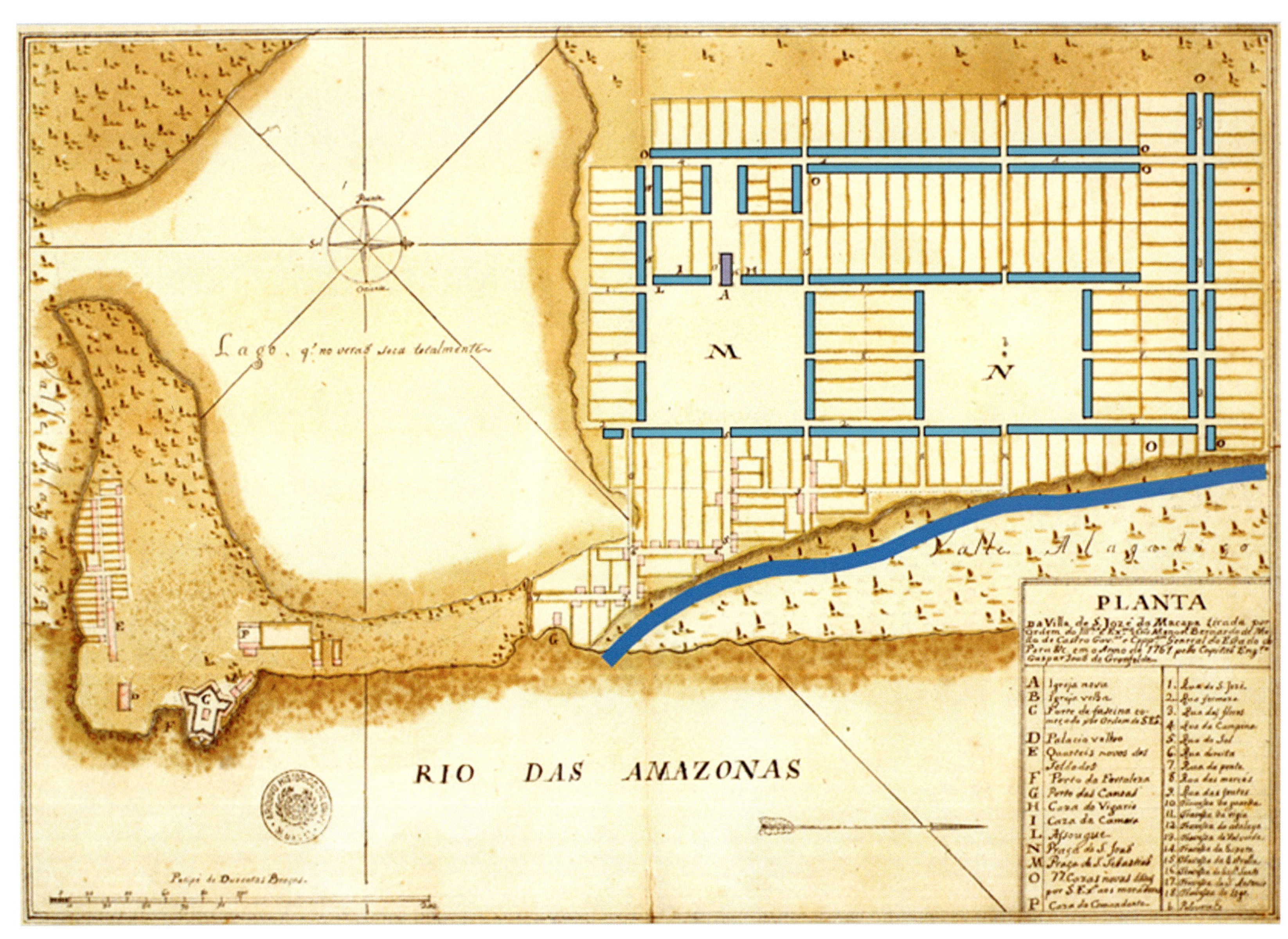

Macapá, Brasil.
A estrutura de quarteirões, a orientação dos lotes.

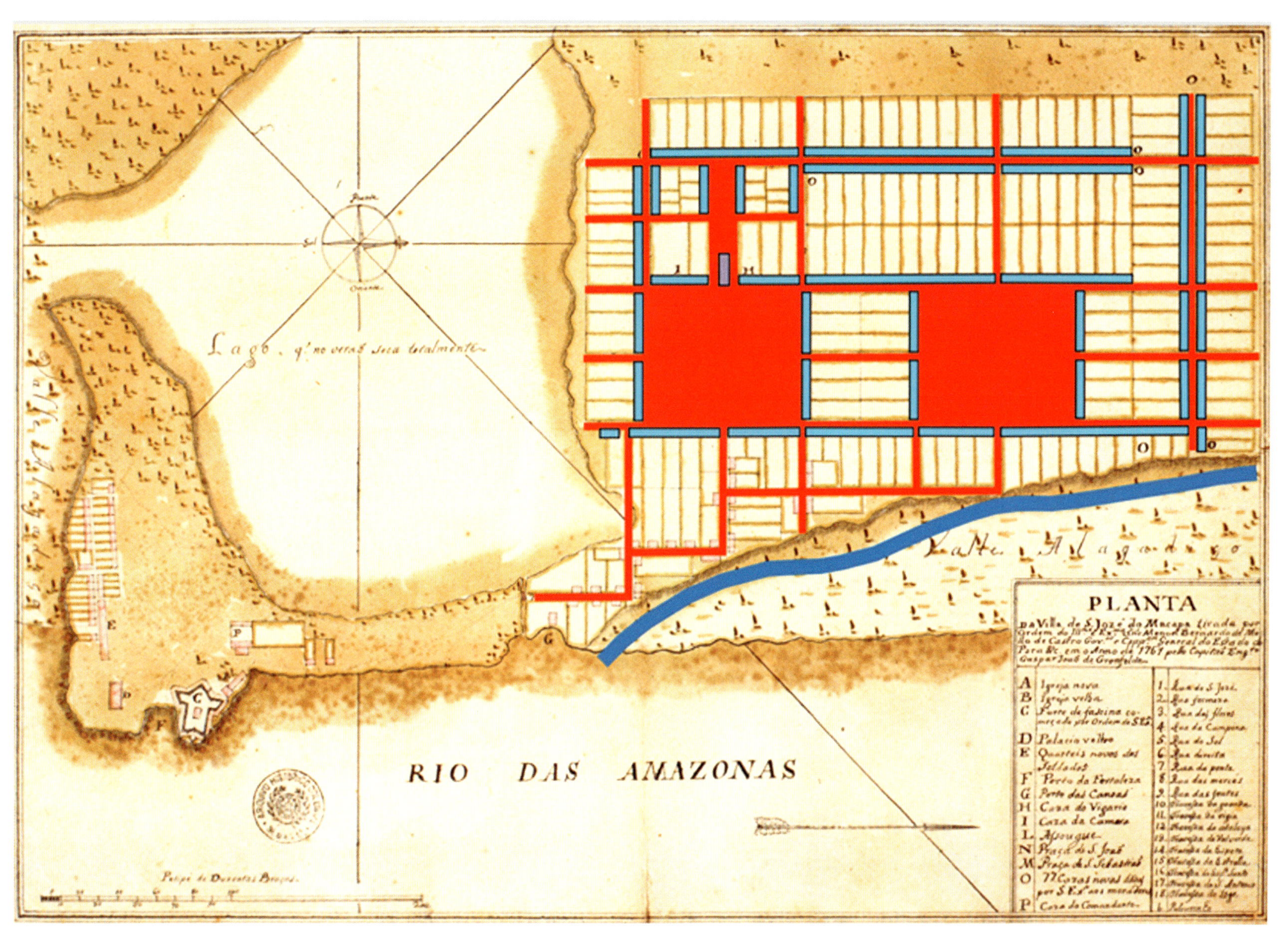

Macapá, Brasil.
A estrutura final da cidade, não traduzindo literalmente a malha conceitual.

5

As hierarquias do plano urbano e os elementos de referência

Os elementos geradores dos traçados urbanos das cidades de origem portuguesa são de dois tipos, correspondendo às concepções de espaço que neles estão presentes. Por um lado, as linhas naturais e os pontos fulcrais do território; por outro, a geometria, que está sempre subjacente aos planos, ainda que nem sempre de uma forma explícita. Os traçados urbanos incorporam esses dois tipos de elementos geradores; quanto mais bem articulados, mais ricos eles são.

Quando o traçado da cidade tinha como principal referência a estrutura física do sítio, seus principais elementos geradores eram os locais elevados e as linhas de cumeada e as linhas de vale que os articulavam. Esses lugares, onde se implantavam as principais funções urbanas institucionais e que se assumiam como os locais do poder, juntamente com as ruas que os ligavam, construídas sobre os caminhos naturais,

Olinda, Brasil.

Niza, Portugal.
As muralhas como elemento definidor do espaço urbano.

tornavam-se os elementos estruturantes da cidade. Quando a cidade tinha como referência principal uma estrutura geométrica regular, essa estrutura assumia-se como elemento gerador do traçado. Os locais dominantes surgiam agora dentro da própria lógica geométrica do traçado e as praças tornaram-se as novas sedes do poder, onde se localizavam as principais funções institucionais. Tais praças, e as ruas que delas partiam, eram os principais elementos estruturantes das malhas urbanas.

Os elementos estruturantes do traçado eram também os elementos hierarquicamente mais importantes das malhas urbanas, não só do ponto de vista morfológico, mas também dos pontos de vista funcional e simbólico. A hierarquização e o ordenamento dos espaços urbanos estão presentes na cidade portuguesa em todos os períodos históricos. A primeira hierarquia que se estabelecia era a que distinguia o espaço urbano do espaço não urbano. As muralhas e os sistemas de fortificação que encerravam muitas cidades constituíam o primeiro elemento definidor do espaço urbano. Se as necessidades de defesa eram a principal razão para a construção dos perímetros fortificados, eles estabeleciam simultaneamente o limite do território urbano em suas dimensões política, econômica e simbólica, e tinham implicações diretas no traçado urbano.

Na cidade medieval, o perímetro das muralhas e o limite da malha urbana eram independentes. Os muros da cidade seguiam o percurso mais fácil de construir e de defender; não existia uma lógica geométrica que condicionasse sua estrutura, sendo fácil sua expansão, acompanhando o crescimento dos arrabaldes. Apesar disso, o plano da cidade era estruturado em articulação com o traçado do sistema defensivo. Algumas praças e terreiros, tanto intramuros como extramuros, desenvolviam-se associadas às portas da cidade, e a hierarquia de ruas estabelecia-se em função dessas mesmas portas, sendo vias principais aquelas que a elas davam acesso ou que delas partiam. Era igualmente a partir das portas da cidade que se definiam as estradas de ligação do núcleo urbano ao território envolvente, as quais, em uma fase de expansão urbana ulterior, se tornavam as principais vias estruturantes da nova área urbana. Muitas vezes, era exatamente o inverso que se verificava, e a localização das portas era definida em função das vias principais, traçadas a partir da estrutura natural do território sobre a qual o núcleo urbano se construía.

No Renascimento, desenvolveram-se novos sistemas de fortificação, baseados em princípios que respondiam às novas técnicas de guerra, e o plano da

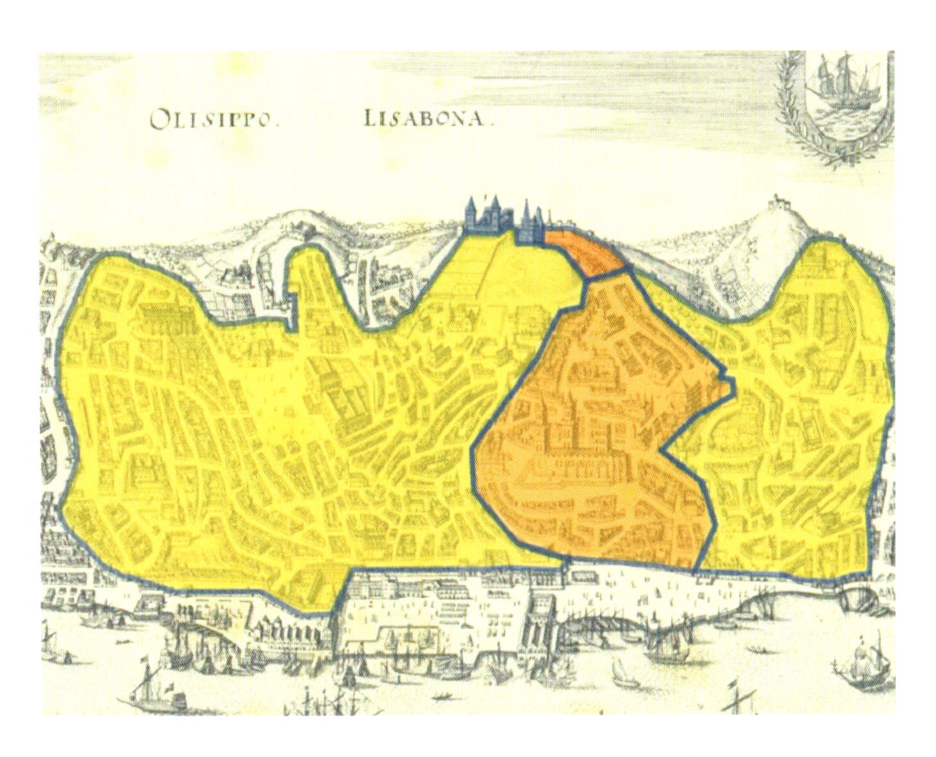

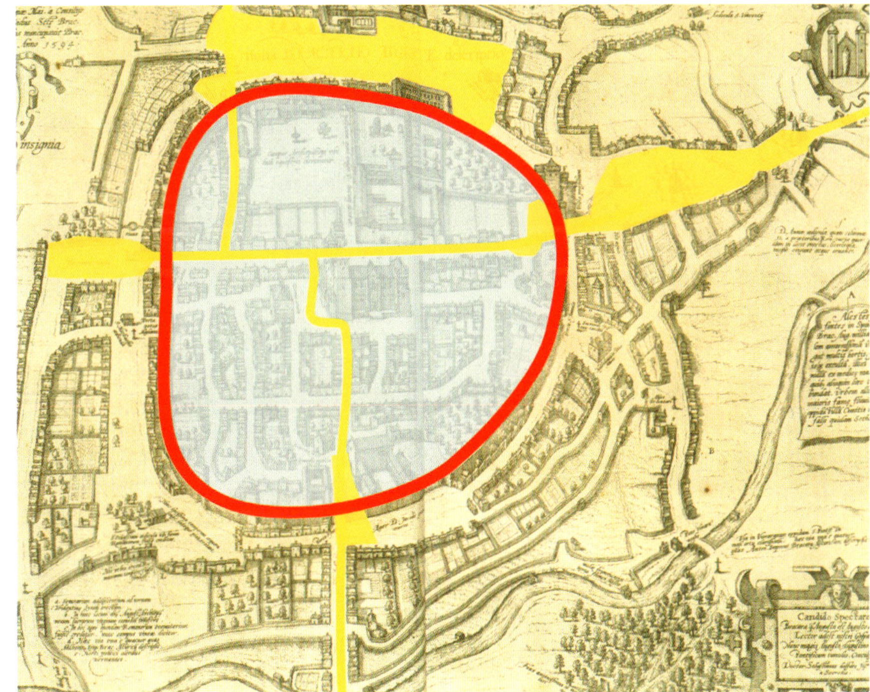

Lisboa, Portugal. A expansão das linhas de muralhas medievais acompanhando o crescimento dos arrabaldes.

Braga, Portugal. A articulação do traçado com o sistema defensivo e a localização das portas da muralha.

cidade era estruturado em estreita articulação com os sistemas defensivos. A geometria do traçado urbano e a localização das portas da cidade eram condicionadas pela geometria do perímetro muralhado e a lógica defensiva que lhe estava subjacente. A lógica geométrica que articulava esses novos sistemas de fortificação inviabilizava sua expansão, encerrando a cidade em uma pesada estrutura que impedia igualmente seu crescimento. Só no final do século XVIII, com a demolição de muitos desses sistemas defensivos, entretanto tornados ineficazes, as cidades vão poder se expandir novamente, permitindo o crescimento urbano para os arrabaldes.

Estremoz, Portugal.
A lógica geométrica presidindo à organização dos sistemas de fortificação seiscentistas.

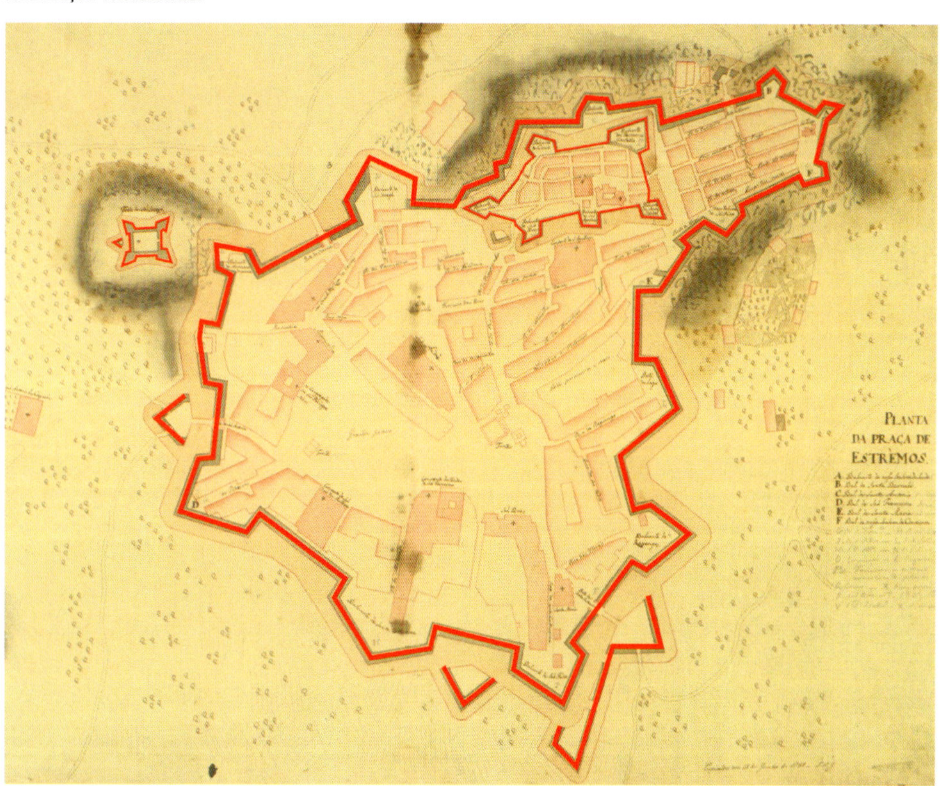

A hierarquia dos espaços urbanos podia ser definida a partir das características topográficas do sítio, da ordem geométrica do traçado urbano, do perfil das ruas, da articulação das ruas e das praças e de sua relação com outros componentes da malha urbana, da estrutura de quarteirões e de loteamento, ou a partir da relação do traçado urbano com a arquitetura. Nas cidades corretamente estruturadas, todos esses elementos estavam intimamente articulados, reforçando-se mutuamente, e a organização funcional da cidade surgia associada a sua hierarquização formal.

A hierarquização dos espaços urbanos era uma condição essencial para a beleza da cidade, quer se tratasse de traçados urbanos de origem vernácula, muito articulados com o território, quer se tratasse de traçados urbanos eruditos, traduzidos em um plano regular. Uma das formas mais diretas de estabelecimento dessa hierarquia fazia-se pela localização dos principais edifícios institucionais em pontos fulcrais da malha urbana. Em um primeiro momento de construção da cidade, os locais dominantes eram os lugares topograficamente mais elevados.

Dadas as localizações privilegiadas desses edifícios singulares, sua importância funcional e o maior investimento arquitetônico que habitualmente lhes correspondia, eles passavam a constituir elementos de referência fundamentais no desenvolvimento da malha urbana. Era a partir deles que se organizavam o sistema de percursos e

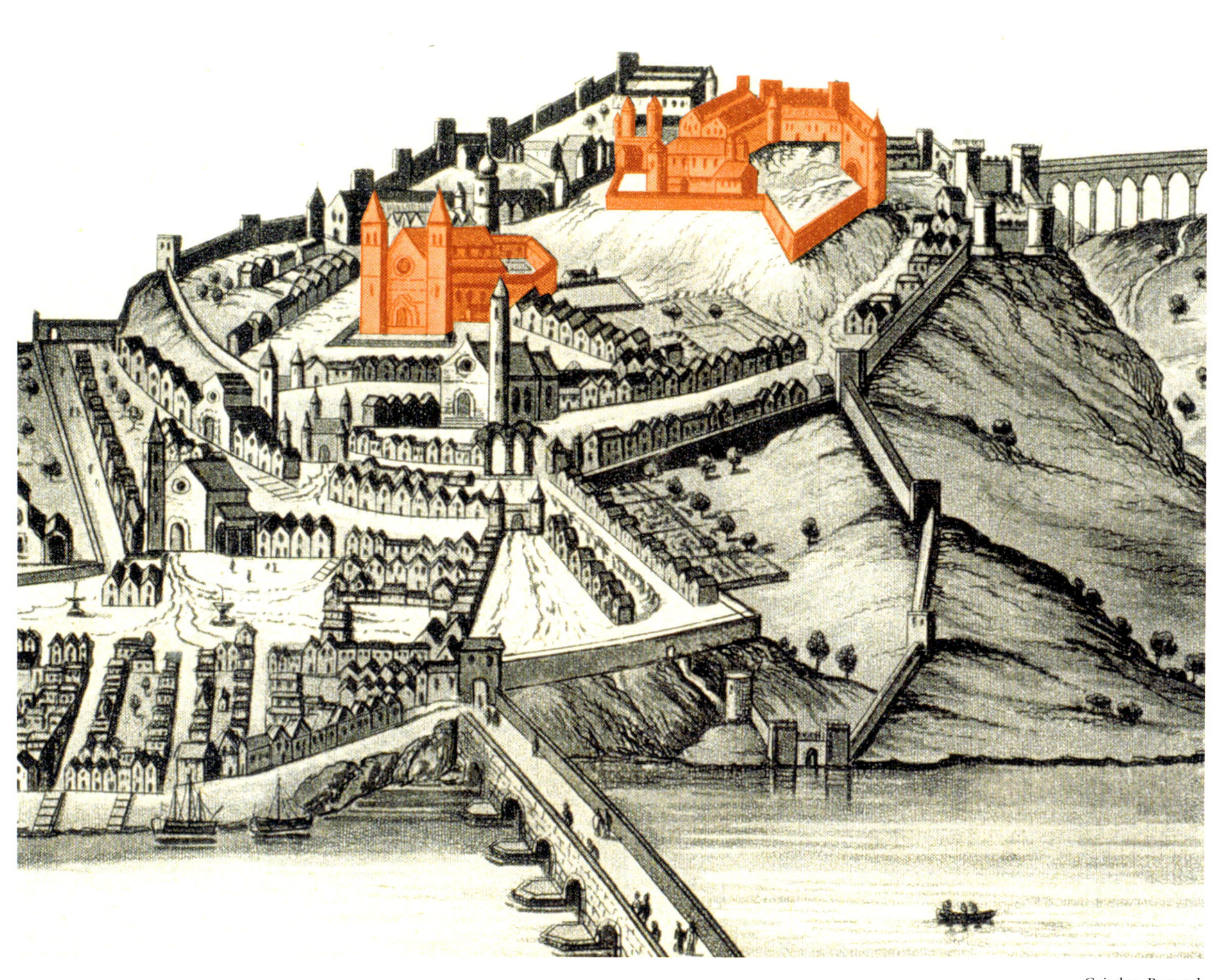

Coimbra, Portugal.
O investimento formal em edifícios institucionais, situados em locais dominantes.

Ouro Preto, Brasil.
Os edifícios notáveis como elementos de referência na organização da malha urbana.

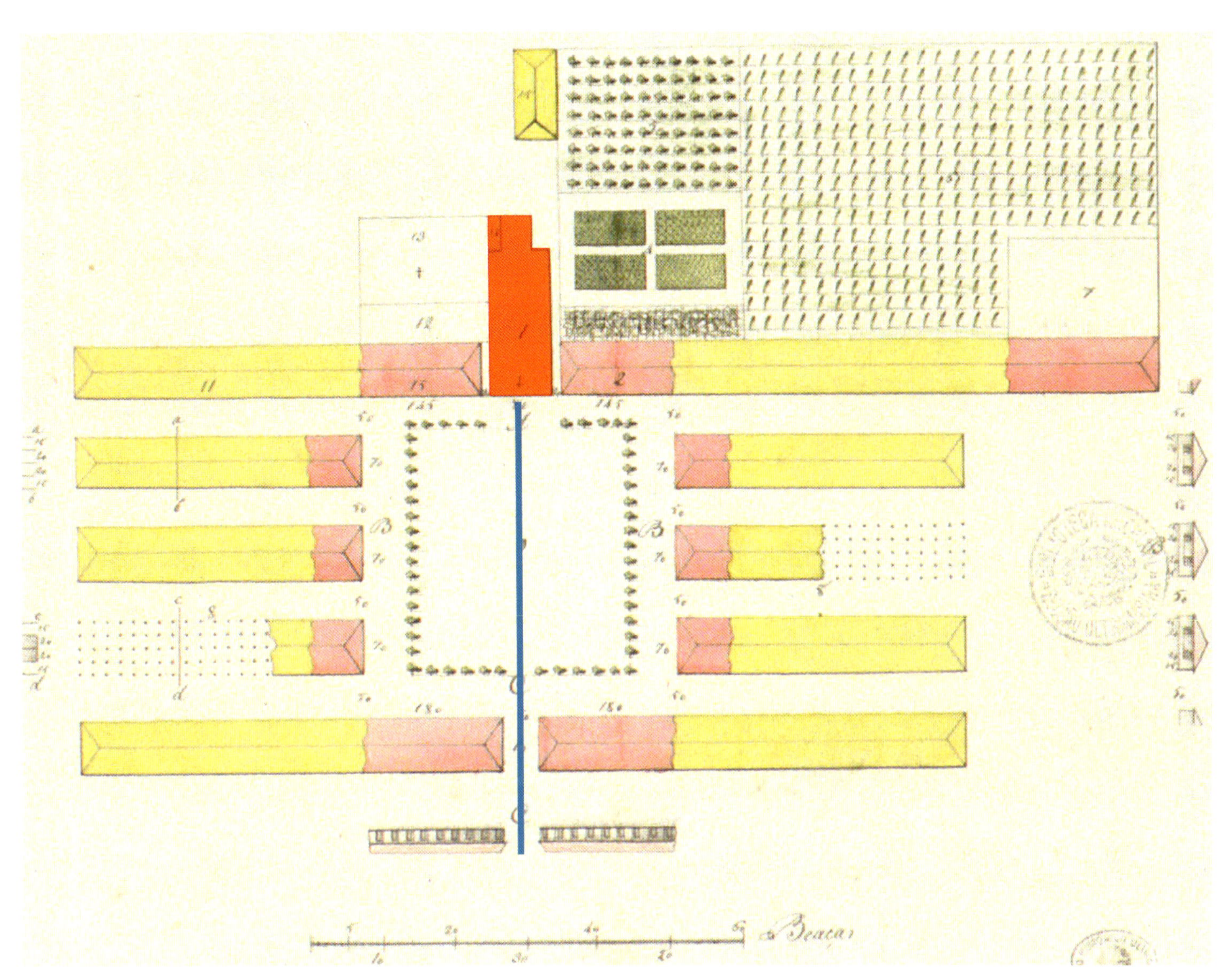

Aldeia Maria, Brasil.
A localização dos edifícios notáveis no enfiamento de grandes eixos.

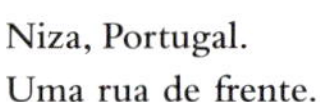

Niza, Portugal.
Uma rua de frente.

Niza, Portugal.
Uma rua de trás.

a lógica de organização da cidade, e era também em articulação com esses edifícios que se fazia a estruturação dos espaços urbanos, por meio do alargamento de ruas ou da construção de praças a eles associadas, orientando ruas em sua direção ou estruturando eixos polarizados por tais edifícios localizados em seus extremos.

Quando se começam a adotar traçados geometrizados, esses locais dominantes passam a ser definidos dentro da própria lógica do traçado. Nesse caso, os edifícios notáveis localizavam-se no cruzamento ou na confluência das ruas principais, no eixo das ruas, no centro das praças ou a meio de seus lados, explorando simetrias, pontuando perspectivas, fechando vistas.

Já nas cidades medievais planejadas, a hierarquia dos espaços urbanos era definida por meio do perfil de suas e de sua relação com a arquitetura. Os eixos mais importantes dirigiam-se para as portas da cidade e cruzavam-se ortogonalmente. As ruas principais orientavam-se no sentido da maior dimensão dos quarteirões, alternando-se as ruas de frente e as ruas de trás, cruzadas por outras ruas secundárias que lhes eram perpendiculares. A hierarquia das ruas dianteiras e as de trás era traduzida por seu diferente perfil e pela arquitetura dos edifícios que se construíam ao longo de umas e

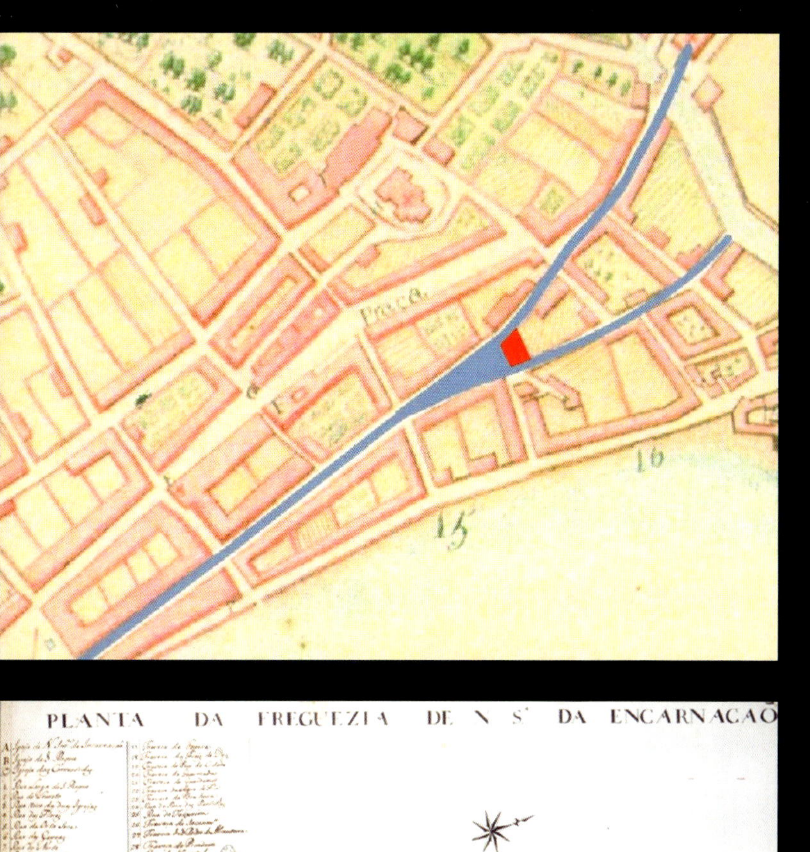

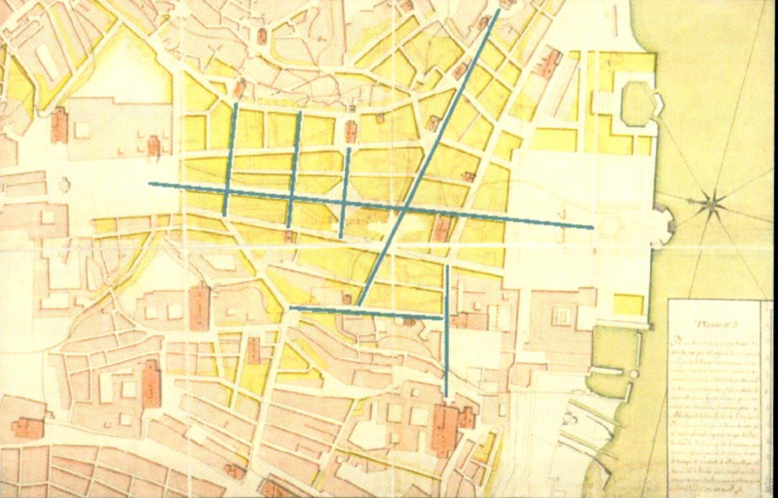

Horta, Açores, Portugal.
A localização de edifícios notáveis na confluência de ruas.

Lisboa, Portugal.
A localização de edifícios notáveis pontuando perspectivas.

Lisboa, Portugal.
A estruturação da malha em função dos edifícios religiosos.

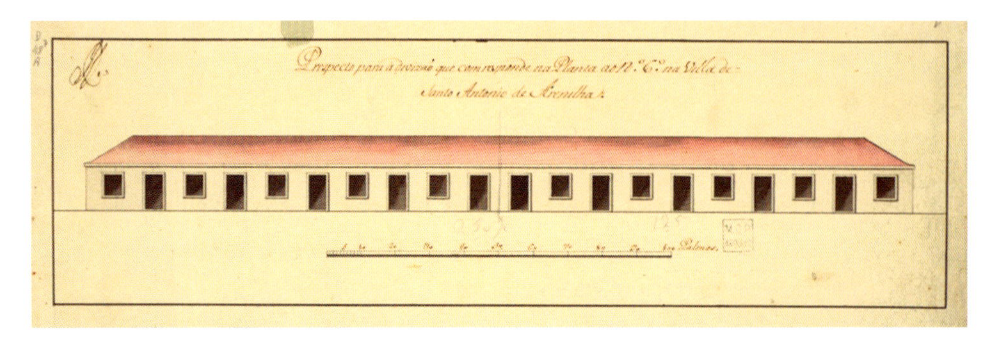

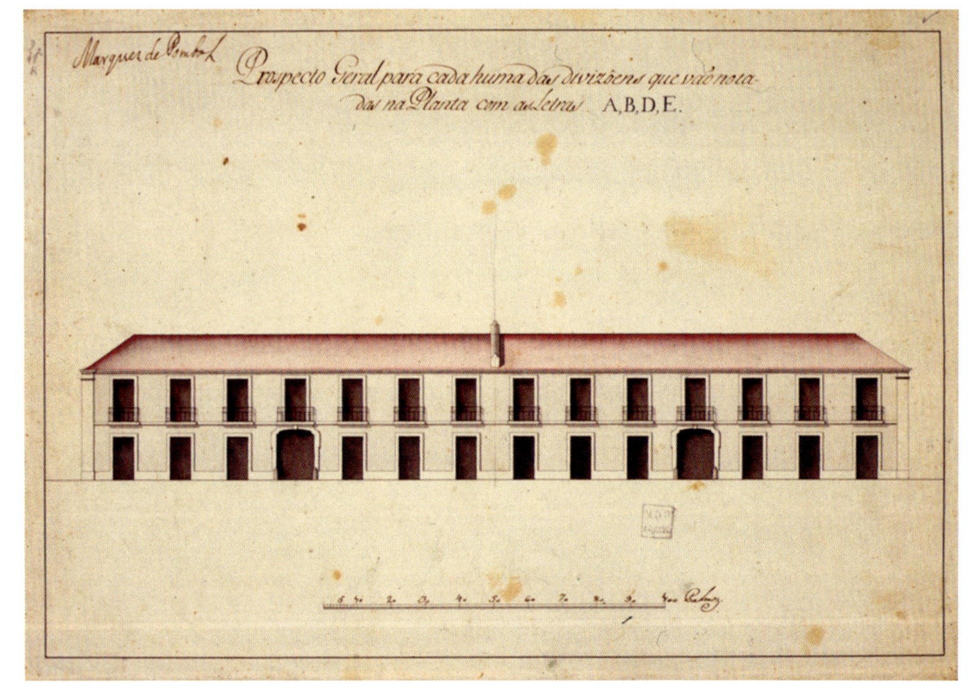

Vila Real de Santo António, Portugal.
A hierarquia urbana através da hierarquia da arquitetura. O ordenamento e a repetição de fachadas.

de outras. Para as ruas principais, mais largas, davam as frentes construídas dos lotes e as fachadas mais nobres das construções, enquanto para as ruas secundárias, mais estreitas, davam os fundos dos logradouros ou construções secundárias.

O programa de modernização urbana levado a cabo desde o século XV associava a intervenção urbanística com a arquitetura. Já em meados desse século, D. Afonso V expressava preocupações com o ordenamento funcional e estético da cidade, mandando demolir balcões, arcos e sacadas que pudessem embaraçar a servidão pública e determinando a renovação das casas da rua Nova, a principal rua da cidade de Lisboa, que deveriam passar a ser construídas com paredes de pedra e cal sobre arcos de cantaria. Esse processo de modernização, continuado por D. Manuel I na primeira metade do século XVI, traduziu-se na reforma dos espaços públicos, com a construção de novas expansões urbanas ordenadas, a abertura de praças novas e a construção ou reconstrução de edifícios institucionais nesses novos espaços urbanos.

Quando passaram a predominar os traçados urbanos regulares, quer nas novas fundações, quer na reforma de espaços urbanos existentes, a arquitetura foi também utilizada para definir ou acentuar a hierarquia das ruas e das praças e para reforçar a importância dos espaços urbanos centrais. Nessas ações já estavam contidos os novos ideais do urbanismo renascentista: o conceito de planejamento urbano associado à regularidade do traçado, que devia estar subjacente a qualquer intervenção; a nova concepção cenográfica do espaço; a valorização do papel da fachada; e a adoção de modelos arquitetônicos uniformes aos quais deviam obedecer as construções de uma rua, de uma praça ou de toda a cidade.

Ao longo dos séculos XVII e XVIII, observamos nas Cartas Régias e nos Autos de Fundação das vilas e cidades do Brasil uma insistência cada vez maior na regularidade, e na associação da formosura da cidade à regularidade do plano e à arquitetura uniforme a que as várias construções deviam obedecer. Nos traçados urbanos setecentistas, a cidade estruturava-se globalmente segundo um

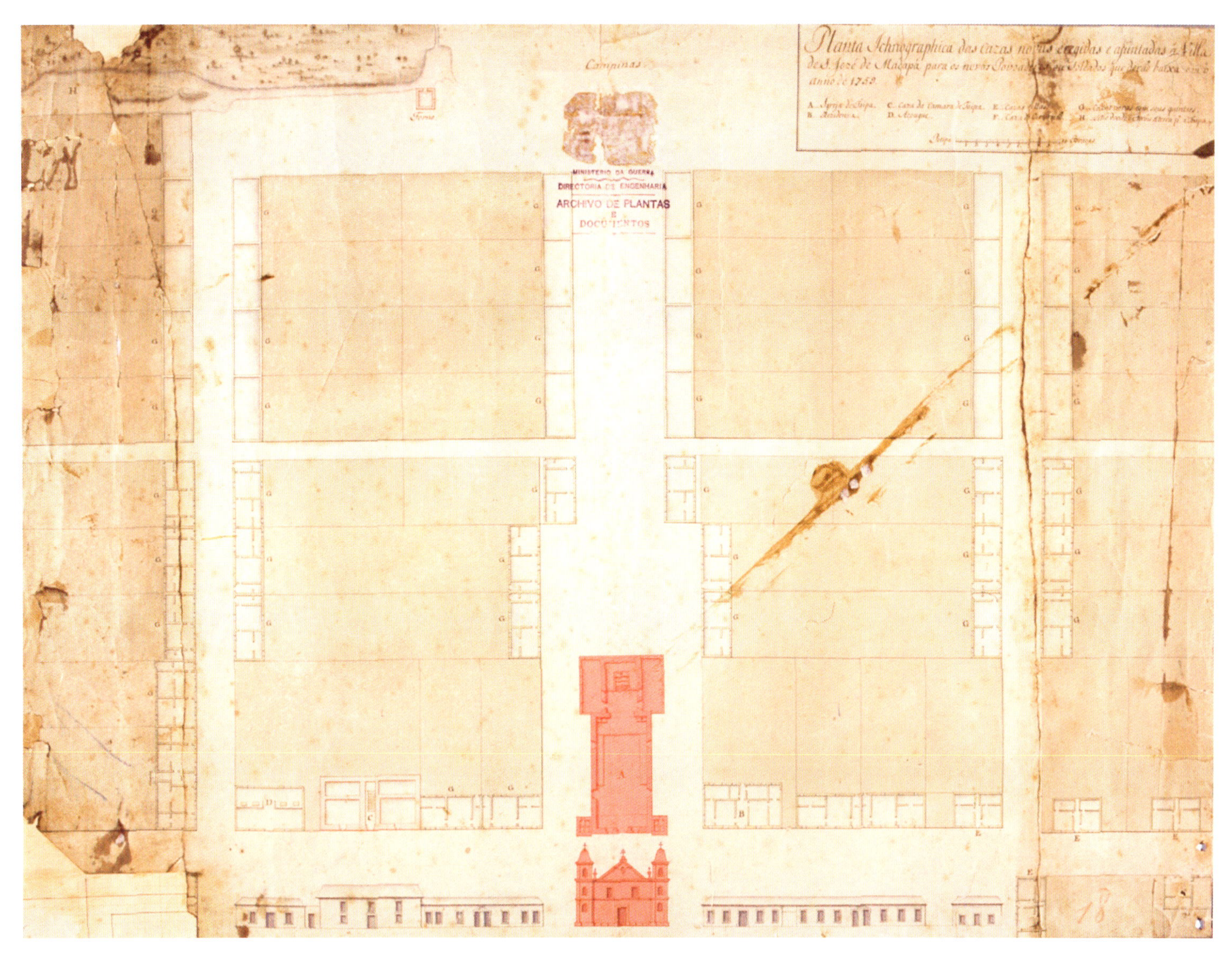

Macapá, Brasil.
A exploração da simetria na composição urbana.

traçado ortogonal e as ruas eram hierarquizadas do ponto de vista urbanístico e arquitetônico. Além da localização dos principais edifícios institucionais, ou outros elementos urbanos ou arquitetônicos de referência, em pontos fulcrais da cidade, eram ainda princípios de desenho a definição de ruas com um traçado retilíneo, o alinhamento de fachadas e de cérceas, o ordenamento e a repetição de fachadas, a integração de edifícios em conjuntos arquitetônicos harmônicos, a exploração da relação entre escala urbana e escala arquitetônica, a estruturação de praças fechadas e regulares e a construção de malhas urbanas ortogonais.

Os planos para a reconstrução da Baixa de Lisboa após o terremoto de 1755 são exemplares na utilização das estratégias de desenho que articulavam a arquitetura com o plano urbano. Os edifícios notáveis, do ponto de vista funcional e formal, continuavam a localizar-se nas praças e a hierarquia das ruas era definida pela sua posição no plano, pelo modo como se articulavam com as praças do Rossio e do Terreiro do Paço, por seu perfil, pelas cérceas e pelas características arquitetônicas dos edifícios que ao longo delas se construíam, de acordo com os três tipos de projetos elaborados pela Casa do Risco das Obras Públicas.

São João del Rei, Brasil.
A localização de edifícios notáveis na perspectiva de ruas.

Mariana, Brasil.
O alinhamento de fachadas e de cérceas.

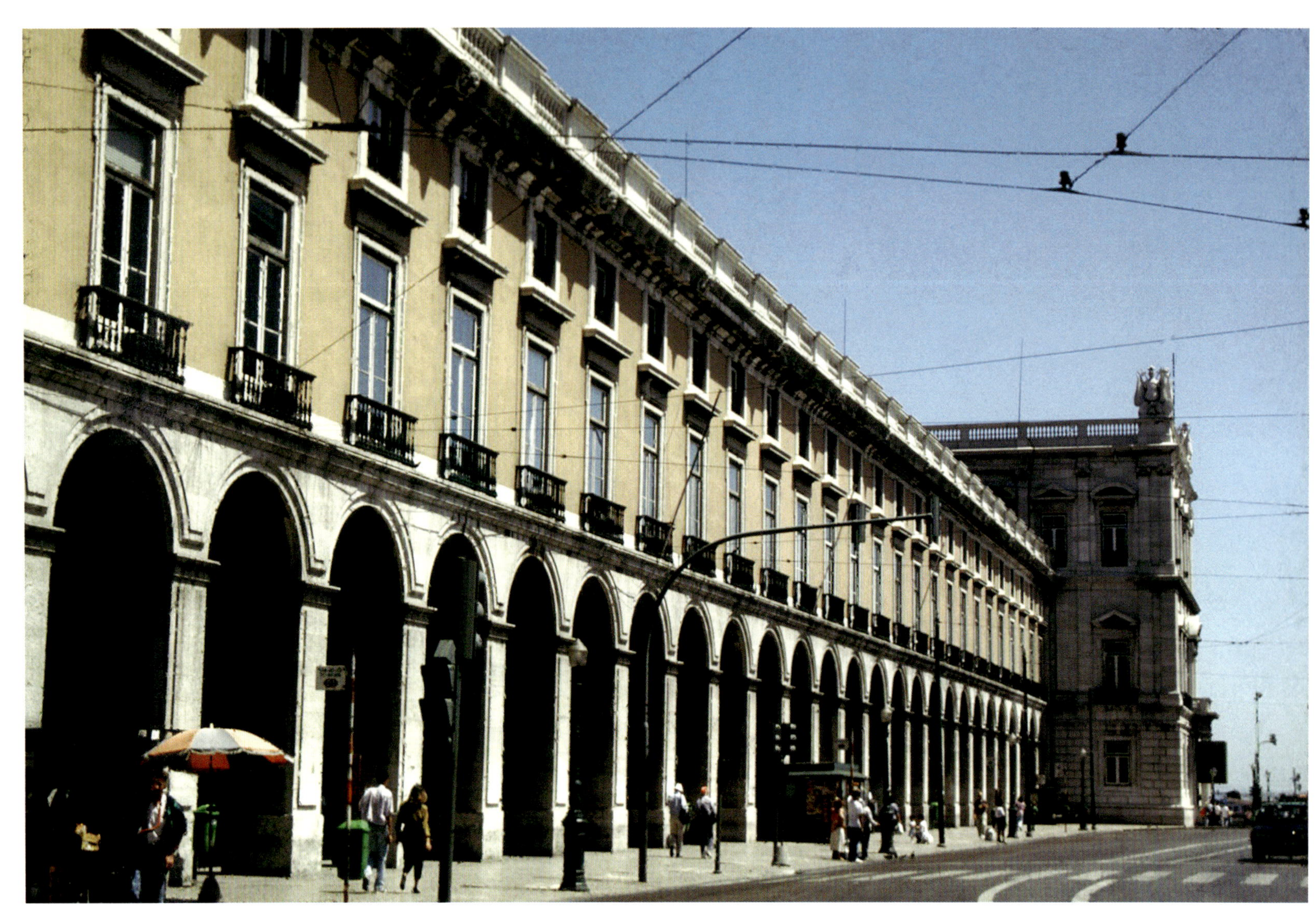

Lisboa, Portugal.
A definição de conjuntos arquitetônicos harmônicos.

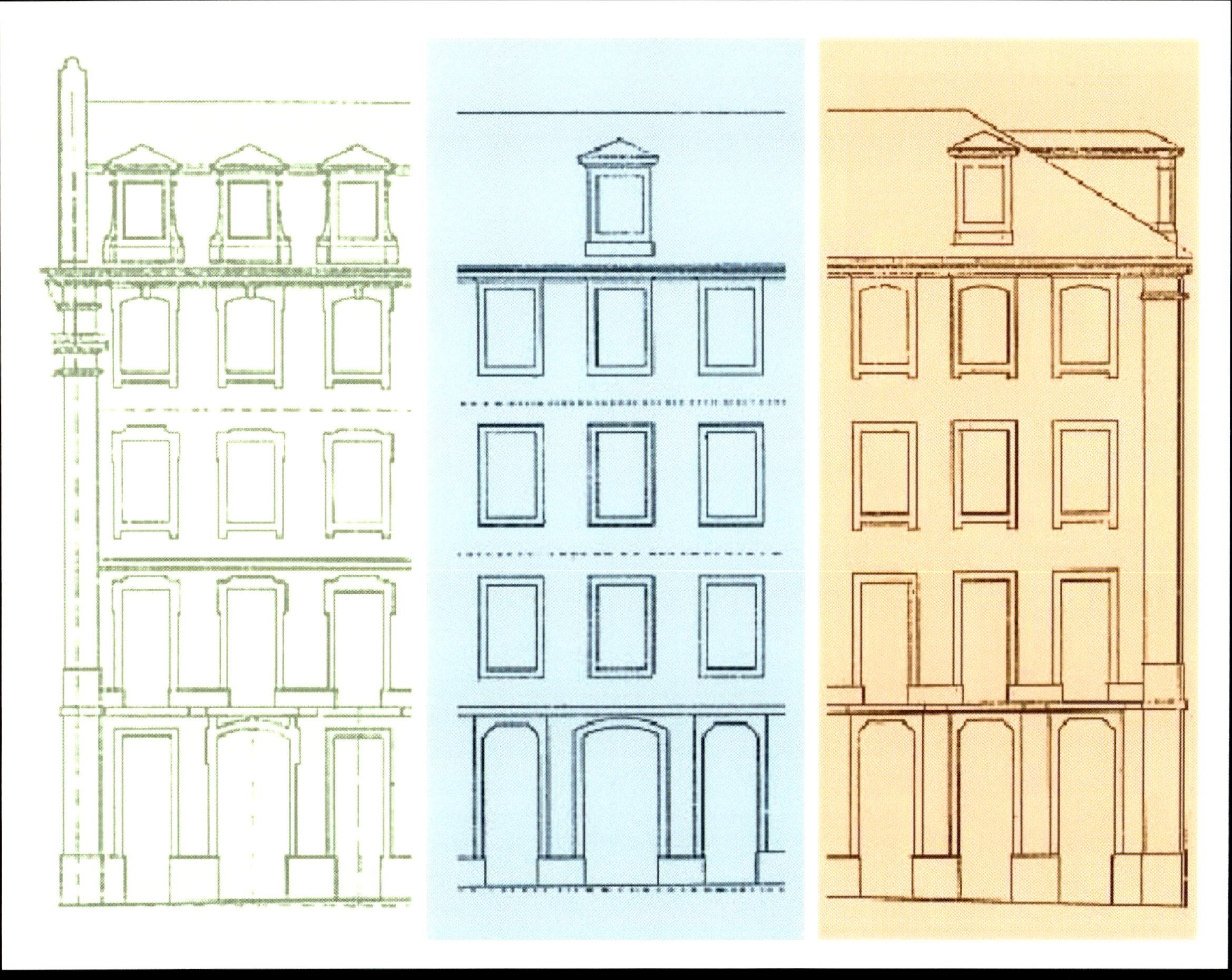

Lisboa, Portugal.

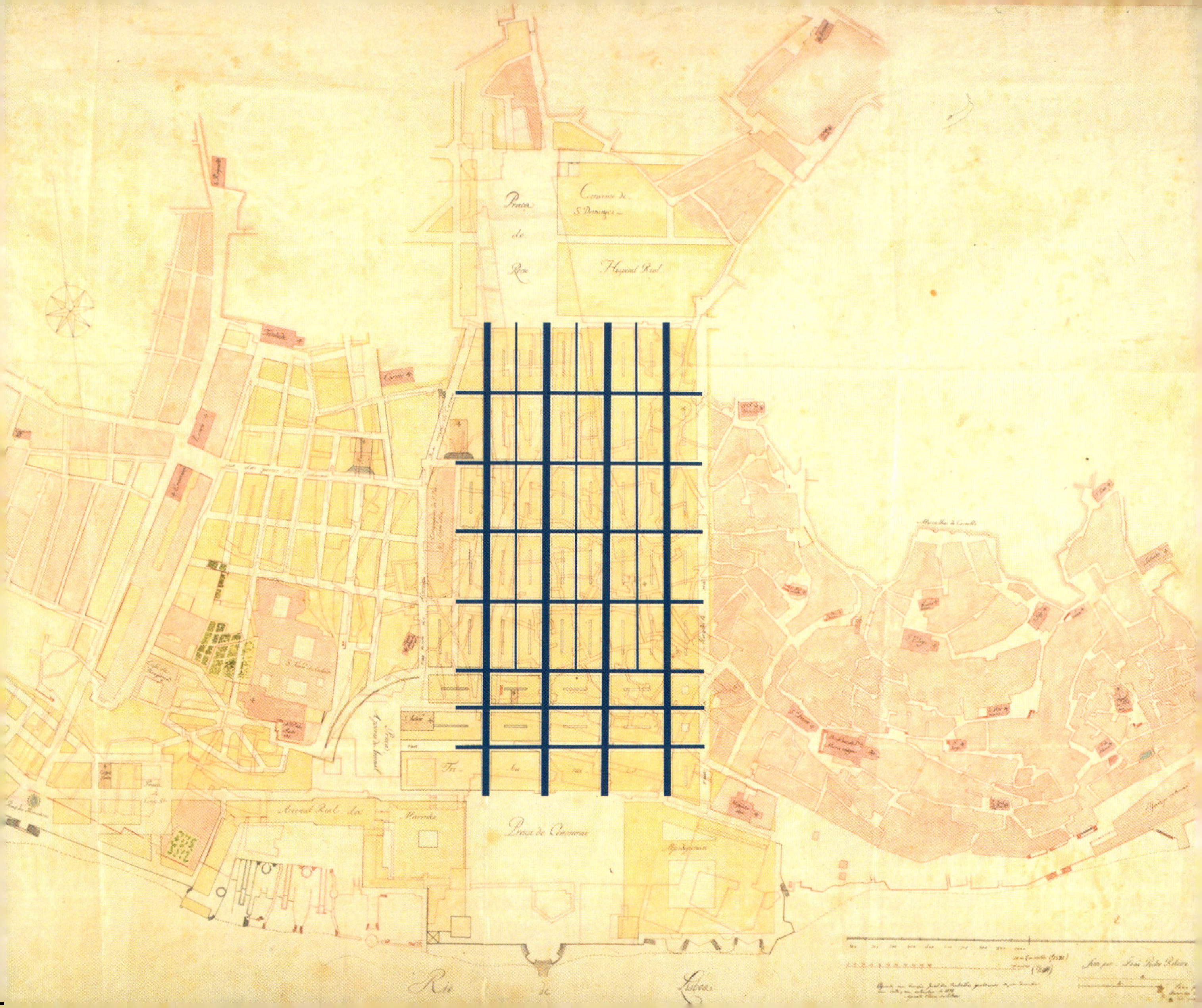

Praça do Rocio
Convento de S. Domingos
Hospital Real
Praça do Commercio
Arcenal Real dos Marinha
Rio de Lisboa

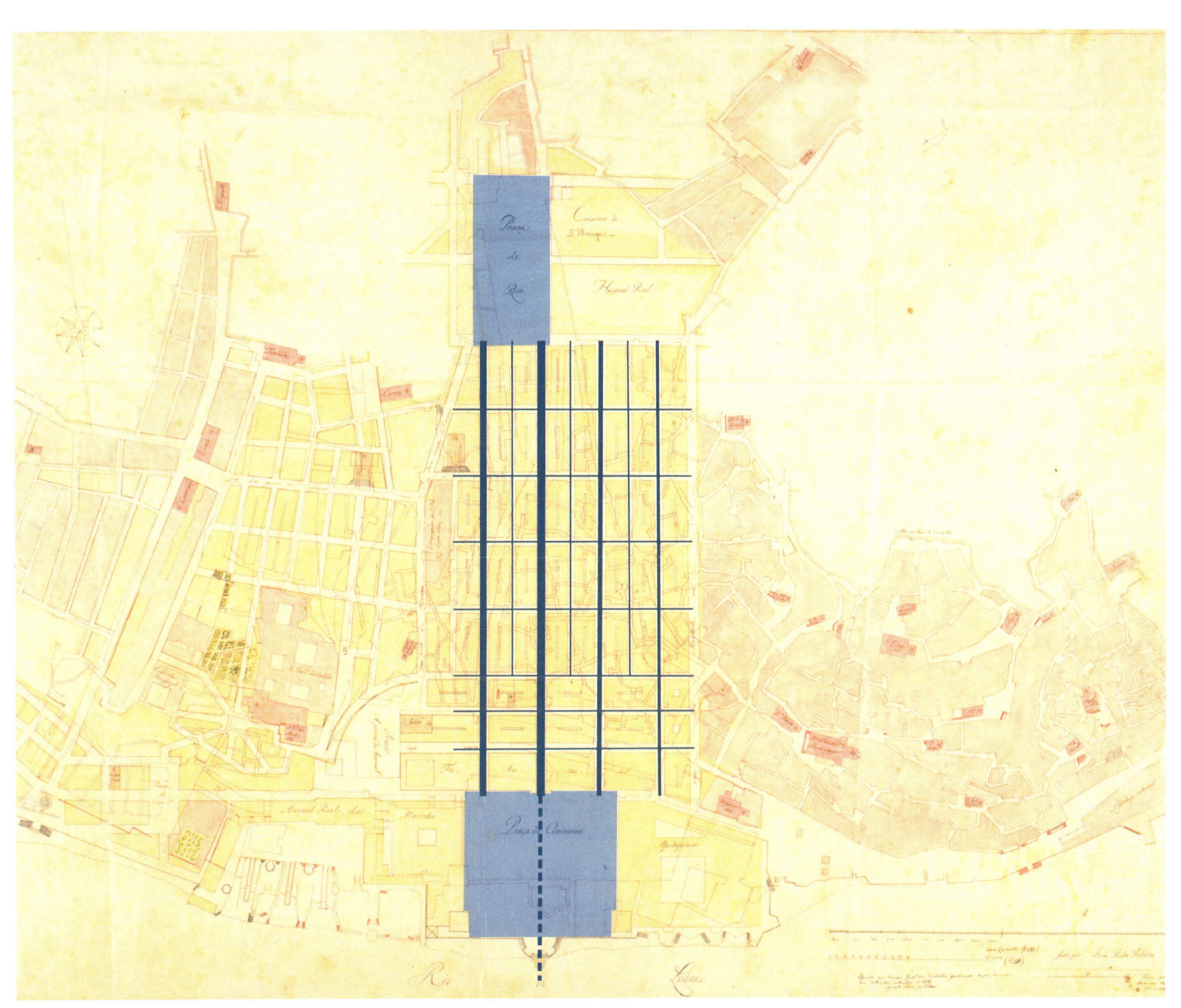

Lisboa, Portugal.
Plano para reconstrução da Baixa. A hierarquia das ruas definida pela relação com as praças.

6

As estruturas de quarteirão e de loteamento

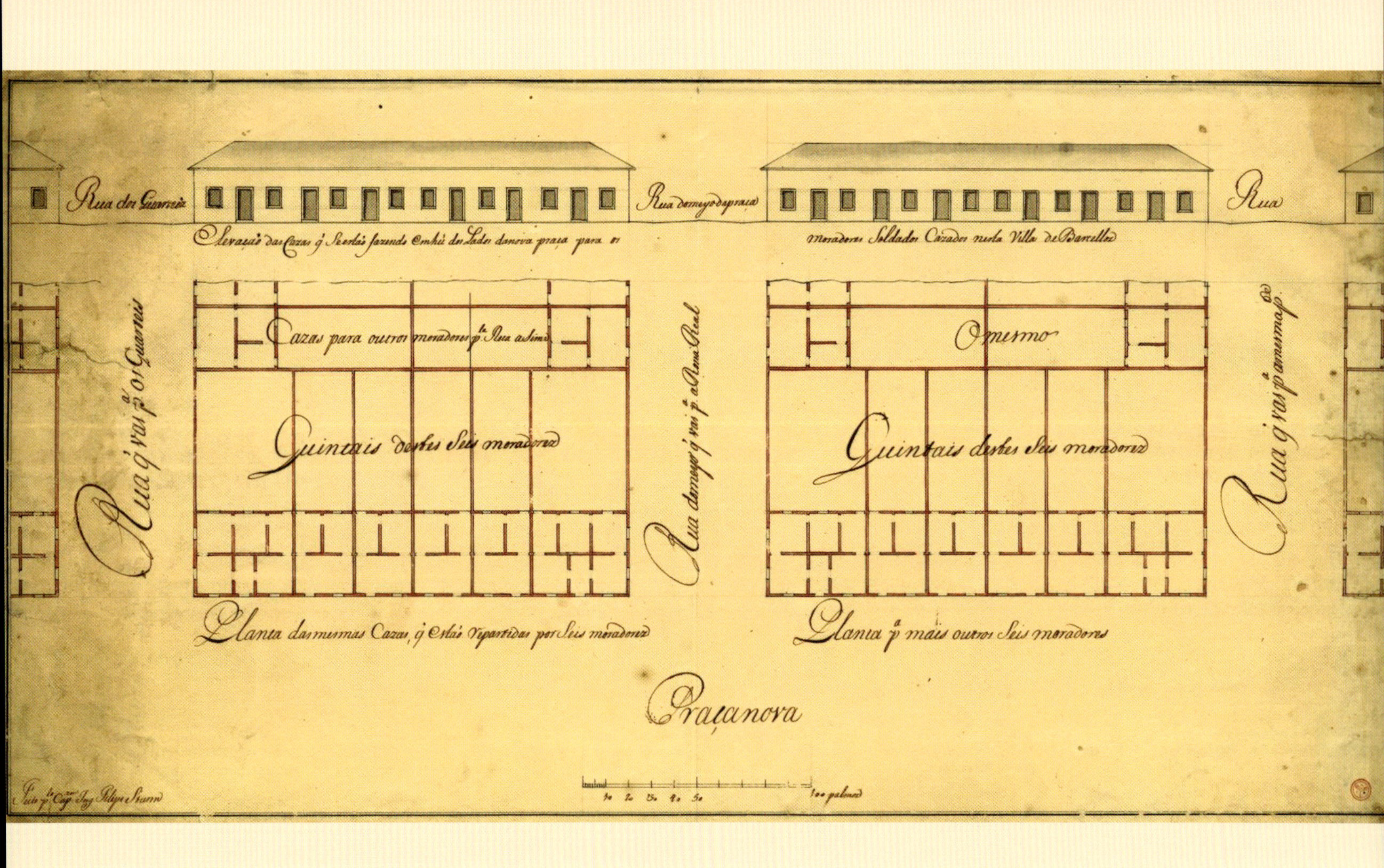

Barcelos, Brasil.

As estruturas de quarteirão e de loteamento são duas componentes do plano da cidade que caracterizam os traçados urbanos de origem portuguesa. As formas e dimensões dos quarteirões e dos lotes estão associadas e refletem-se quer na estrutura e no desenho global da cidade, quer nas tipologias do edificado.

Nas cidades portuguesas existem três tipos fundamentais de estrutura de quarteirão, os quais vieram a ter expressão no urbanismo colonial. O primeiro corresponde ao quarteirão das cidades medievais planejadas dos séculos XIII e XIV, estreito e comprido, em que os lotes urbanos, dispostos paralelamente uns aos outros, iam de lado a lado do quarteirão. A frente do lote, onde se construía a casa, dava para uma rua principal, enquanto a de trás, onde se situava o quintal e alguma construção acessória, dava para uma rua de serviço, secundária. Definia-se dessa forma uma hierarquia de ruas dianteiras,

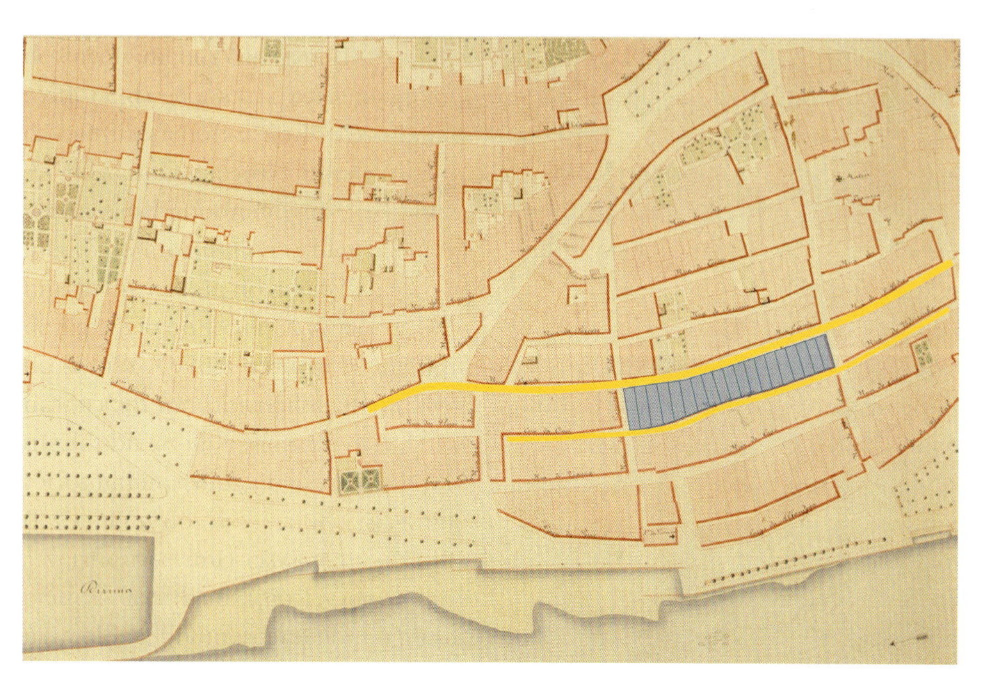

Viana do Castelo, Portugal.
A estrutura de quarteirão medieval.
Lotes de lado a lado do quarteirão.

mais largas, e ruas de trás, mais estreitas, que se alternavam. Essa estrutura denota que a utilização do lote incluía outros usos além da função habitacional, o que justificava a rua de serviço. Encontramos ainda essa estrutura de quarteirão nas primeiras fases de urbanização das cidades do Funchal, na Madeira, e de Ponta Delgada, nos Açores, fundadas no final do século XV, pouco mais de um século após a construção das últimas cidades medievais que lhes serviram de referência.

O segundo tipo de quarteirão é menos alongado, mais proporcional em suas duas dimensões. Nesse caso, o quarteirão é segmentado longitudinalmente, e existem duas fileiras de lotes, dispostas costas com costas, com as frentes viradas para os dois lados maiores do quarteirão e encostando suas partes de trás. A hierarquia de ruas era aqui traduzida em ruas de frente, para onde davam as frentes dos lotes, e ruas transversais, para as quais davam os muros laterais dos quintais ou logradouros dos lotes situados nos extremos do quarteirão. Essa estrutura de quarteirão surgiu no século XVI, em situações que justificavam uma maior densidade de ocupação e em que os usos essencialmente urbanos que se exerciam nos lotes dispensavam já a rua de serviço. Nessa estrutura, surge o conceito de interior de quarteirão. O quintal permanece como uma parte integrante da tradição urbana e das formas de habitar portuguesas, mas já sem validade econômica.

O terceiro tipo de quarteirão é aquele que tem uma forma idêntica ao anterior, ou é quadrado, mas no qual existem lotes virados para as suas quatro faces. Esse tipo de quarteirão foi desenvolvido no fim do século XVI, correspondendo também a um aumento da densidade de ocupação e a uma afirmação de seu caráter exclusivamente urbano. O conceito de interior de quarteirão se consolida. Se, no modelo anterior, o interior de quarteirão, apesar de privado, era ainda visível da rua, agora ele passa a ficar completamente encerrado. Em alguns casos, surge a tipologia do edifício de gaveto, com frentes simultaneamente para duas ruas, um desenvolvimento arquitetônico significativo, complexo de resolver, mas que ajuda a definir as hierarquias urbanas. Já não

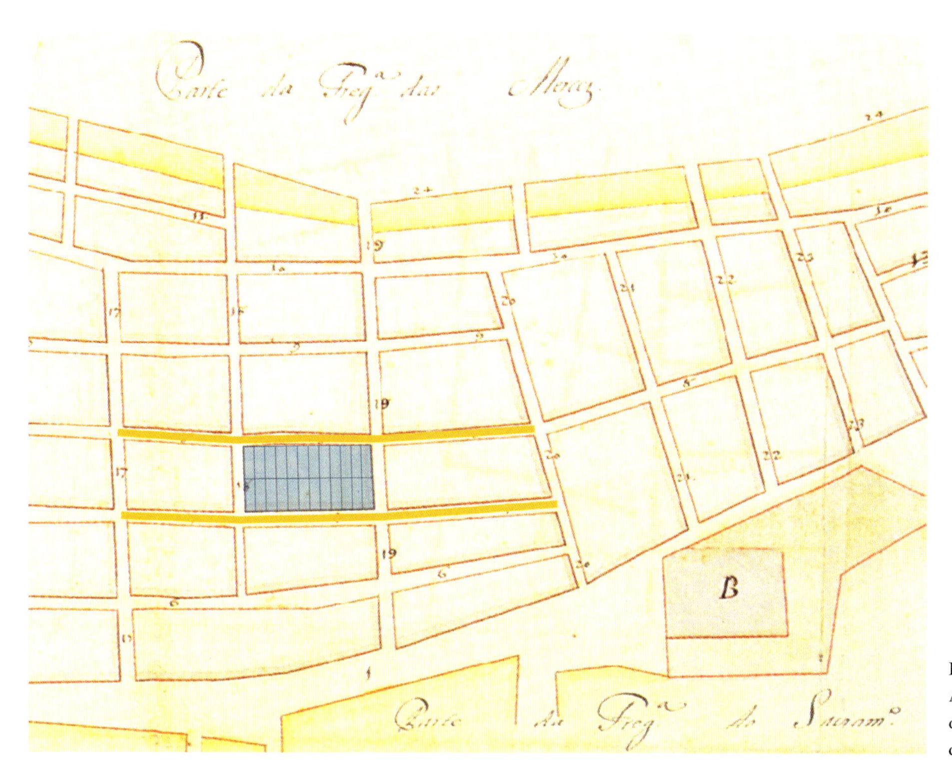

Bairro Alto, Lisboa, Portugal. A estrutura de quarteirão com duas frentes. Lotes costas-com-costas.

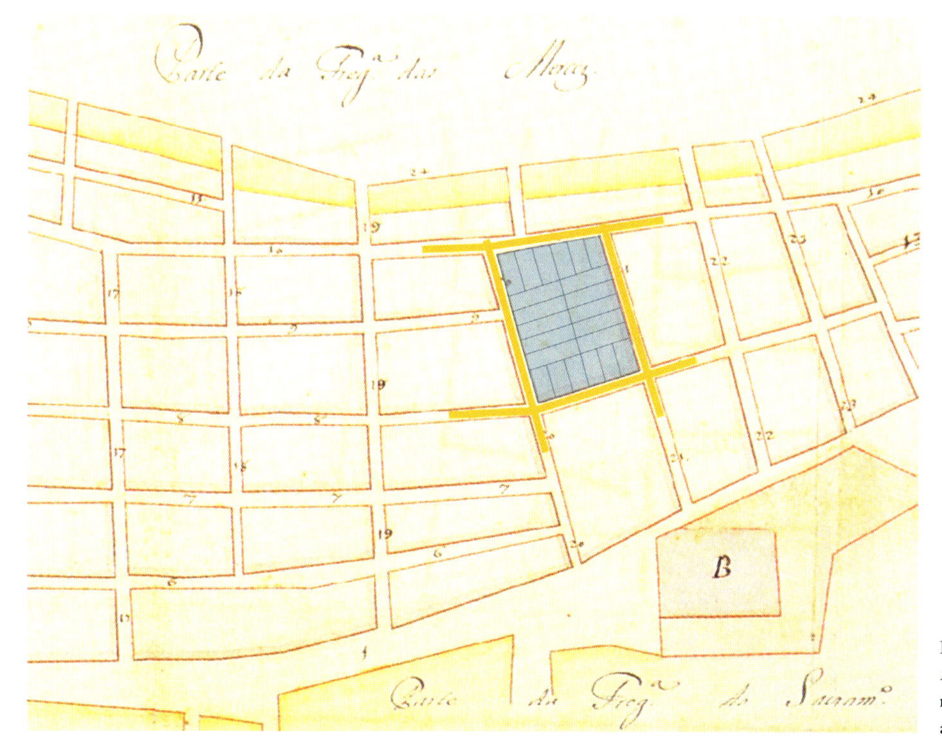

Bairro Alto, Lisboa, Portugal. A estrutura de quarteirões moderna. Lotes virados para as quatro ruas.

existiam aqui ruas dianteiras e ruas de trás, como na estrutura medieval, nem ruas de frente e ruas transversais, como no modelo anterior. Na malha urbana a que corresponde essa estrutura de quarteirão, a hierarquia das ruas era definida de forma mais complexa, por meio de seu perfil, da arquitetura e das funções que nelas se localizavam ou de sua relação com outros espaços urbanos ou elementos arquitetônicos significativos da cidade.

A estrutura do primeiro tipo de quarteirão revela a importância da componente rural na organização da cidade medieval. Mesmo nos quarteirões de épocas posteriores, mais assumidamente urbanos, em que os lotes têm uma única frente e em que a rua de serviço desapareceu, o quintal continuou a ser parte integrante da cidade portuguesa. As dimensões generosas desses quintais, chegando por vezes aos cem metros de comprimento, e a exuberância de sua vegetação, particularmente em situações tropicais, contribuíam para que o elemento verde fosse uma componente importante da paisagem das cidades de origem portuguesa.

Os três tipos de quarteirão e as respectivas estruturas de loteamento foram se sucedendo no tempo, embora também coexistam em várias cidades e períodos históricos. No Bairro Alto, em Lisboa, podemos observar a evolução dessas estruturas de loteamento. Da primeira fase de desenvolvimento desse bairro são ainda perceptíveis traçados urbanos e estruturas de quarteirão que podem ser referidos às cidades planejadas da Idade Média, com quarteirões estreitos e alongados, em que cada um dos lotes confrontava duas ruas. De fases posteriores, os quarteirões são mais largos e já são divididos longitudinalmente ou têm lotes virados para as quatro faces. Cada um dos lotes, de menor profundidade, confrontava agora uma única rua, dando suas partes de trás para o interior do quarteirão.

Embora as dimensões dos quarteirões variem sensivelmente conforme o número de lotes que os compõem, sua forma e proporção situam-se entre parâmetros constantes. A proporção entre o lado maior e o lado menor dos quarteirões medievais pode chegar a 1:8, embora se situe habitualmente entre 1:5 e 1:6. Os quarteirões com duas ou com quatro frentes de lotes podem ter a forma quadrada ou retangular. Nesse caso, embora suas dimensões variem bastante, a relação entre o lado maior e o lado menor não ultrapassa habitualmente a proporção de 1:2. No Brasil, essa proporção situa-se, na maior parte dos casos, entre 1:1,5 e 1:2. Esta proporção dos quarteirões dá à cidade de origem portuguesa uma métrica característica, que se traduz na densidade da estrutura viária, no ritmo de sucessão das ruas e se articula com a dimensão dos lotes, o perfil das ruas e as tipologias do edificado.

A largura da frente de lote era idêntica em qualquer um desses tipos de quarteirão, situando-se habitualmente entre os 25 e os 30 palmos. Correspondendo cada palmo a 22 centímetros, significa que a frente de lote tinha entre 5,5 e 6,6 metros. Encontramos dimensões idênticas de frente de lote em cidades medievais do século XIII, em núcleos urbanos do século XVI construídos em Portugal, nas ilhas atlânticas e no Brasil, bem como em muitas cidades desenvolvidas no século XVIII. Ainda em meados do século XIX, encontramos no Porto exemplos de novos loteamentos urbanos feitos com base nessas medidas. Por trás da permanência de tais dimensões, que se verificaram em muitas situações históricas e geográficas, havia razões construtivas, relacionadas com a dimensão máxima do vão que era possível vencer com vigas de madeira apoiadas nas paredes extremas do lote.

Na Carta Régia de 1498 relativa à reforma da zona da Ribeira de Lisboa estavam contidos um conjunto de normas urbanísticas e construtivas e um conjunto de métricas relativas à dimensão das frentes de construção, a seu alinhamento e às medidas dos vãos. Em 1499, no Regimento dos Carpinteiros, Pedreiros e Aprendizes, eram indicadas as medidas padronizadas de diversas peças de madeira para construção. As vigas maiores tinham a dimensão de 24 palmos (aproximadamente 5,3 metros) e de 30 palmos (6,6 metros), o que correspondia à medida habitual dos lotes urbanos das cidades portuguesas. Outras normas regulamentares estabeleciam

Paraty, Brasil.
A frente de lote de 30 palmos (6,6, metros).

POUSADA DA MORENA
Apartamentos
Mobiliados
POUSADA
VILLA

Salvador, Brasil.
A tipologia de fachada com três fiadas de vãos.

Angra do Heroísmo, Açores, Portugal.
A uniformidade arquitetônica induzida
pela estrutura de loteamento regular.

uma relação métrica entre a largura do lote e sua profundidade, o pé-direito e a cércea dos edifícios, enquanto outras articulavam a largura dos lotes com as dimensões das ruas. No início do século XVI já estavam estabelecidos os princípios que iriam enformar o planejamento das cidades portuguesas nos séculos seguintes: um sistema estruturado que integrava as métricas dos elementos de construção, da arquitetura, do loteamento, do quarteirão e do traçado urbano, estabelecendo uma relação íntima entre os sistemas construtivos, as tipologias arquitetônicas e o plano urbano.

Essa estrutura de loteamento deu origem a uma tipologia de fachada que se repetia em cada lote: fachadas estreitas compostas por três vãos em cada piso, portas no primeiro piso e janelas nos restantes, com proporções e dimensões idênticas. Tal tipologia, aplicada quer se tratasse de térreos ou de sobrados, independentemente do número de pisos, contribuiu para uma grande uniformidade arquitetônica e era um dos elementos caracterizadores das cidades de origem portuguesa.

Nas vilas e cidades construídas no Brasil também encontramos diferentes tipos de quarteirão e correspondentes estruturas de loteamento. Em Salvador, um dos conjuntos de quarteirões de sua primeira fase de construção parece sugerir ainda a estrutura medieval de quarteirões alongados de lotes com duas frentes. Em alguns casos, como em Silviz, os quarteirões eram divididos longi-

Porto, Portugal.
Loteamento urbano oitocentista com a frente de lote de 30 palmos (6,6 metros).

tudinalmente, com duas fileiras de lotes dispostos costas com costas. Cada lote tinha uma única frente, dando origem a uma hierarquia de ruas principais, para onde davam as frentes dos lotes, e ruas transversais, que correspondiam aos topos dos quarteirões, embora umas e outras tivessem o mesmo perfil. A situação mais frequente, que se pode observar em Vila Viçosa, é o quarteirão com lotes virados para suas quatro faces. Nesses casos, as vias têm todas o mesmo perfil, embora exista uma hierarquia. São mais importantes as vias que se orientam segundo a maior dimensão dos quarteirões, e que na planta são descritas como ruas, e secundárias as vias para onde dão os lados menores dos quarteirões, e que na planta são descritas como travessas. Em outros casos ainda, como em Macapá, há diferentes tipos de quarteirões simultaneamente: quarteirões com lotes virados para uma, duas ou três frentes, sendo a hierarquia de ruas definida pelas frentes de construção e sua relação com outros componentes da malha urbana.

Em algumas cidades setecentistas, as dimensões dos lotes eram maiores, mas geralmente essas dimensões correspondiam a múltiplos do módulo de base de 25 palmos (22 metros). Em Macapá e Vila Nova de Mazagão, no Brasil, os lotes tinham 100 palmos (5,5 metros) de frente, enquanto em Vila Real de Santo António, em Portugal, a frente do lote era de 125 palmos (27,5 metros). Em qualquer um dos casos, o módulo de 25 palmos (5,5 metros) era mantido. As funções de apoio à agricultura, em Macapá e Mazagão, e de apoio à pesca, em Vila Real de Santo António, que também estavam na origem da fundação desses núcleos urbanos, e consequentemente as atividades de trabalho que aí se exerciam, justificavam as maiores dimensões dos lotes.

A estrutura de quarteirões era também influenciada pelo mesmo tipo de fatores físicos condicionantes da localização e da forma urbana. As implicações da topografia, dos ventos e da exposição solar na forma e na organização dos quarteirões traduziam-se em sua implantação segundo o declive do terreno para facilitar o escoamento das águas e o saneamento, em sua orientação no sentido norte-sul para que ambas as faces do quarteirão, e ambos os lados da rua, tivessem a mesma exposição solar, ou em sua disposição em relação aos ventos dominantes para que as brisas suaves percorressem as ruas e as libertassem dos miasmas. Outras opções tinham sua fundamentação em razões construtivas ou em fatores econômicos ligados aos custos infraestruturais.

O lote urbano constituiu a unidade de base de um sistema evolutivo da cidade de origem portuguesa. Nas situações em que a frente do lote era mais larga que os habituais 25 ou 30 palmos (5,5 ou 6,6 metros), a edificação, de início, ocupava apenas uma parte da frente do lote, a qual foi sendo progressivamente ocupada, construindo uma frente de rua contínua. O quintal, se de início era utilizado para alguma atividade agrícola de complemento à economia doméstica, tornou-se uma reserva de terreno que foi sendo sucessivamente ocupada com construções destinadas à ampliação da casa, à criação de zonas de serviço suplementares, ao alojamento de serviçais ou de escravos ou ao aluguel. Uma das expressões mais visíveis desse processo ocorre no século XIX, com a ocupação dos interiores de quarteirão por habitações operárias. De qualquer forma, a progressiva ocupação do lote contribuiu para a densificação da cidade e, nesse processo, as ruas de trás e as travessas também iam se construindo, definindo-se uma frente contínua de construções em todas as faces dos quarteirões. Às vezes, tais ruas acabavam por assumir características idênticas às das ruas principais, embora a diferença e a hierarquia entre elas seja ainda hoje perceptível na maior parte dos casos.

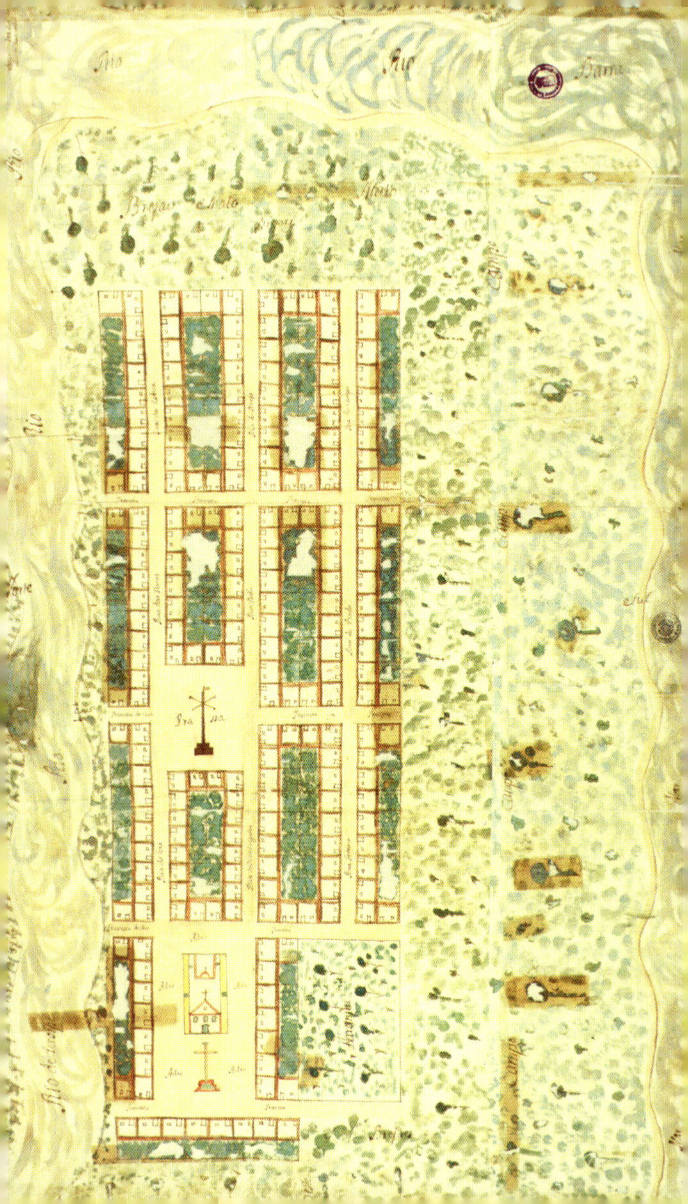

Marquez de Pombal

D 47 A

Planta alta sobre a Cadeya, e Celeyro na Praça da Villa de Santo Antonio de Arenilha com as acommodacoens que nella se de=clarão.

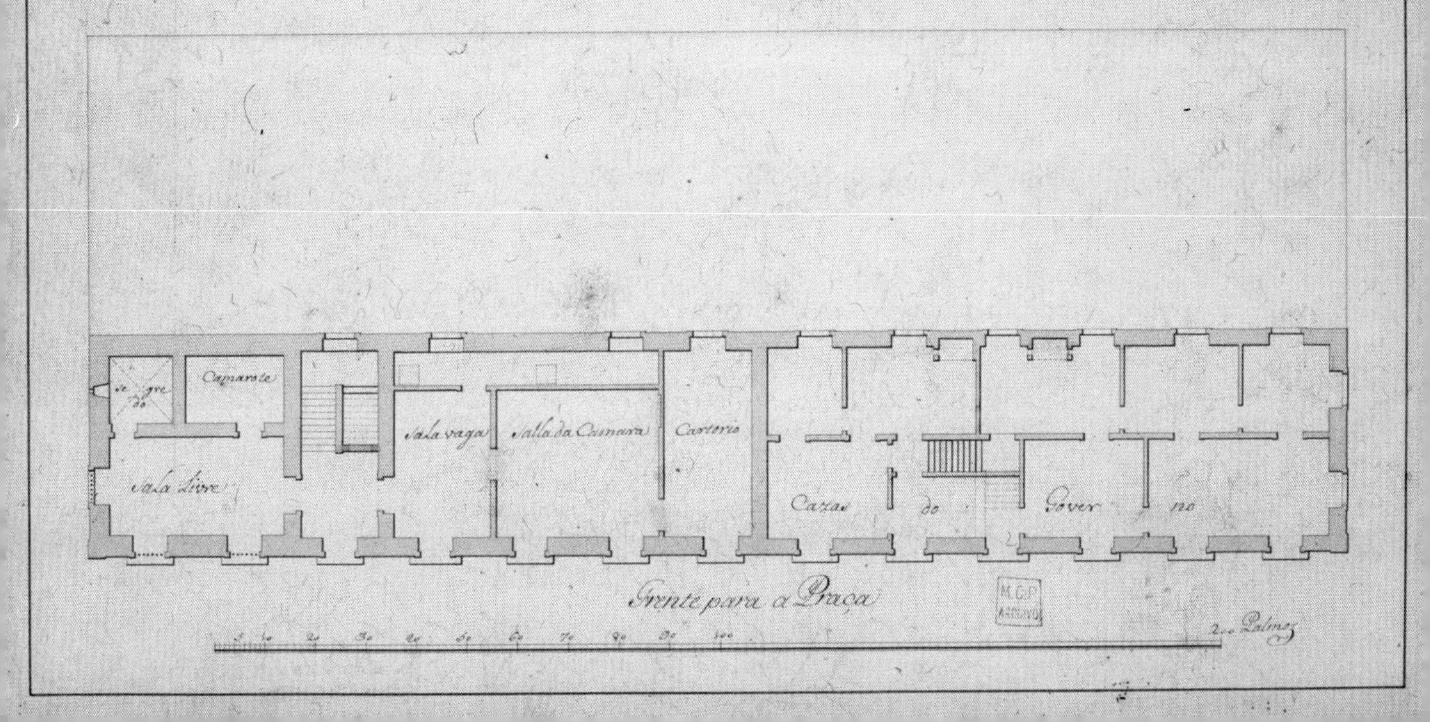

7

As praças urbanas

As praças urbanas – ou o tipo de espaço urbano que genericamente pode se enquadrar nessa designação, em que se incluem as praças, os largos, os terreiros, os campos, os adros etc. – têm um papel importante na compreensão da identidade morfológica dos traçados urbanos de origem portuguesa. A diversidade de designações corresponde à grande diversidade desse tipo de espaços, no que diz respeito as suas origens, suas funções, suas formas e suas relações com a malha urbana, bem como a seus diferentes processos de crescimento e de estruturação.

As praças desempenham um papel fulcral na estruturação dos espaços urbanos, traduzindo sua importância funcional e simbólica. Elas são locais privilegiados de encontro, de troca e de sociabilidade, condensando em si as razões de natureza política, social e econômica que historicamente conduziram ao aparecimento e à estruturação das cidades e que constituem

Arraial de São Vicente, Brasil.

sua essência. A importância das praças na organização da cidade verifica-se sejam elas destinadas a funções específicas ou a uma multiplicidade de funções; sejam elas resultantes da topografia do território, estruturadas por meio do desenvolvimento gradual da cidade, ou de um desenho e de um planejamento centralizado; sejam elas inseridas em malhas urbanas homogêneas ou situadas nas fronteiras de malhas urbanas distintas, articulando-as; sejam elas espaços diretamente associados às funções que neles se exercem ou com um papel eminentemente simbólico.

Do ponto de vista funcional, as praças podem ter diversas origens: praças com funções de mercado, que muitas vezes se iniciaram em campos e terreiros extramuros e posteriormente se transformaram em praças urbanas; praças com funções religiosas, que tiveram sua origem em adros de igreja ou terreiros de conventos; praças com funções militares, como os campos adjacentes às torres de menagem medievais e as praças de armas seiscentistas; praças com funções políticas e administrativas, em que se incluem as praças associadas ao poder municipal onde se localizavam a Casa de Câmara e o pelourinho ou, nas cidades coloniais, as praças onde se localizava o palácio do governador.

Uma característica importante da tradição urbana portuguesa é a multiplicidade de praças dentro de um mesmo núcleo urbano. É comum encontrarem-se nas cidades de origem portuguesa diferentes praças para diferentes funções. Essa característica, que encontramos inscrita em cidades de vários períodos, é formalizada nos traçados urbanos planejados setecentistas, em que frequentemente existem duas praças: uma, associada ao poder político e outra, ao poder religioso.

A forma das praças surge associada aos processos que lhes deram origem. Há praças geradas a partir da estrutura física do território, praças que se estruturaram a partir de espaços residuais ou periféricos, praças que nasceram da relação da malha urbana com as muralhas

A diversidade de praças nas cidades de origem portuguesa.

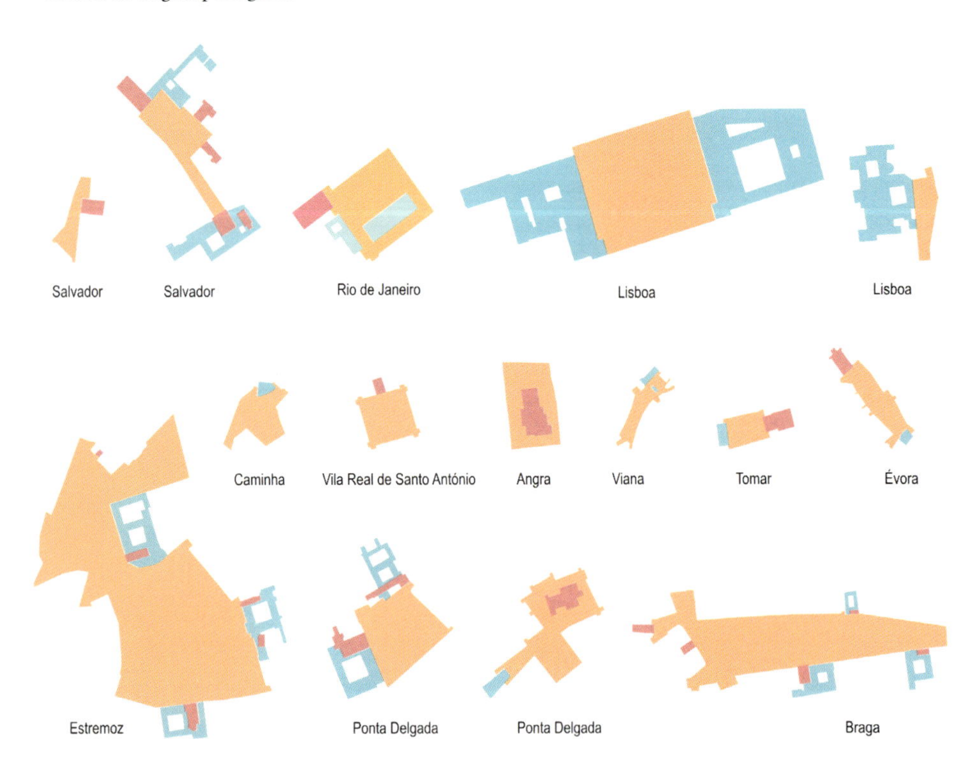

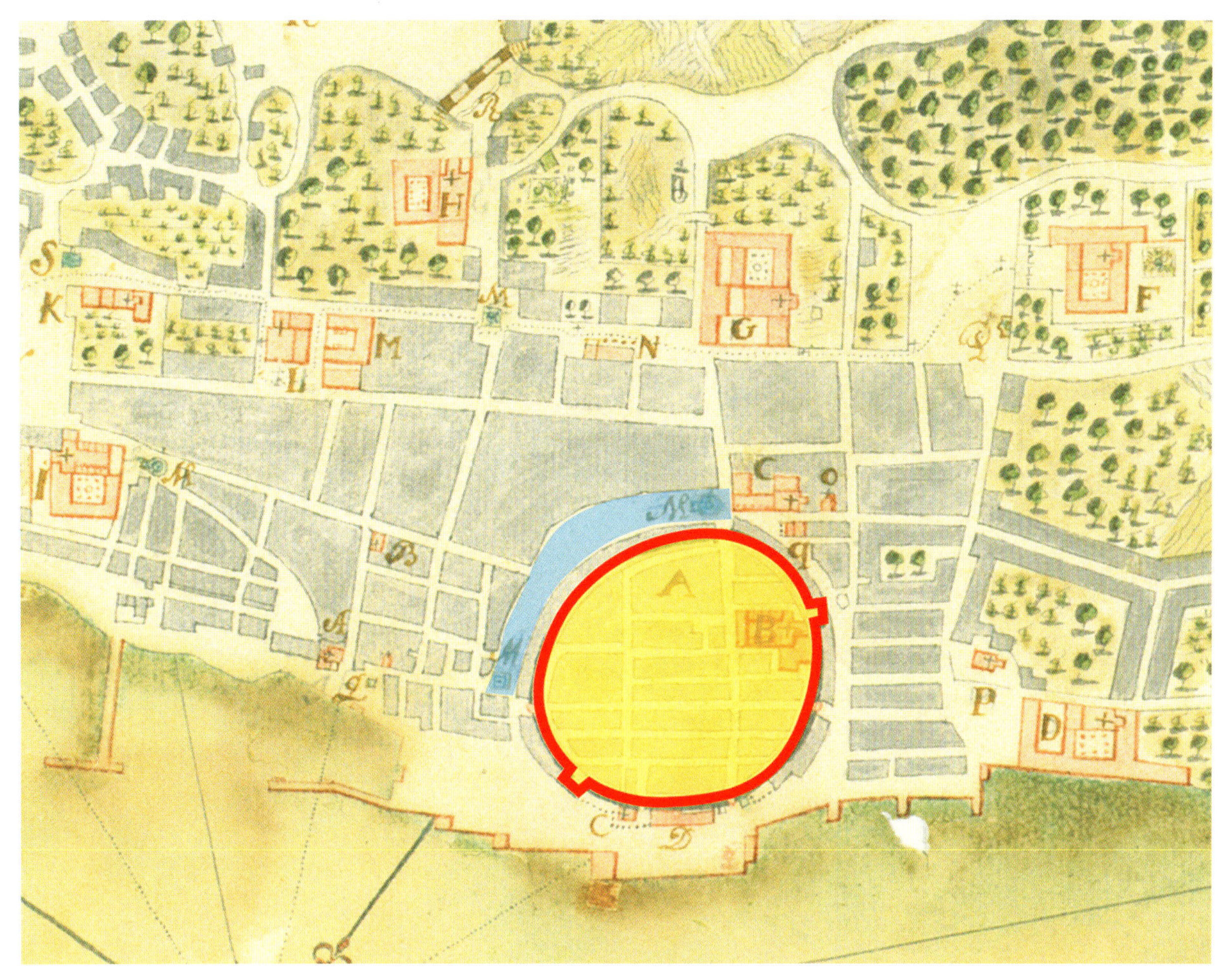

Viana do Castelo, Portugal.
Praça com origem em terreiro extramuros.

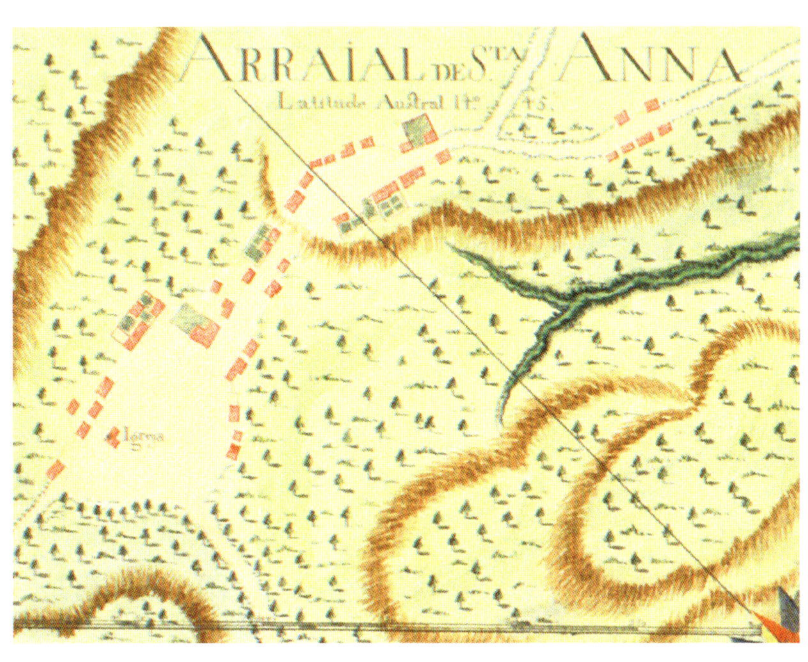

Arraial de Sta. Anna.
A função religiosa na origem de praças.

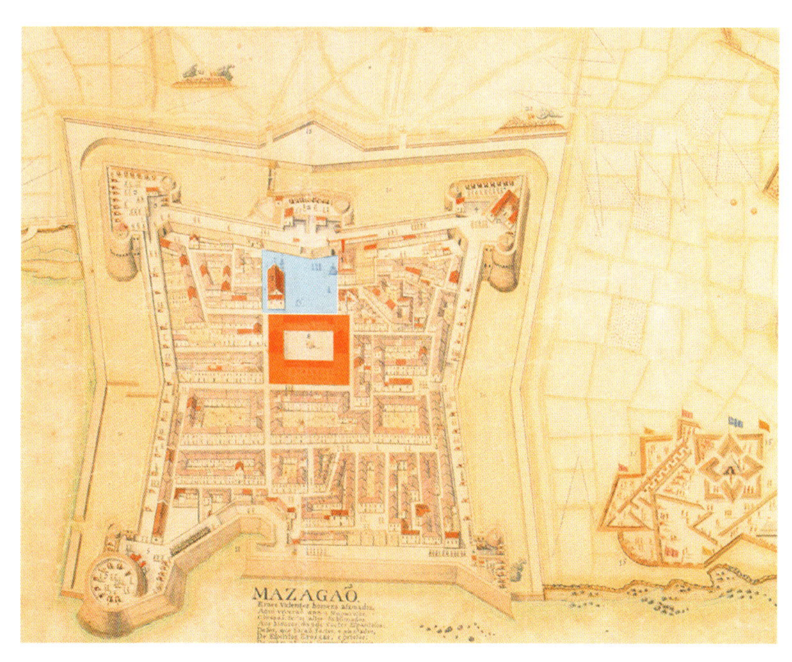

Mazagão, Marrocos.
Praça de armas.

Minas Gerais, Brasil.
A gênese de praças a partir de terreiros religiosos.

Monsaraz, Portugal.
A praça medieval associada a funções coletivas: o poço, a igreja, a casa de câmara e a misericórdia.

Mariana, Brasil.
Praça com funções religiosas e cívicas.

Salvador, Brasil.
Praça com funções políticas e administrativas.

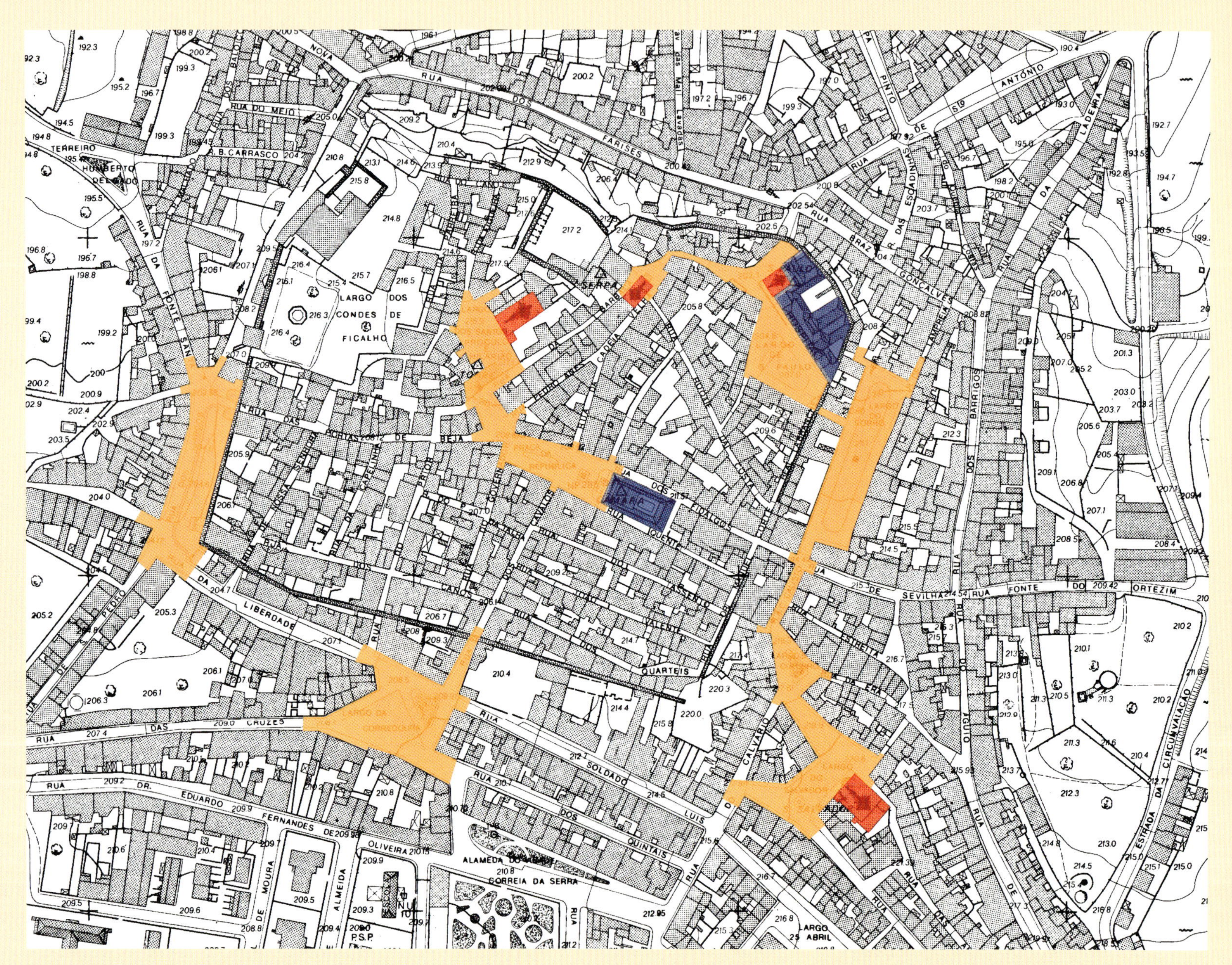

Serpa, Portugal.
A multiplicidade de praças intramuros e extramuros.

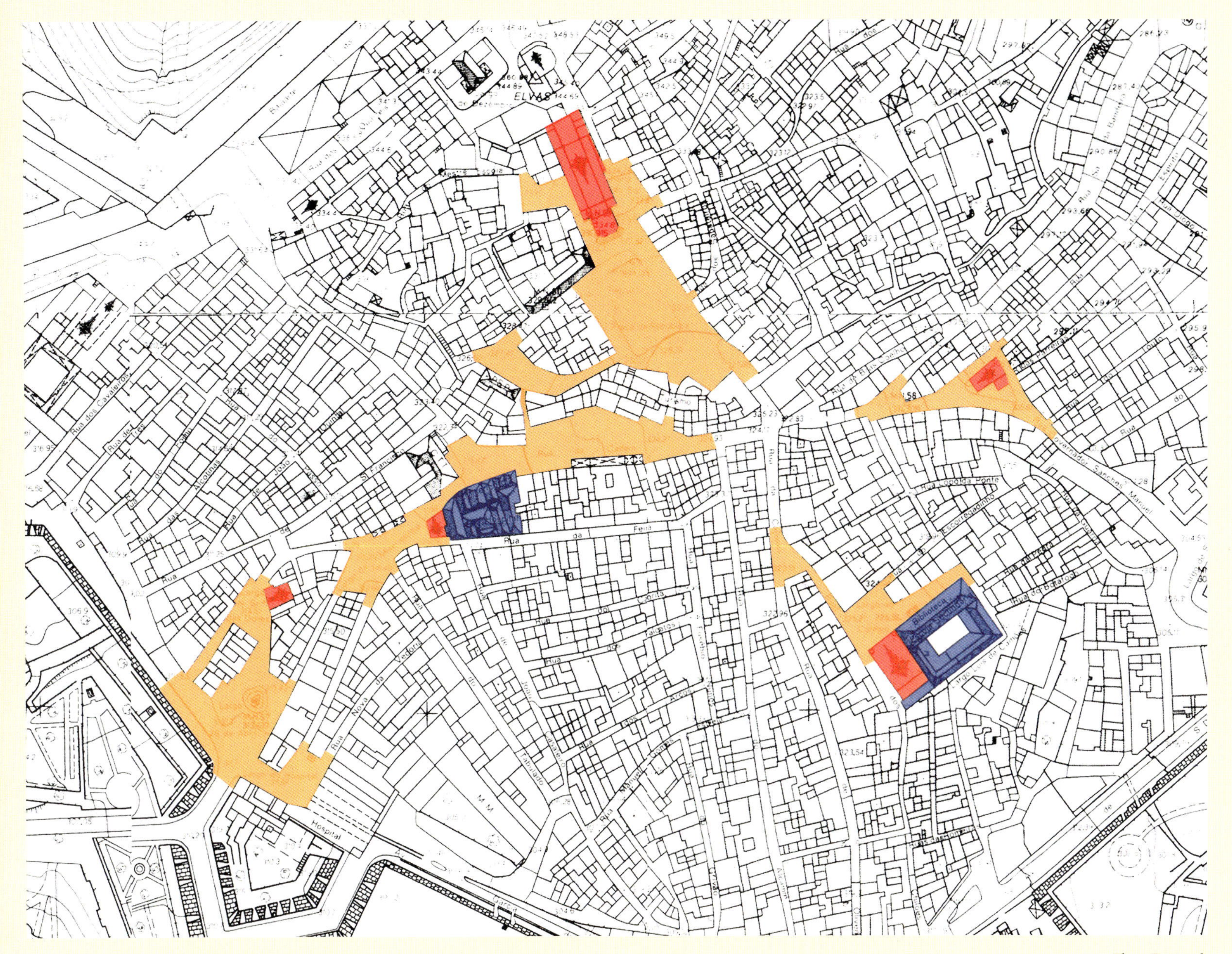

Elvas, Portugal.
A multiplicidade de praças na cidade portuguesa.

Vila Real, Portugal.
Praças geradas no encontro de caminhos.

da cidade ou com suas portas, praças que resultaram do encontro de malhas urbanas construídas em momentos distintos, praças que surgem da própria lógica do traçado ou de sua relação com edifícios institucionais. Em qualquer um dos casos, a formalização dessas praças podia estar associada a processos de desenvolvimento gradual ou a ações de planejamento concentradas no tempo.

As praças geradas a partir da estrutura do território geralmente resultavam do cruzamento ou do entroncamento de ruas, apresentando uma grande variedade de formas resultantes das situações topográficas em que se situavam e dos tipos de confluências a partir das quais se geravam. São comuns as praças de forma triangular, normalmente pontuadas por edifícios de natureza religiosa.

A praça urbana estruturada de uma forma regular é um tipo de espaço que se implantou lentamente na cultura urbanística portuguesa. No período medieval, em muitos casos, não existiam praças formalmente estruturadas nos núcleos urbanos portugueses, seja no que se refere à ordenação geométrica de seu traçado em planta, seja no que se refere a seu ordenamento arquitetônico. Mesmo no caso de cidades medievais planejadas, apesar da concepção global de seu traçado, verificava-se a mesma situação. Os espaços que cumpriam essas funções eram geralmente os que resultavam do alargamento de vias, junto ao poço ou junto a algum edifício importante, ou os espaços situados na periferia da malha urbana, muitas vezes associados às portas da cidade. Aí se localizavam o mercado e outras funções coletivas da cidade. As funções de praça existiam, mas não tinham ainda uma tradução formal específica. Sua importância advinha das funções e da natureza dos edifícios que nelas vieram a se localizar, e não dos espaços em si.

As praças que se desenvolveram associadas às portas das muralhas, em seu interior ou exterior, são bastante comuns nas cidades portuguesas. Estão, nesse caso, os rossios ou os terreiros extramuros, espaços de relação entre a cidade e o território envolvente, lugares de chegada e de paragem dos viajantes e também espaços de mercado e de feira, que em muitos casos se tornam

Alegrete, Portugal.
Praças associadas às portas da muralha.

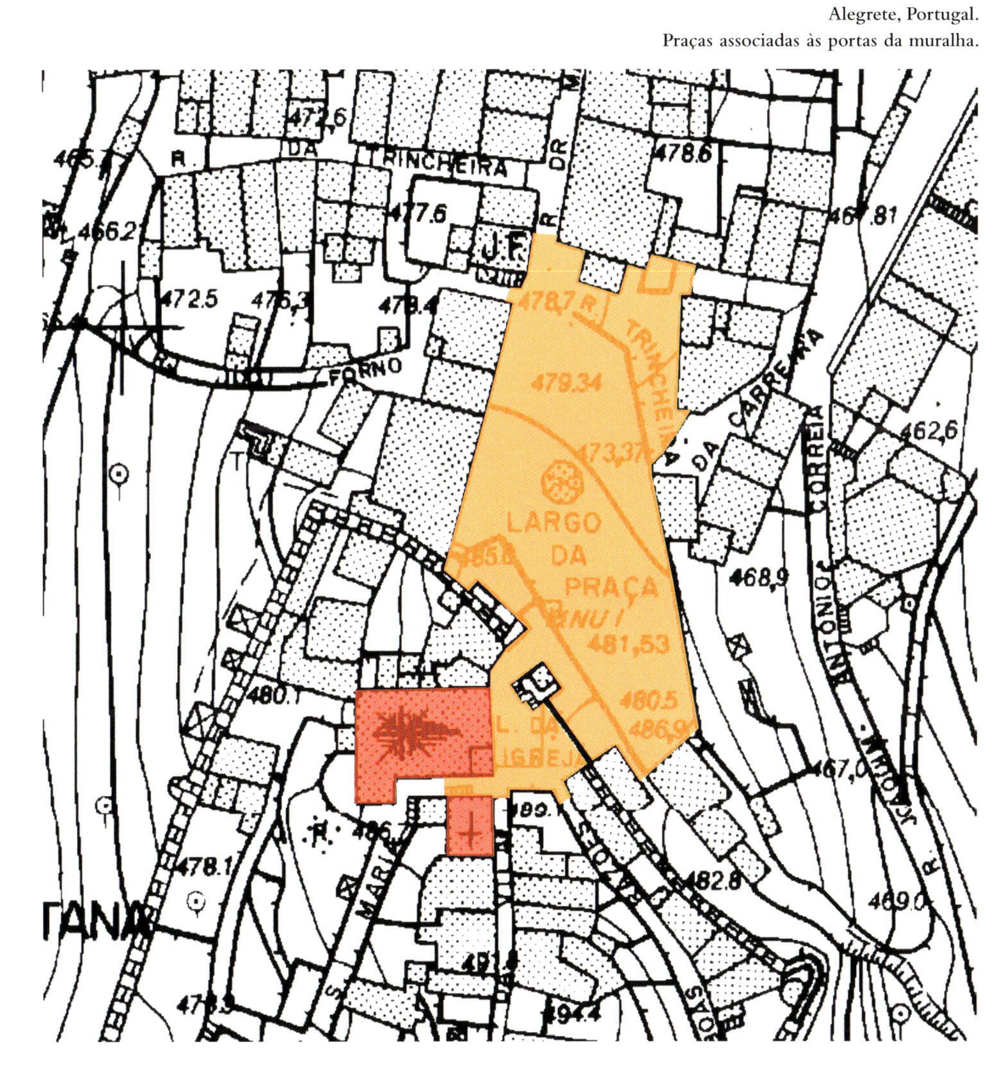

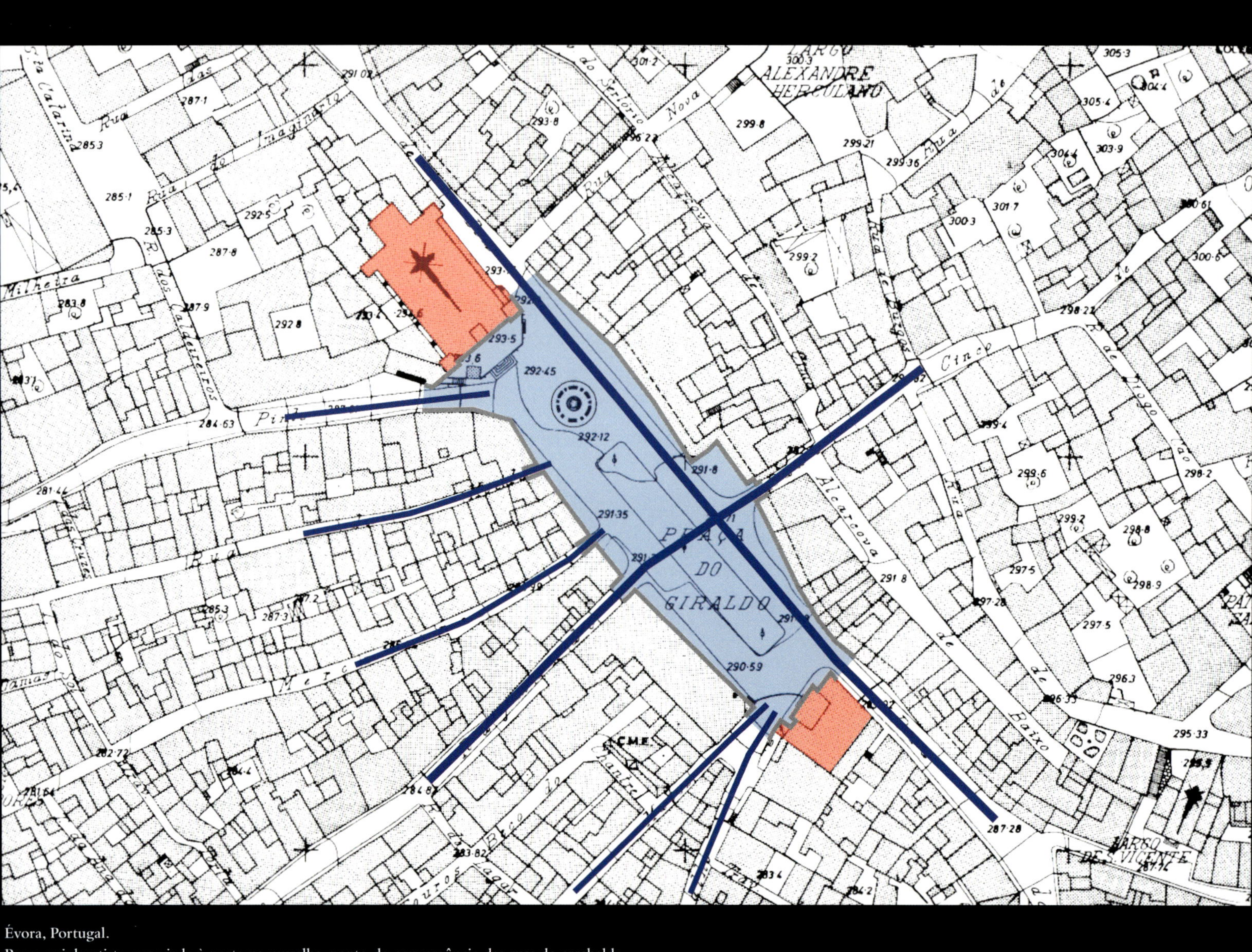

Évora, Portugal.
Praça quinhentista, associada à porta na muralha, ponto de convergência das ruas do arrabalde.

novas praças centrais do núcleo urbano. A plena estruturação formal desses espaços dependia do ritmo de crescimento da cidade, que lhes ia atribuindo centralidade e os tornava o foco de novas fases de crescimento urbano. As praças urbanas estruturadas que hoje vemos em muitas cidades de origem medieval, concentrando nelas as principais funções urbanas, são, muitas vezes, o resultado de transformações posteriores.

As praças que resultavam do encontro de malhas urbanas distintas surgiram em consequência do processo usual de crescimento das cidades portuguesas, que se processava pela adição de sucessivas malhas urbanas, correspondendo a diferentes unidades de crescimento. Na articulação das malhas urbanas construídas em momentos diferentes sobravam frequentemente espaços residuais, não planejados nem desenhados, que depois

Belém, Brasil. Espaços residuais no encontro de malhas urbanas, locais de desenvolvimento de praças.

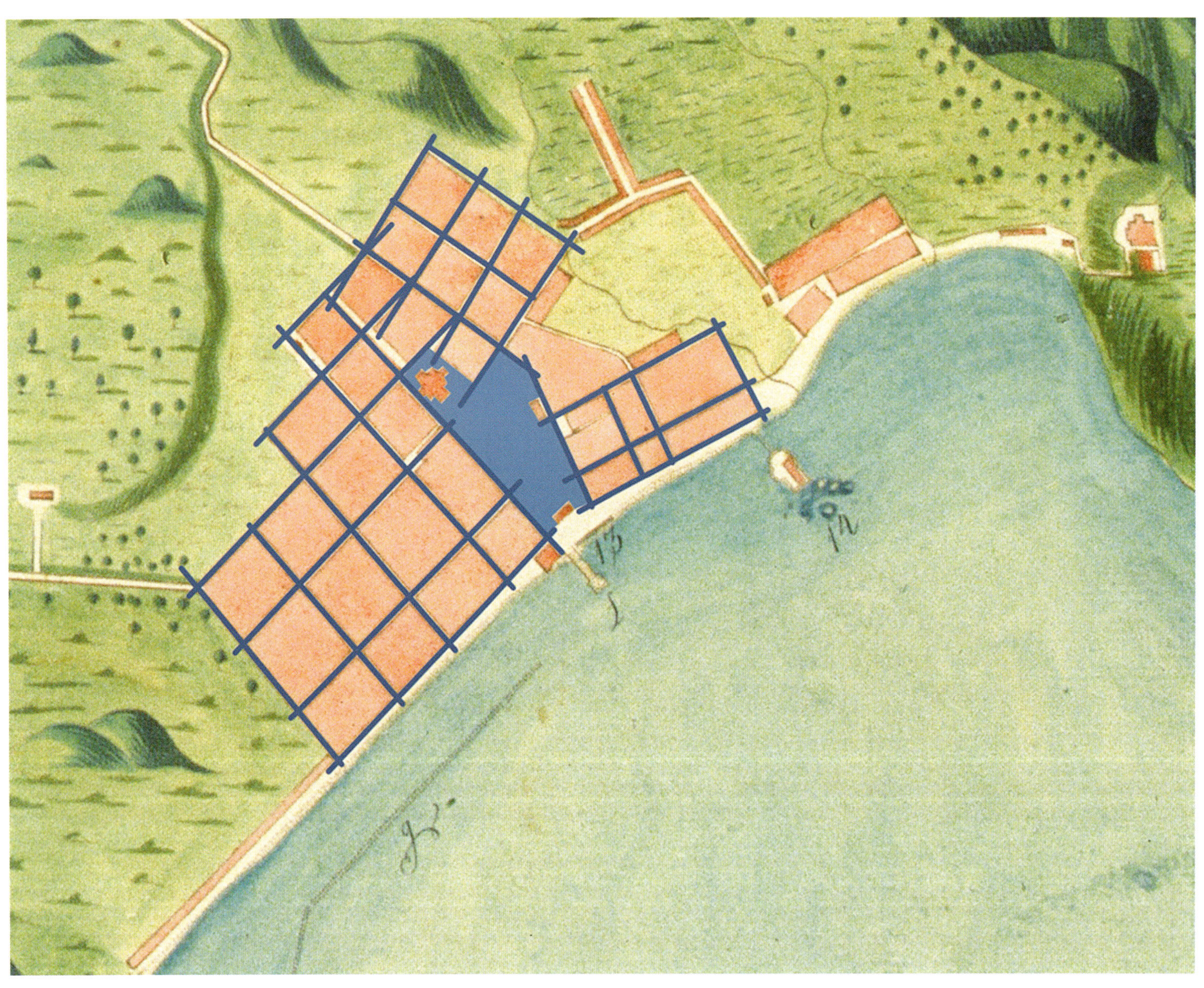

Nossa Senhora do Desterro, atual Florianópolis, Brasil.
Praça desenvolvida no encontro de malhas urbanas.

de certo tempo se estruturavam como praças urbanas.

Exemplos de praças que se originaram a partir da lógica do traçado são, no caso das cidades marítimas ou ribeirinhas, as praças que se desenvolveram de frente para a água. Elas resultavam normalmente do cruzamento da primeira via longitudinal traçada ao longo da costa com uma das principais vias transversais. Foi nessas praças que, ao longo do tempo, foram se concentrando edifícios e funções centrais, em articulação com os quais as praças se estruturaram formalmente, adquirindo, em muitos casos, o estatuto de praças principais da cidade. Quando passaram a predominar os traçados urbanos ortogonais, as praças localizadas centralmente, que se assumem como elementos estruturadores do traçados, eram também justificadas pela lógica formal do plano.

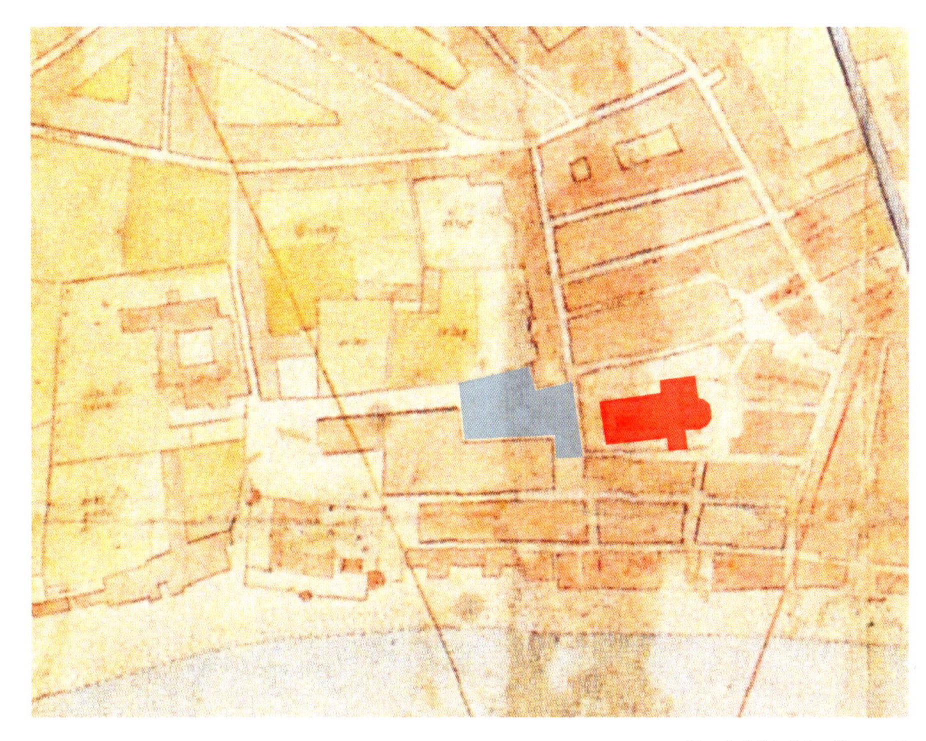

Funchal, Madeira, Portugal.
A praça nova construída em finais do século XV.

A exploração de relações do traçado urbano com a arquitetura frequentemente dava origem à abertura de praças associadas a edifícios singulares. Estão, nesse caso, os adros de igreja e os terreiros de conventos, que rapidamente se converteram em praças urbanas, e as praças que se construíram a partir do fim do século XV associadas à construção de novos edifícios institucionais. As praças das cidades de origem portuguesa adquirem sua plena estruturação formal, assumindo características de regularidade, quando nelas passam a se localizar os principais edifícios institucionais, substituindo os antigos lugares topograficamente dominantes como locais do poder. Um período crucial no processo de estruturação e ordenamento das praças urbanas inicia-se no final do século XV, correspondendo à modernização da vida urbana e à reforma das instituições iniciadas por D. Afonso V e prosseguidas por D. João II e D. Manuel I. Muitas dessas intervenções traduziam-se na reestruturação de espaços urbanos existentes, por meio da criação de praças urbanas.

A primeira dessas novas praças urbanas foi construída no Funchal no final do século XV pelo donatário – futuro rei D. Manuel I – que ali estabeleceu o programa de modernização urbanística que posteriormente aplicaria em várias cidades do Reino. Não foi por acaso que tenha sido D. Manuel, que levou a cabo uma profunda reforma dos espaços urbanos portugueses, em que a praça passou a ter papel determinante, quem tenha ido residir na parte baixa da cidade, na Ribeira, a qual, a partir daí passou a ter a designação de Terreiro do Paço. Foi a partir dessa legitimação real que a praça passou a ter significado na cultura portuguesa, sendo nesses espaços que passaram a se localizar as principais funções e os principais edifícios da cidade. Os locais dominantes são agora definidos dentro da própria lógica dos traçados e, em consequência disso, a relação da praça com a

Lisboa, Portugal.
Terreiro do Paço. A mudança da residência real para a cidade baixa.

malha urbana será alterada radicalmente no século XVI. A praça consolida sua importância funcional e simbólica e passa a ser um elemento central na morfologia e no ordenamento da cidade, tornando-se em breve o próprio elemento gerador da malha urbana.

As novas praças quinhentistas eram praças formalmente estruturadas e com características de regularidade, ainda que, muitas vezes, sem um total rigor geométrico. Sua construção verificava-se, na maioria das vezes, em núcleos urbanos já consolidados, segundo dois processos distintos. Em alguns casos, as praças resultavam de espaços já existentes e sua reestruturação era polarizada por importantes edifícios que ali se vinham implantar. Como exemplo, pode-se citar a praça da República em Viana do Castelo, inicialmente um terreiro extramuros medieval, que foi reestruturada no século XVI, tornando-se a principal praça da cidade. Muitas dessas praças quinhentistas correspondem à conclusão de um longo processo de transformação funcional e formal e, apesar da intenção de regularidade que lhes estava subjacente, vão manter em seus espaços a memória das formas frequentemente irregulares que lhes haviam dado origem. Em outros casos, as praças eram construídas no interior de malhas urbanas consolidadas, mediante a expropriação e a demolição de partes do tecido urbano existente. Como exemplo, temos a praça da República em Beja. Esses processos correspondiam a ações deliberadas de

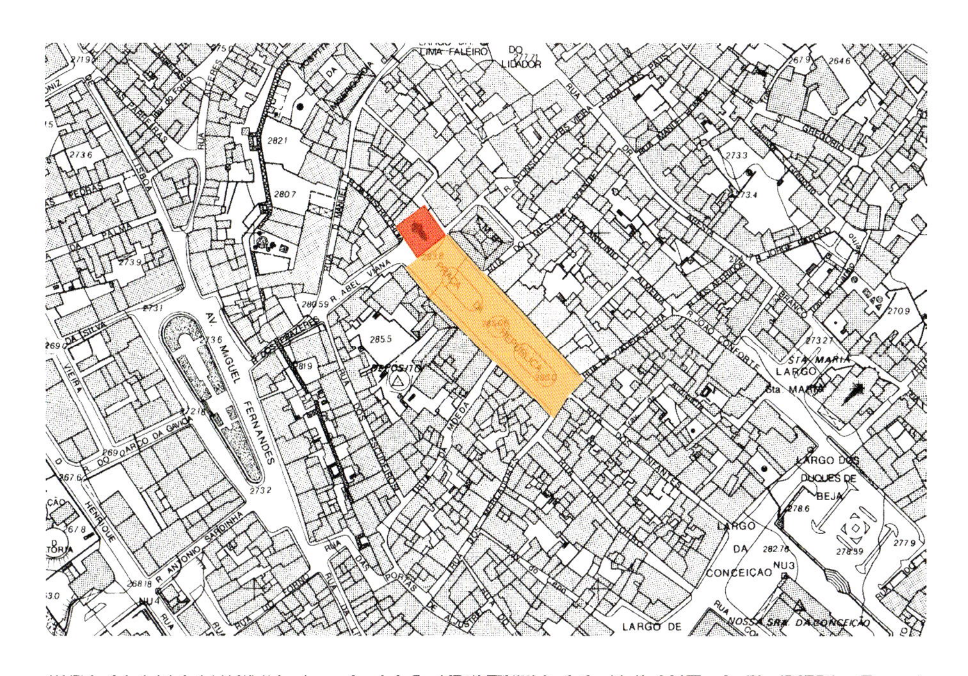

Beja, Portugal.

Elvas, Portugal.

Praças quinhentistas construídas no tecido urbano consolidado.

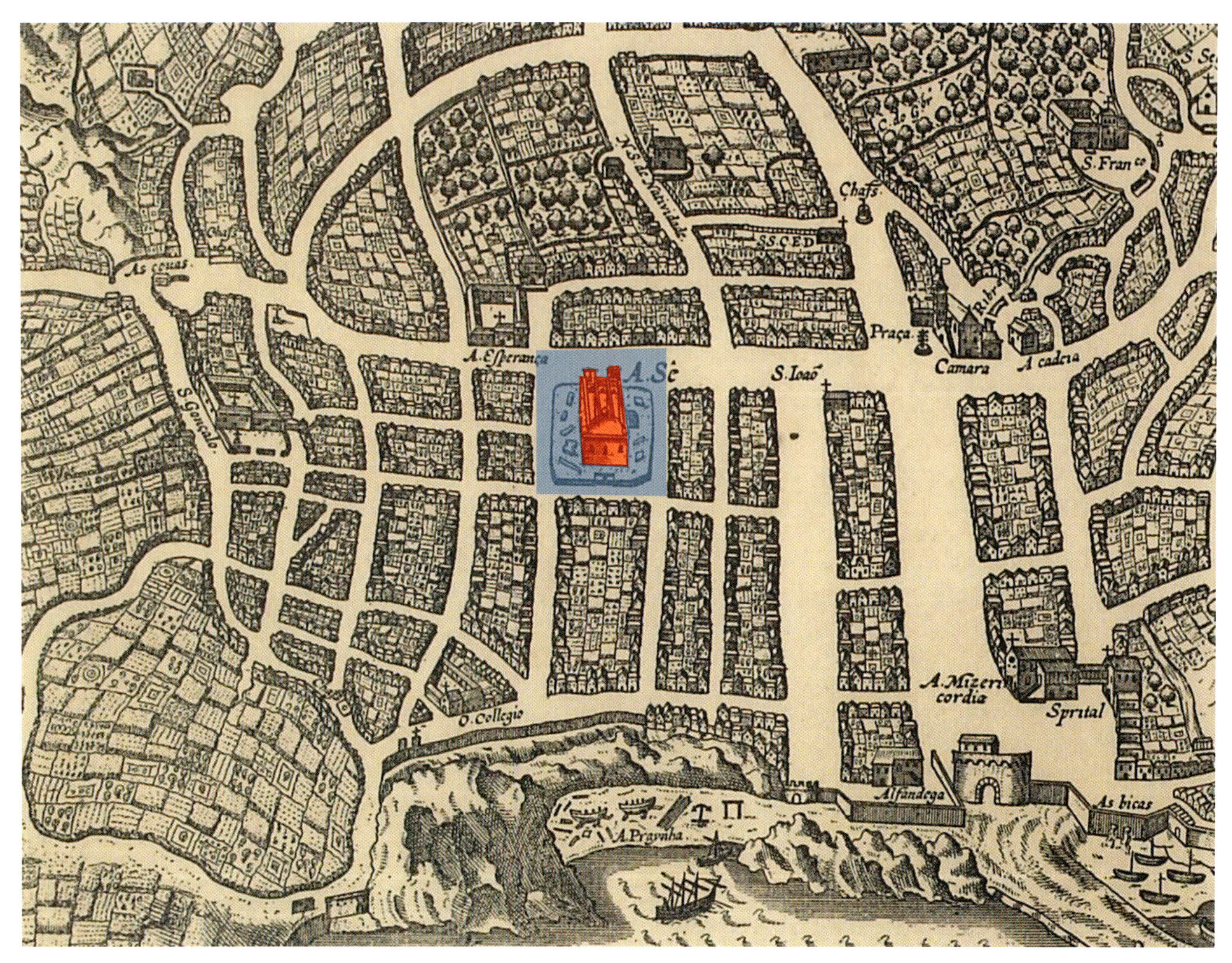

Angra do Heroísmo, Açores, Portugal.
Praça regular inserida em nova malha urbana planejada.

renovação e de modernização urbana, com o objetivo de construir nessas cidades novos espaços urbanos com características morfológicas regulares.

Em ambas as situações, a construção das praças novas estava associada à edificação de novos equipamentos civis e religiosos, em um programa coordenado de equipamento e modernização arquitetônica, de ordenamento e de embelezamento urbano. Casas de câmara, misericórdias e igrejas matriz passaram a constituir as principais referências desses novos espaços urbanos. Todas as praças tinham pelo menos um, por vezes dois, desses equipamentos. Tais transformações urbanas já eram expressão dos novos ideiais renascentistas.

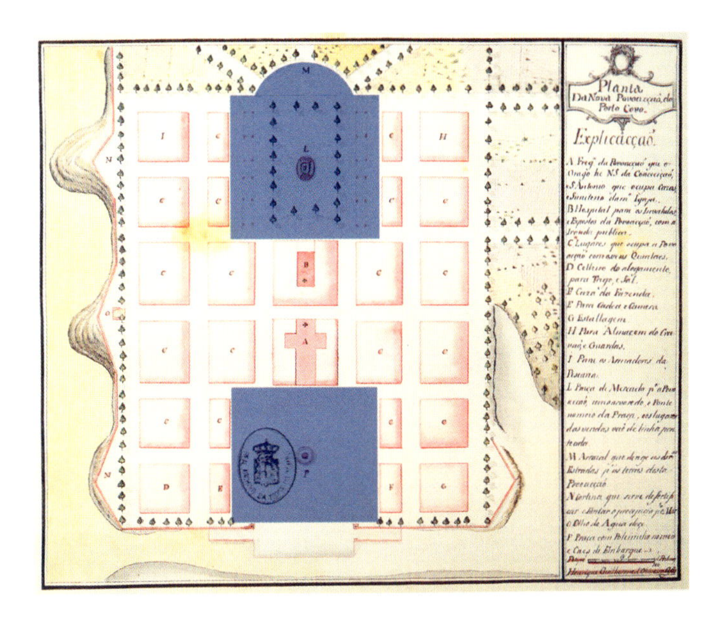

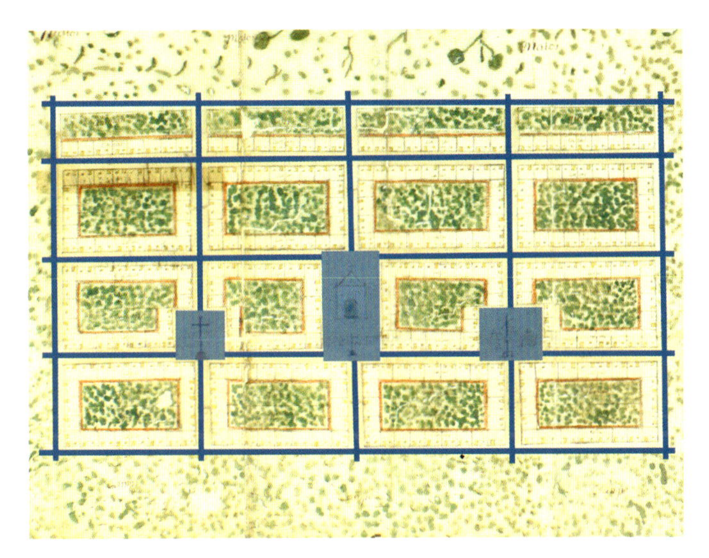

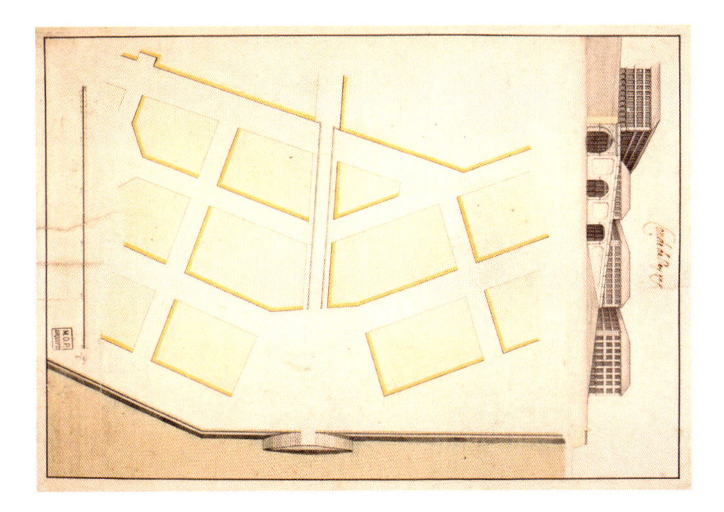

(no alto) Porto Côvo, Portugal.
Praças regulares inseridas em nova malha urbana planejada do século XVIII.
(no centro) Portalegre, Brasil.
Sistema de praças geradoras do traçado das ruas e da estrutura dos quarteirões.
(embaixo) Lisboa, Portugal, Cais do Sodré.
A praça como elemento estruturador do traçado pombalino.

As praças, lugares nobres por excelência na moderna concepção do espaço urbano, justificavam e exigiam a localização daquele tipo de edifícios públicos.

No século XVI encontramos as primeiras praças urbanas regulares, construídas de raiz, inseridas em novas malhas urbanas planejadas. Tratava-se de espaços de origem religiosa, associados a igrejas e a conventos que, a par de sua função religiosa, logo foram apropriados para outras funções urbanas. Muitos desses espaços obedeciam a prescrições rigorosas quanto à sua localização, orientação e forma, pelo que ficaram marcados formalmente pela função religiosa que lhes deu origem. Exemplos desse tipo de espaços são a praça da Sé, na cidade de Angra, nos Açores, ou o Terreiro de Jesus e o Terreiro de São Francisco, em Salvador, no Brasil.

Esse processo de estruturação de praças modernas, e o rigor geométrico que lhes estava subjacente, irá consolidar-se ao longo dos séculos XVII e XVIII, ao mesmo tempo que se observa uma afirmação cada vez maior da regularidade dos traçados. No século XVII observam-se os primeiros exemplos de praças geradoras de traçados urbanos. A cidade construía-se de raiz, de acordo com um plano predefinido em que os principais elementos estruturantes não eram já a

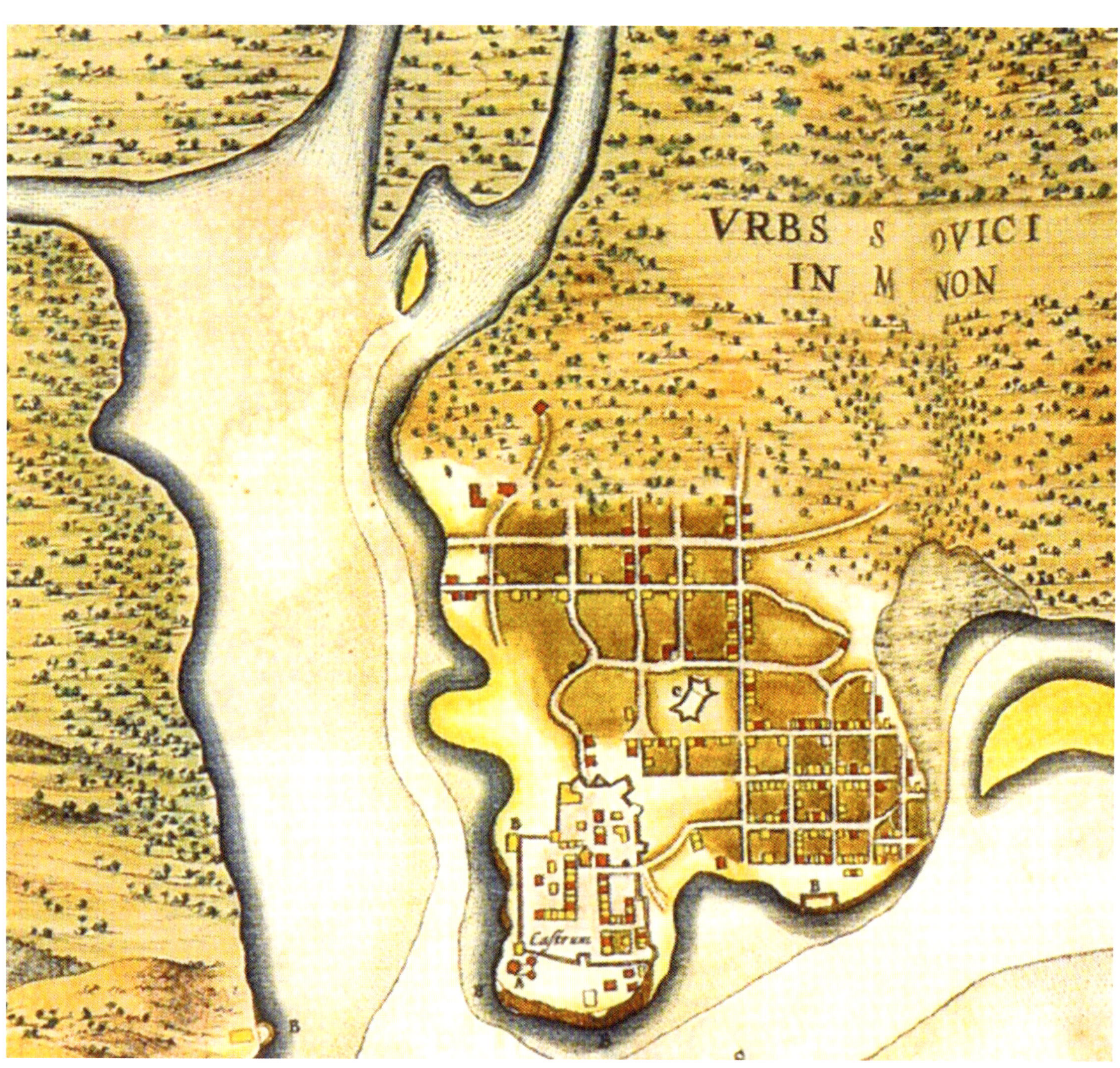

São Luís do Maranhão, Brasil.
A praça seiscentista, geradora do traçado urbano.

topografia do terreno ou a localização privilegiada de edifícios notáveis, mas uma praça regular, localizada centralmente, a partir da qual se estruturava a malha urbana, segundo uma matriz ortogonal, como em São Luís do Maranhão.

No século XVIII, a praça regular, de forma quadrada ou retangular, centrada na malha urbana e tendo muitas vezes o papel de elemento gerador de todo o traçado, tornou-se o modelo dominante. Os lados das praças definiam as direções a partir das quais, através de sucessivas paralelas e perpendiculares, estruturava-se uma malha ortogonal em que se inseriam o traçado das ruas e a estrutura dos quarteirões. Muitas das vilas e cidades construídas nesse período tinham mais de uma praça, cada uma destinada a funções distintas, afirmando a continuidade da tradição das praças múltiplas nas cidades portuguesas. Esse século corresponde ao culminar do processo de crescente racionalidade e regularidade dos traçados urbanos portugueses. A praça torna-se um elemento fundamental de qualquer novo traçado urbano, sendo pensada de raiz como o centro da cidade, em termos simbólicos, funcionais e formais.

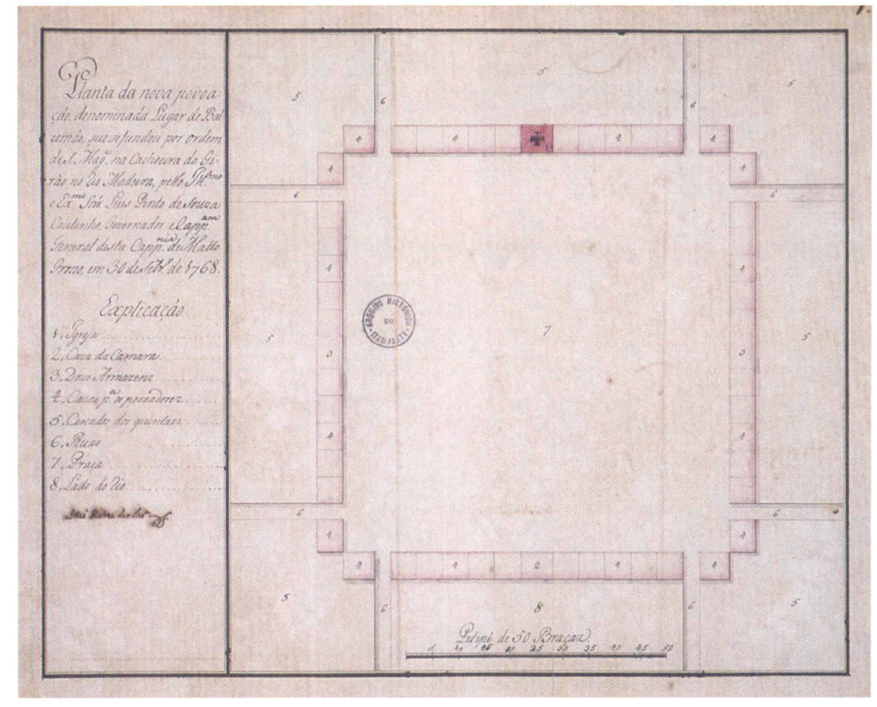

Lisboa, Portugal.
Terreiro do Paço, a praça real virada ao rio, elemento fulcral da nova malha urbana pombalina.

Balcemão, Brasil.
A praça setecentista, geradora do traçado.

Tomar, Portugal.
A praça nova quinhentista com a igreja matriz.

Viana do Castelo, Portugal.
A praça quinhentista, estruturada a partir de antigo terreiro medieval.

Lisboa, Portugal.
A praça regular inserida na malha pombalina.

Lisboa, Portugal.
Terreiro do Paço, a praça real setecentista.

8

Os processos de planejamento e de construção da cidade portuguesa

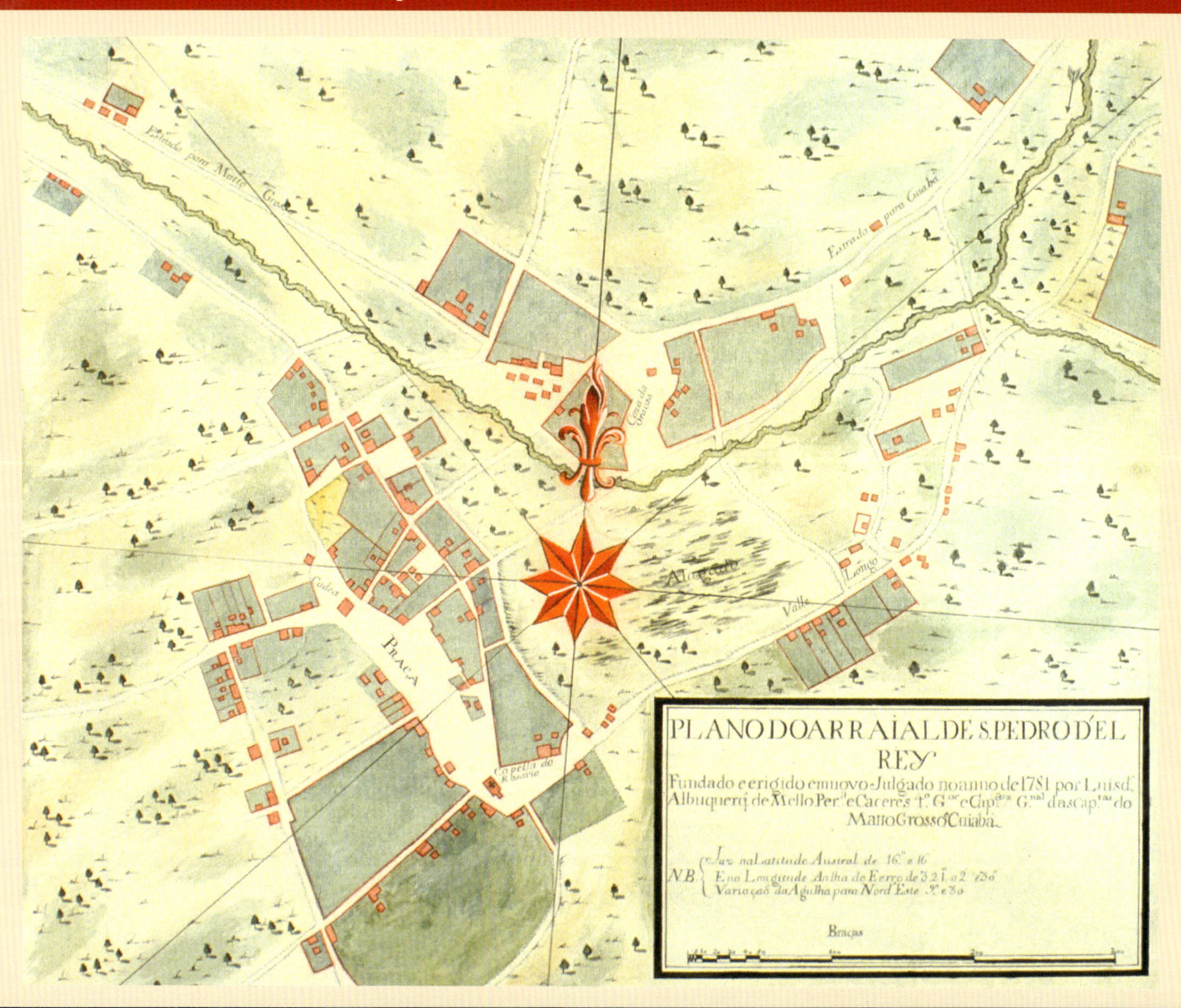

São Pedro del Rey, Brasil.

O modo como a cidade de origem portuguesa era concebida e construída e seus processos de crescimento estão entre suas características mais importantes, que a distinguem das cidades de outras culturas. É no próprio processo de planejamento e de construção da cidade portuguesa que é feita a síntese de diferentes modelos de cidade e se estabelece a íntima relação dos traçados urbanos com o território.

A maior parte das cidades estrutura-se de acordo com dois modelos alternativos, correspondendo a diferentes processos de planejamento e de construção. O primeiro desses modelos corresponde às cidades que se constroem gradualmente, sem um plano global predefinido, e que são geralmente designadas como não planejadas, orgânicas ou vernaculares. O segundo modelo corresponde às cidades que se constroem a partir de um plano predefinido, que é subsequentemente

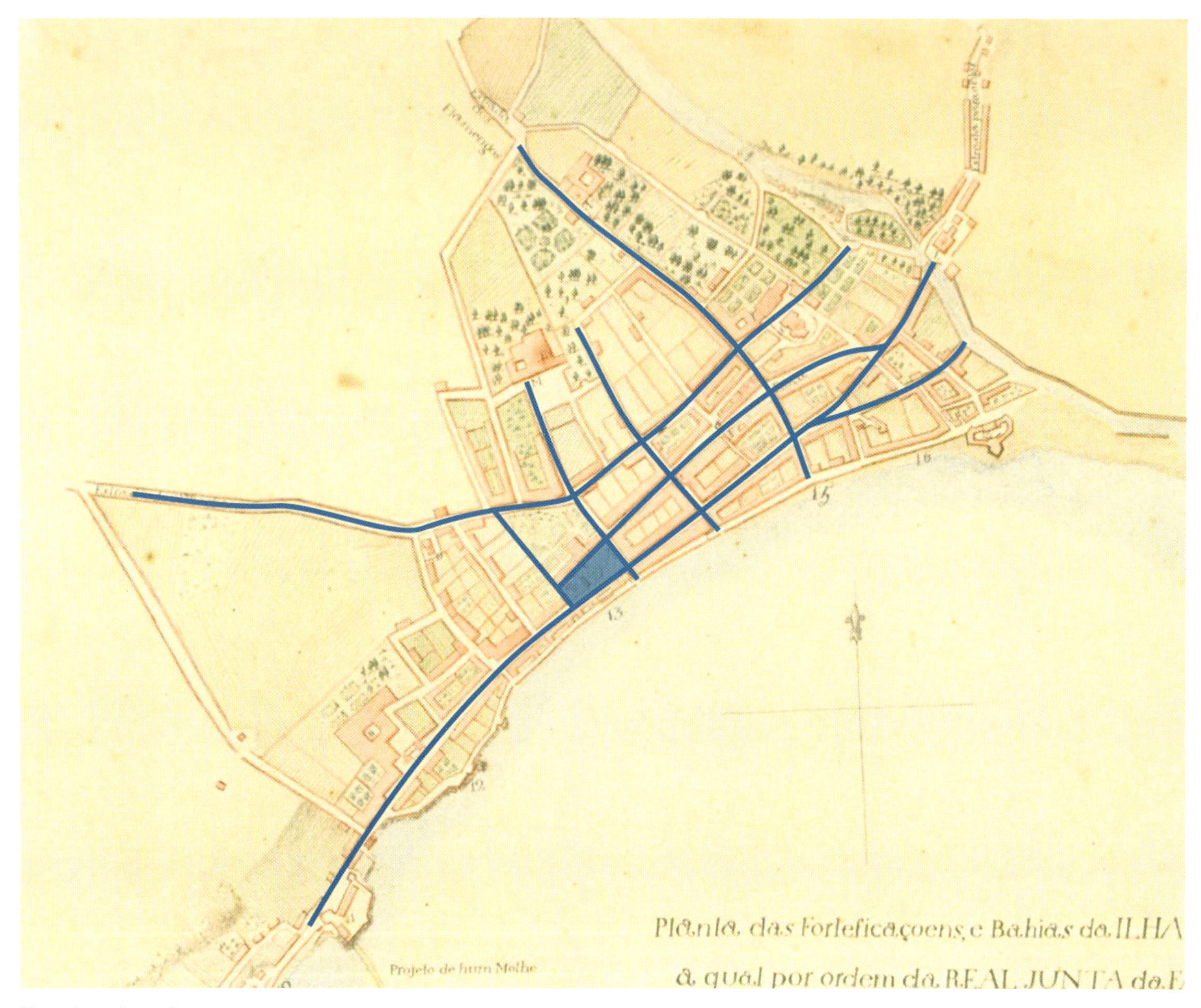

Horta, Açores, Portugal.
O crescimento urbano gradual, sem um plano global predefinido.

implantado no sítio, e que são normalmente designadas como planejadas. Em diferentes momentos, as cidades constroem-se segundo um ou outro desses modelos, conforme os contextos culturais e as relações de poder entre os atores sociais envolvidos em cada uma de suas sucessivas fases de construção. As malhas urbanas que compõem a cidade, e que se vão articulando ao longo do tempo, refletem em suas morfologias os diferentes processos de crescimento.

Na cidade de origem portuguesa, o primeiro desses modelos geralmente corresponde às primeiras fases de desenvolvimento urbano, feita sem o apoio de técnicos especializados. Os principais agentes de construção da cidade eram os próprios habitantes, e a estrutura urbana ajustava-se de perto à estrutura natural do território. Sem um plano ordenador, eram os edifícios notáveis e as casas, implantadas segundo critérios que tinham a ver principalmente com

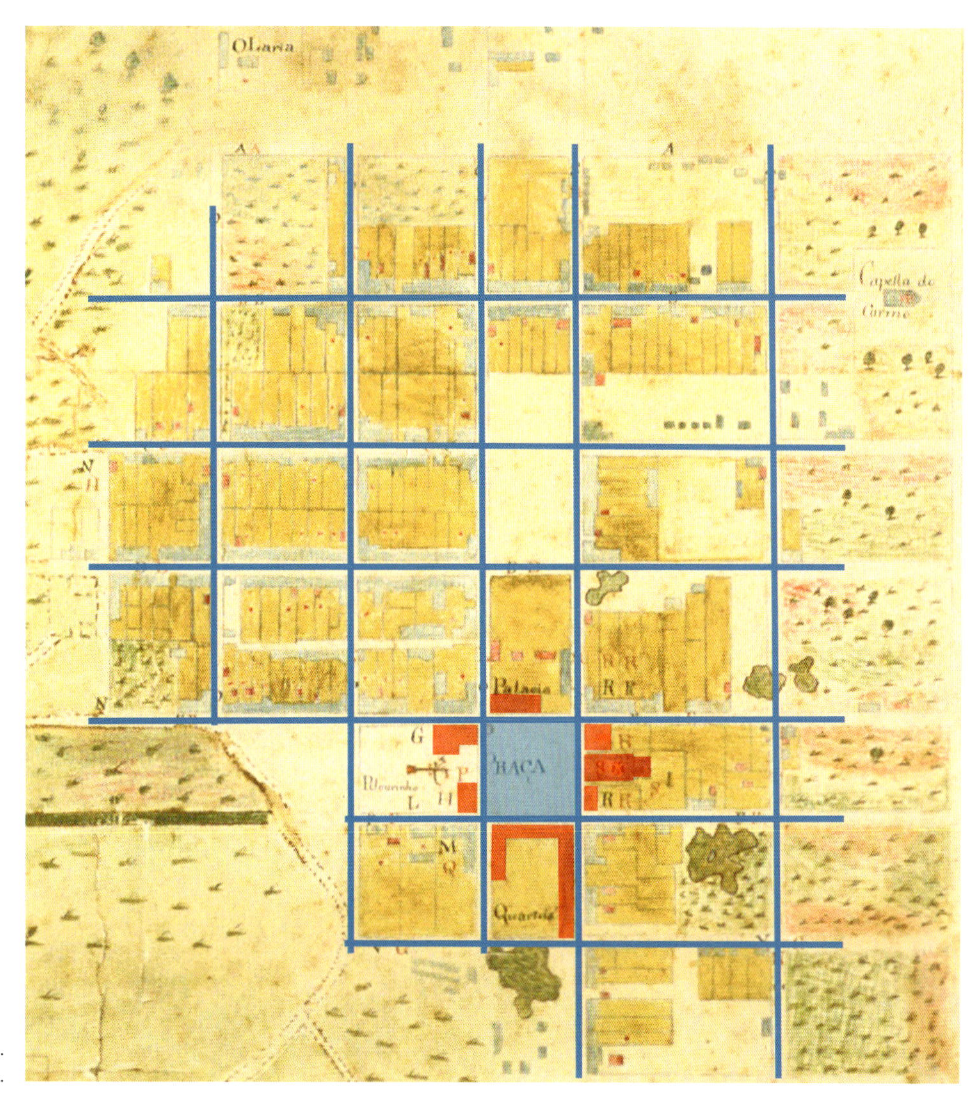

Vila Bela, Brasil.
O crescimento urbano através de uma regra predefinida.

lógicas territoriais, que aos poucos iam definindo as ruas e as praças.

O segundo modelo corresponde às cidades, ou às fases do desenvolvimento urbano, em que havia a participação de arquitetos ou engenheiros no desenho da cidade. A construção do espaço urbano partia de um plano, concebido geralmente segundo princípios geométricos, que se traduzia em um traçado regular. O plano definia os locais singulares, o traçado das ruas, o desenho das praças e dos quarteirões, a estrutura do loteamento e, por vezes, a arquitetura dos edifícios. Os espaços urbanos eram definidos na partida, e quer os edifícios singulares quer o tecido habitacional se implantavam de acordo com o plano.

Também podemos considerar um terceiro modelo de construção de cidade, o qual corresponde a muitas fases de desenvolvimento da cidade portuguesa e que é a síntese dos dois anteriores. Falamos das cidades que resultavam da adoção de um plano predefinido, mas que era subsequentemente alterado, seja em resultado de sua adaptação ao terreno e a outras preexistências, seja em resultado da ação dos indivíduos e das forças sociais que efetivamente realizavam o desenvolvimento urbano. Essas fundações urbanas iniciavam-se com um plano, mas o verdadeiro traçado era

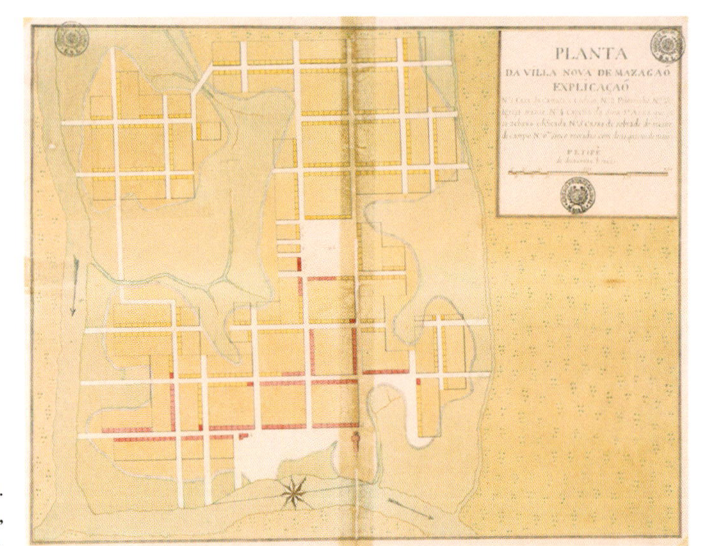

Mazagão, Brasil.
O plano de Sambucetti,
de 1770.

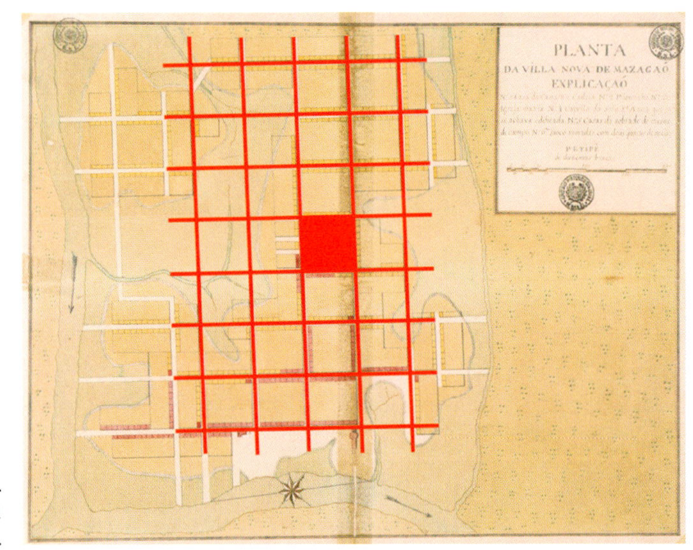

Mazagão, Brasil.
A malha conceitual
da cidade.

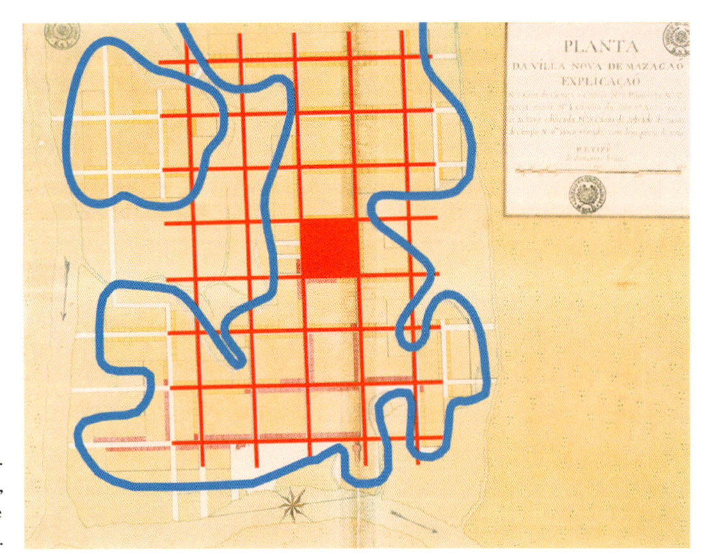

Mazagão, Brasil.
A implantação da cidade,
adaptada ao recorte
do sistema fluvial.

executado no sítio. O plano ideal, com uma base geométrica, era deliberadamente subvertido de forma a moldar-se quer às características naturais do território em que se implantava, quer às preexistências construídas em relação às quais se considerava importante fazer seu ajustamento, valorizando vistas, perspectivas, elementos arquitetônicos de referência. Sua geometria tornava-se menos rígida, por vezes quase se apagando.

A cidade portuguesa procurava sempre responder à realidade material em que se construía, não se limitando a reproduzir modelos abstratos. Mesmo quando se estruturava a partir de modelos racionais, traduzidos em estruturas geométricas, procurava adaptar-se às particularidades do sítio. Antigos caminhos rurais eram incorporados ao plano, as ruas ajustavam-se à curvatura da baía ou à topografia do terreno para facilitar os percursos, outras ruas orientavam-se para edifícios notáveis explorando sua perspectiva ou, inversamente, a implantação de edifícios sofria ajustamentos para melhor se oferecerem visualmente. Nesse processo, os elementos estruturantes e as hierarquias definidas na malha geométrica articulavam-se com a estrutura e as hierarquias do território, traduzindo-se no vocabulário, nos elementos estruturantes e nas hierarquias da malha urbana implantada no sítio.

Nas sucessivas fases de concepção, desenho, implantação e construção, o plano ia sendo alterado para se ajustar às diferentes necessidades e percepções da realidade em cada momento, bem como às mutações físicas, econômicas, sociais, culturais ou técnicas que ocorriam no decorrer do processo. Se nas primeiras fases de desenho e implantação as alterações eram da responsabilidade dos autores do plano ou de outros técnicos, na fase de construção eram os próprios promotores ou seus utilizadores que, muitas vezes, alteravam e subvertiam os planos para os ajustar às suas necessidades.

Esse foi o processo mais comum de estruturação das cidades de origem portuguesa, seja na metrópole seja nos territórios ultramarinos, em que o verdadeiro ato de projetar se realizava no confronto com o sítio. Esse modo de planejar e de implantar a cidade, que sintetizava o rigor do traçado com o respeito pelo sítio e pelas preexistências, era o resultado de uma prática de arquitetura e de urbanismo continuada ao longo de séculos e que, em muitas situações, tinha que lidar com a escassez de recursos, a dificuldade de obter mão de obra especializada, a desadequação dos materiais disponíveis e a necessidade de adaptação às condições ambientais locais.

Ao longo da história, a componente do urbanismo português que se baseava na compreensão do território nunca foi rejeitada, mas antes assimilada pelos profissionais, que foram capazes de fazer a síntese do saber teórico e da prática urbanística. Tal procedimento institucionalizou-se nos processos de planejamento e de construção da

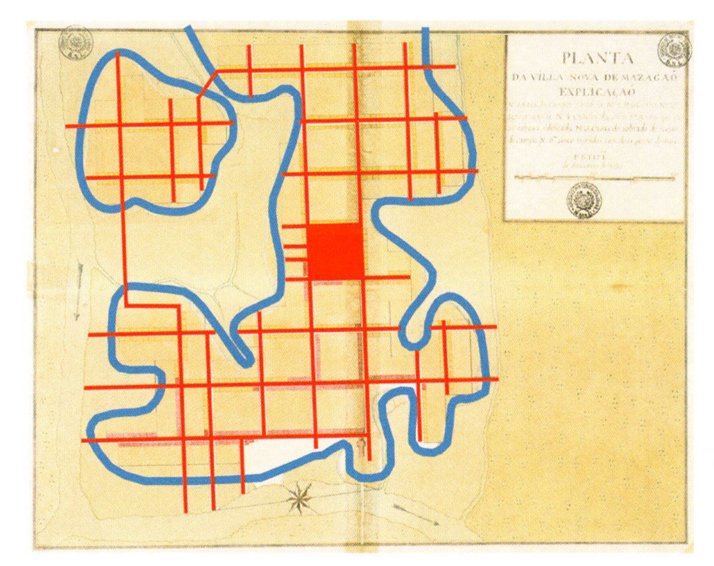

Mazagão, Brasil.
A estruturação de uma malha mais densa no terreno livre das cheias.

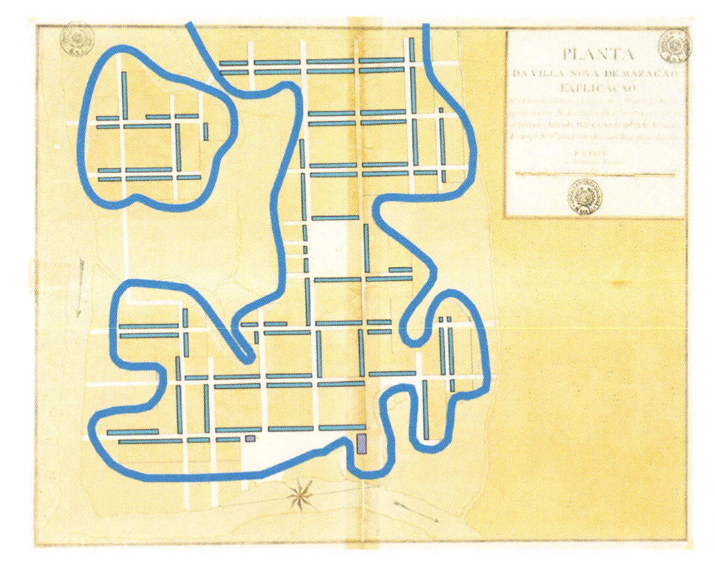

Mazagão, Brasil.
A orientação das frentes de construção definindo hierarquias.

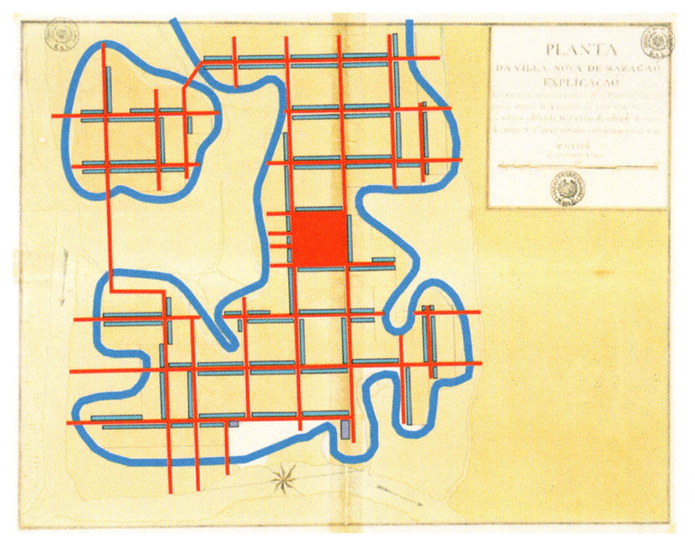

Mazagão, Brasil.
A estrutura da cidade moldada às particularidades do sítio.

cidade e acabou por ser incorporado no próprio pensamento teórico sobre a cidade e nos textos de referência da arquitetura e da engenharia militar portuguesa. A distinção entre cidade planejada e cidade não planejada, se já era naturalmente erodida pela prática de construção da cidade, era agora ainda mais difícil de distinguir, porque a própria teoria do planejamento incorporava os processos de concepção da cidade informal.

Dois engenheiros-mores do reino abordaram essa questão. Segundo Luís Serrão Pimentel, engenheiro-mor de 1663 a 1678, em sua obra *Methodo Lusitanico de Desenhar as Fortificações das Praças Regulares e Irregulares*, publicada em 1680:

> o Engenheiro deve proceder com juizo, & boa consideraçaõ, tomando as medidas, & tirãdo a Planta, para que no papel veja primeiro como hem um espelho a representação de toda a obra

e mais a seguir:

> antes que se risque esta no terreno; onde outra vez se deve considerar tudo com mais particular attenção, melhorandole o que não parecer bem ajustado.[1]

Isso significa que Serrão Pimentel, embora reconhecendo as virtudes da execução de um desenho prévio, considerava que a prova final da adequação e da viabilidade de um plano deveria ser feita no sítio, no confronto com a realidade. Embora existisse um plano inicial, o projeto final resultava de seu ajustamento ao terreno.

Um século mais tarde, Manuel da Maia, engenheiro-mor de 1754 a 1769, vai ainda mais longe, em sua *Dissertação sobre a Renovação da Cidade de Lisboa*, de 1755-56. Segundo ele,

> p.ª esta innovação de ruas he mais proprio o balizam.to e demarcação sobre o terreno q. Se deve seguir a planta p.ª memoria, doq. fazer pr.º a planta ideada p.ª a demarcação do terreno.[2]

Isto é, Manuel da Maia, além de considerar que o verdadeiro ato de projetar se realizava no confronto com o terreno, advogava que nem sequer haveria necessidade de um plano inicial, fazendo-se a implantação diretamente no terreno, a que se seguiria o levantamento daquilo que efetivamente tivesse sido executado.

O urbanismo português articulou sempre uma vertente erudita e uma vertente vernácula, construindo-se em sua síntese: de um lado, a teoria, o plano idealizado e o desenho; do outro, a experiência prática, o confronto com a realidade, a demarcação no terreno. A síntese parte de duas premissas: por um lado, a aceitação de que ambas as componentes são fundamentais para um bom desenho da cidade; por outro, a disponibilidade dos autores do plano para aceitar seu ajustamento. A síntese

1. Pimentel, *Methodo lusitanico de desenhar as fortificaçoens das praças regulares e irregulares, fortes e campanha e outras obras pertencentes a arquitectura militar*, p.321, 329.

2. Maya, *1ª Dissertação sobre a renovação da cidade de Lisboa por Manoel da Maya, engenhr.º mor do R.no.* In: Ayres, *Manuel da Maya e os engenheiros militares portugueses no terremoto de 1755*. p.39.

dos dois modos, aparentemente contraditórios, de conceber e construir o espaço urbano está na base das características morfológicas das cidades de origem portuguesa.

Após sua implantação inicial, a expansão da cidade podia acontecer de duas formas: por meio da construção de malhas sucessivas que iam sendo adicionadas ao tecido urbano existente ou segundo uma lógica e uma regra de crescimento definidas no próprio plano. O primeiro, era o processo habitual de crescimento da cidade portuguesa, em que sucessivas áreas urbanas construídas em épocas distintas, correspondendo a diferentes concepções de cidade e assumindo diferentes morfologias, iam se agregando à cidade já existente. Cada um dos bairros constituía uma unidade de crescimento, com características próprias que o distinguiam dos outros. Em Lisboa, é fácil percebermos as sucessivas malhas que compõem a cidade. O Bairro Alto ou a Baixa surgem-nos claramente identificados no plano da cidade como unidades distintas, com seus limites e suas características morfológicas bem marcados, correspondendo a diferentes fases de crescimento da cidade. Por vezes, são os próprios bairros que, apesar de sua identidade global, são constituídos por malhas distintas, como é caso do Bairro Alto, que evidencia em seu plano suas sucessivas fases de crescimento.

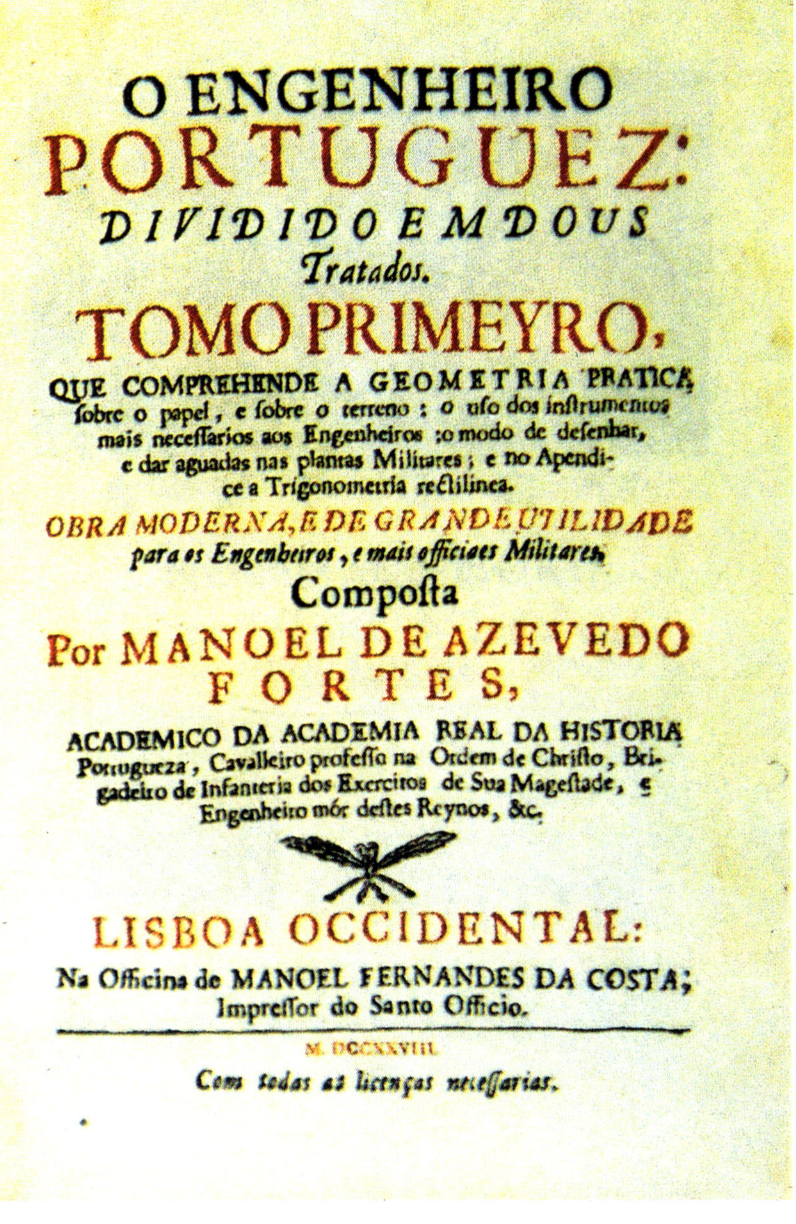

O ENGENHEIRO
PORTUGUEZ:
DIVIDIDO EM DOUS
Tratados.
TOMO PRIMEYRO,
QUE COMPREHENDE A GEOMETRIA PRATICA
sobre o papel, e sobre o terreno: o uso dos instrumentos
mais necessarios aos Engenheiros; o modo de desenhar,
e dar aguadas nas plantas Militares; e no Apendi-
ce a Trigonometria rectilinea.
OBRA MODERNA, E DE GRANDE UTILIDADE
para os Engenheiros, e mais officiaes Militares.
Composta
Por MANOEL DE AZEVEDO
FORTES,
ACADEMICO DA ACADEMIA REAL DA HISTORIA
Portugueza, Cavalleiro professo na Ordem de Christo, Bri-
gadeiro de Infanteria dos Exercitos de Sua Magestade, e
Engenheiro mór destes Reynos, &c.
LISBOA OCCIDENTAL:
Na Officina de MANOEL FERNANDES DA COSTA;
Impressor do Santo Officio.
M. DCCXXVIII.
Com todas as licenças necessarias.

O Engenheiro Português, de Manoel de Azevedo Fortes.

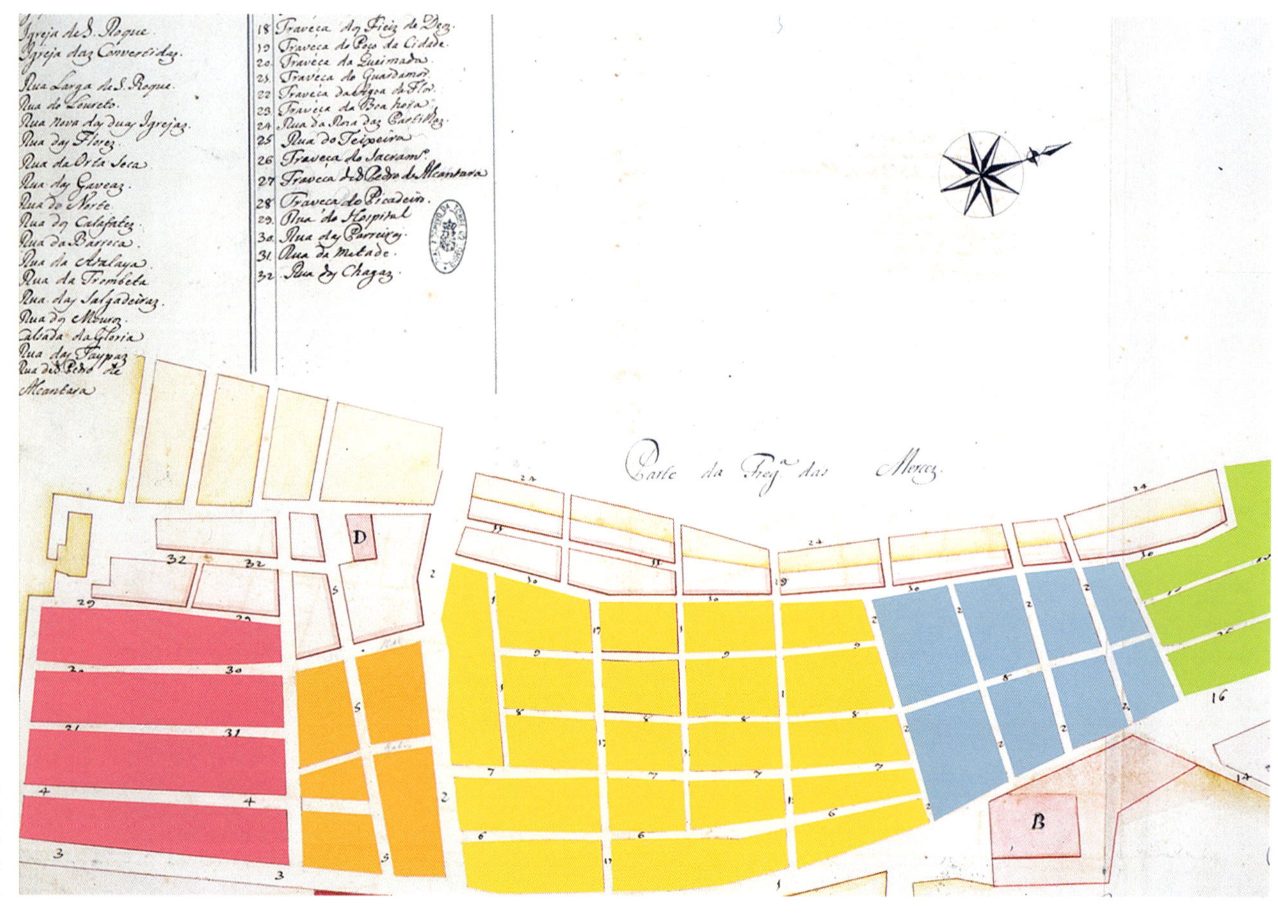

Bairro Alto, Lisboa, Portugal. As sucessivas unidades de crescimento.

O segundo processo de crescimento urbano verifica-se nas cidades portuguesas a partir do século XVIII. Pode se tomar como exemplo Vila Real de Santo António, em que o plano inicial continha em si próprio as regras do crescimento futuro da cidade. Esse crescimento seria feito por expansão da malha inicial, de acordo com as características morfológicas do núcleo inicial. Muitas cidades brasileiras setecentistas foram planejadas de acordo com esse mesmo princípio. Tais situações verificam-se apenas em cidades novas, construídas de raiz, em que a unidade morfológica do traçado era um dos princípios do plano. Na maior parte desses casos, contudo, as regras de crescimento definidas nos planos foram rapidamente subvertidas, passando a expansão da cidade a fazer-se segundo o primeiro modelo.

Os diferentes processos de crescimento, bem como a existência de traçados mais ou menos regulares, estão ligados às relações de poder na sociedade. A imposição e o respeito ao longo do tempo por uma regra de crescimento predefinida só são possíveis com a existência de um poder forte e centralizado por trás da concepção e da construção do plano. Da mesma forma, quanto mais centralizado for esse poder, mais afirmada será a regularidade do plano. Quando o poder enfraquece, ou se torna difuso, com um maior número de intervenientes no processo de desenvolvimento urbano, a cidade cresce de forma menos regulada, e cada fase de crescimento e cada intervenção tendem a afirmar-se de forma autônoma.

Praça Real
Planta Geral da Villa de Santo Antonio de Arenilha
Aquartelamento
Sociedades
Sociedade
Cadeya, Celeyro, e Caza do Governador
Praça da Fonte
Rio Guadiana

O traçado de Salvador – síntese do urbanismo português quinhentista

A cidade de Salvador, fundada em 1549, é um dos melhores exemplos da síntese de diferentes modelos que distingue o urbanismo português, ilustrando algumas de suas principais características morfológicas. Salvador constitui um paradigma da afirmação do urbanismo regular português e da adaptação dos traçados urbanos regulares à estrutura física do território.

Seu traçado apresenta afinidades morfológicas com outros traçados urbanos portugueses contemporâneos, nomeadamente a cidade de Angra, nos Açores, e o Bairro Alto em Lisboa, duas das principais intervenções urbanas em Portugal no século XVI. Ambas se inserem no movimento de renovação urbanística iniciado em Portugal no final do século XV e que consistiu na reforma e expansão de cidades existentes ou na fundação de novos núcleos urbanos.

Na cidade de Angra, tratou-se da concepção de um plano de expansão para uma parte significativa da cidade,

(na página anterior)
Salvador da Bahia, Brasil.
Planta de 1631.

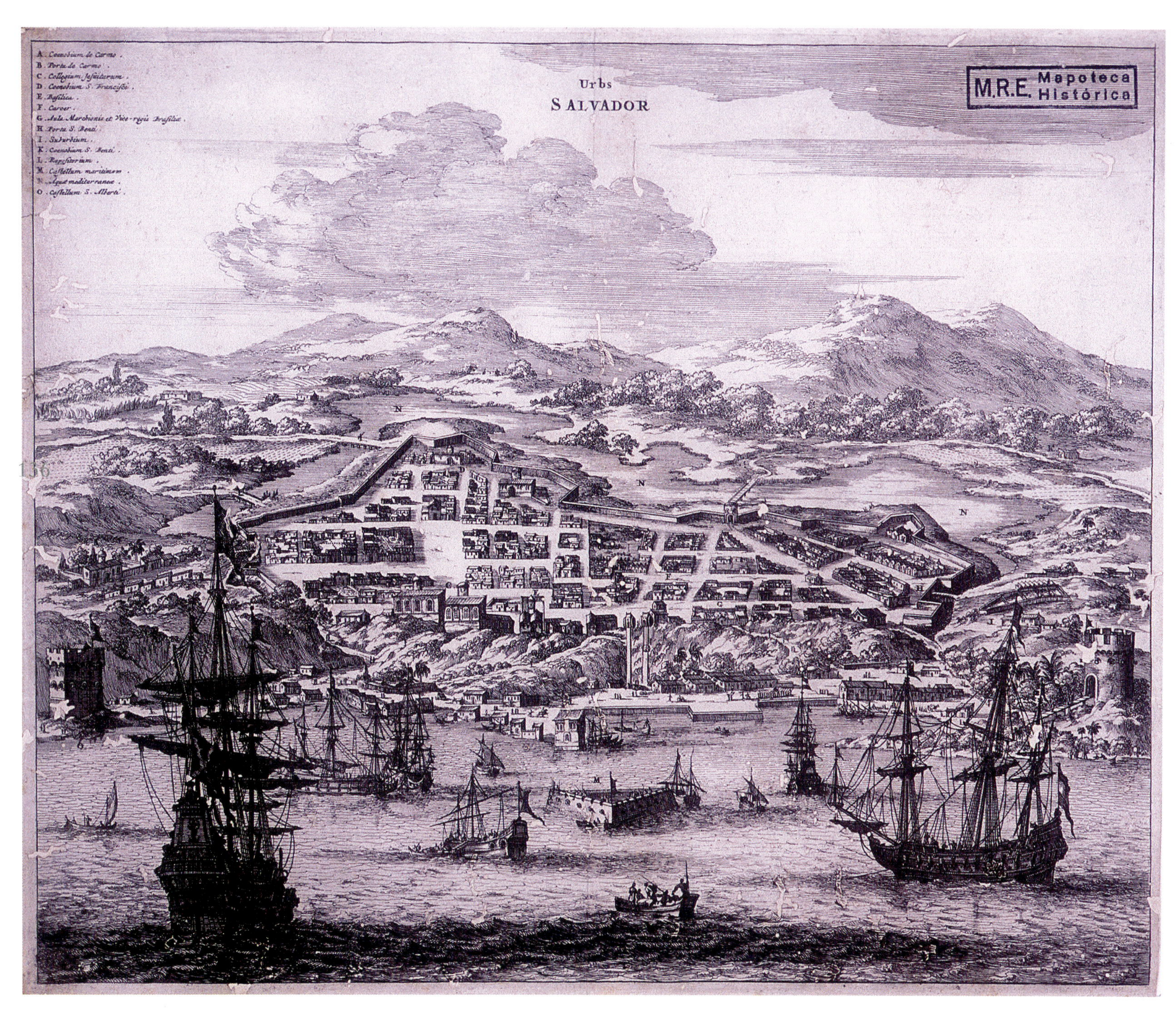

Salvador da Bahia, Brasil. Planta de 1671.

Salvador da Bahia, Brasil. Planta do século XVIII.

que iria se tornar sua zona central, articulando o novo plano com a cidade existente e definindo uma hierarquia de espaços públicos em que a praça da Sé é um de seus componentes essenciais. Sua construção começou no fim do século XV e desenvolveu-se na primeira metade do século XVI. No Bairro Alto, em Lisboa, tratou-se da construção de uma nova expansão da cidade, construída fora dos limites das antigas muralhas, e que se iniciou no princípio do século XVI e se desenvolveu ao longo dele.

Quer em Angra quer no Bairro Alto, as novas urbanizações adotaram malhas urbanas sensivelmente regulares, de base ortogonal. Embora em Angra se tratasse de uma iniciativa do poder real e no Bairro Alto de uma iniciativa privada, em ambos os casos foi adotada essa estrutura porque se revelava a forma mais lógica e mais eficiente de urbanizar um novo território, facilitando as operações de divisão do solo, de aforamento, de estabelecimento de infraestrutura e de construção. Também, os traçados regulares correspondiam aos ideais de racionalidade renascentista, o que fundamentava ainda mais a adoção da ortogonalidade.

A construção de Salvador corresponde a uma nova fase do processo de colonização do Brasil, centralizado pela Coroa. Quando Luís Dias, nomeado "mestre das obras da fortaleza e

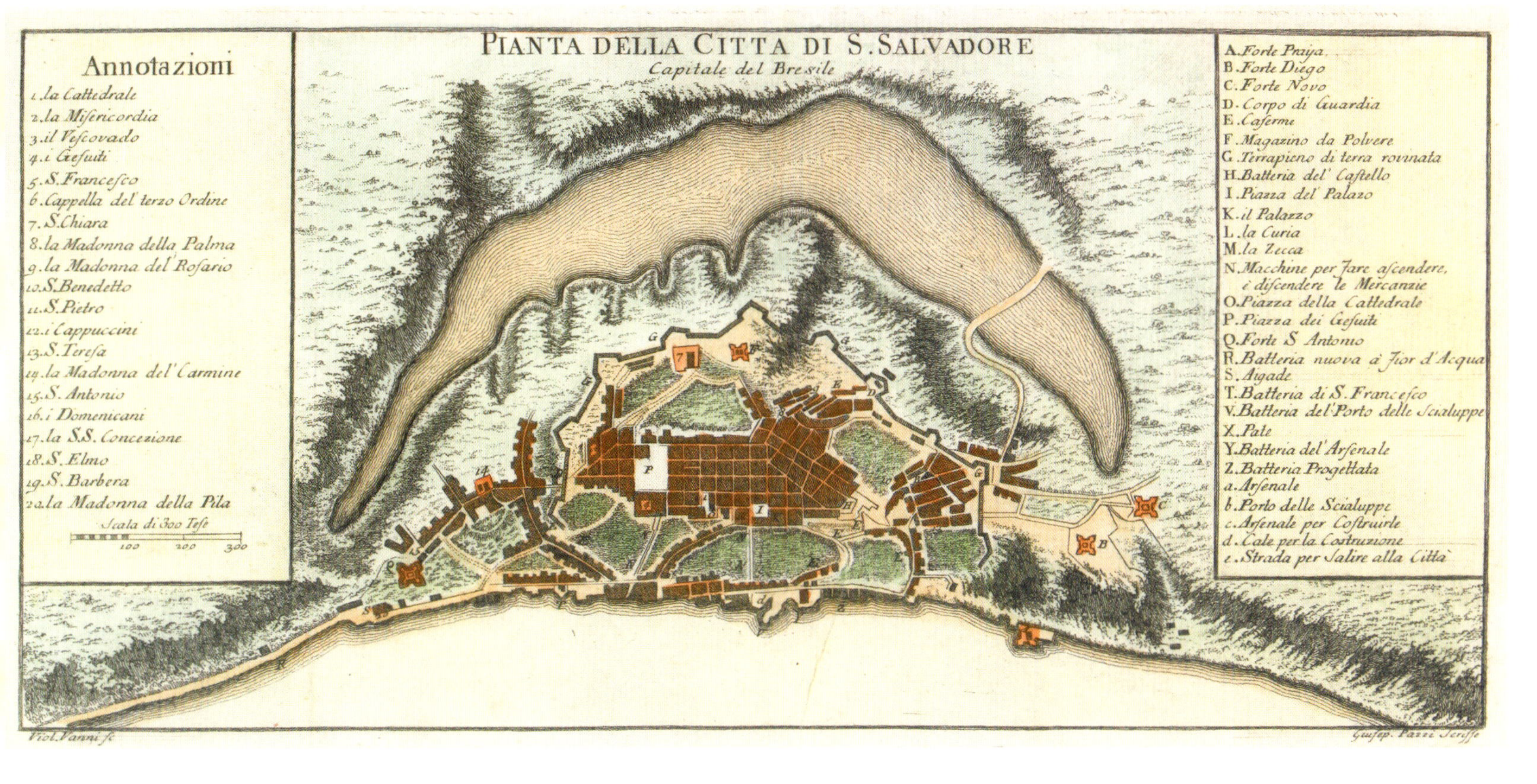

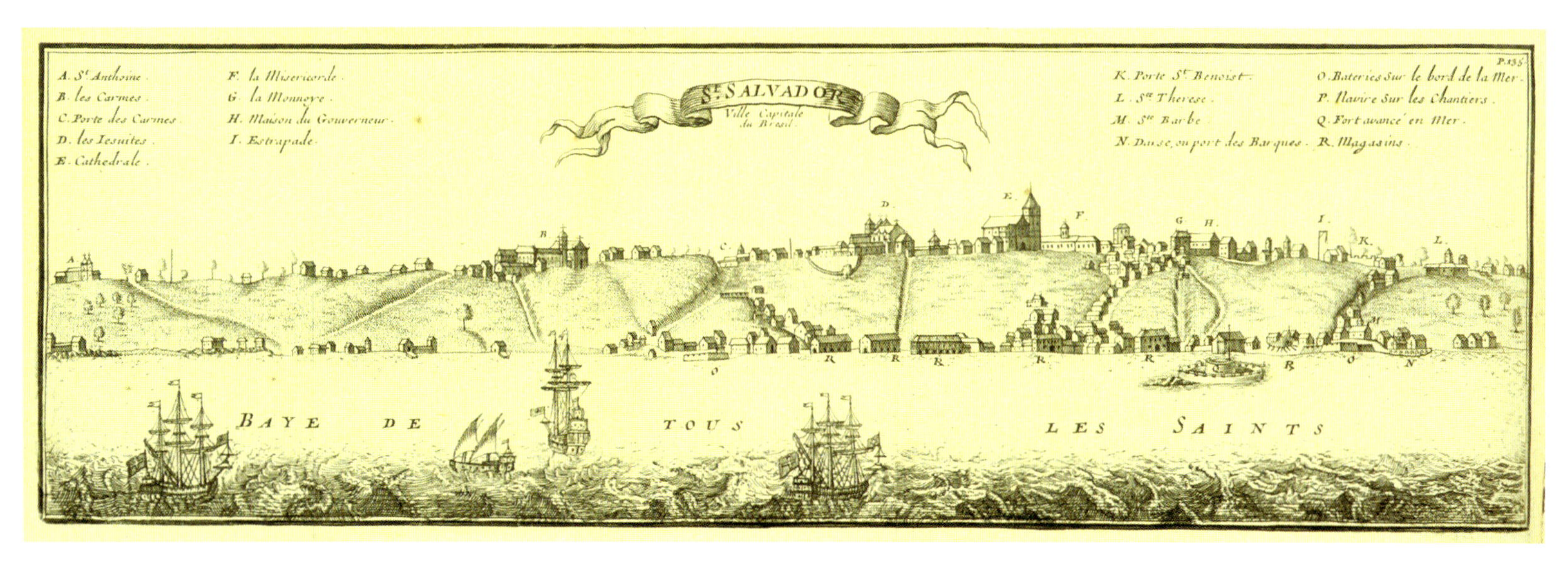

Salvador da Bahia, Brasil.
Vista de 1700.

cidade do Salvador",[1] partiu de Lisboa, em 1549, em uma armada comandada por Tomé de Souza com a incumbência de fundar a capital da colônia e sede do Governo Geral, levava consigo diretivas precisas sobre a escolha de localização e a estrutura da futura cidade. Nessas diretivas encontramos ecos dos preceitos de Vitrúvio relativos à fundação de cidades, que iremos também encontrar nas Leis das Índias espanholas, publicadas quatro décadas mais tarde.

No Regimento de D. João III, datado de 1548, estão enunciadas as condições a que a fundação da cidade devia obedecer:

> deve ser em sitio sadio e de bons ares e que tenha abastança de auguas e porto em que bem posão amarar os navios e vararem se quando cumprir porque todas estas calidades ou as mais delas que podērem ser compre que tenha a dita fortaleza e povoação por asy ter asentado que dela se favoreção e provejão todallas terras do Brasil e no sitio que vos milhor parecer ordanareis que se faça hua ffortaleza de gramdura e feição que a requerer oluguar em que a ffizerdes, conformando vos com as traças e amostras que levais praticando com os oficiais que pera isso la mando e com quaesquer outras pessoas que o bem entendão e pera esta obra vão em vosa companhia allguns oficiais asy pedreiros e carpinteiros como outros que poderão servir de ffazer cal telha tijolo.[2]

Tanto o Regimento como as "traças e amostras" aí referidas eram provavelmente da autoria de Miguel de Arruda, mestre-arquiteto e engenheiro-chefe das fortificações "do Reino, luguares dalem e Indias",[3] que havia incumbido Luís Dias da tarefa de fundar a nova cidade.

1. Santos, *Formação de cidades no Brasil Colonial.* p.80.
2. Regimento de D. João III a Tomé de Souza, citado em Simas Filho, (Org.). *Evolução física de Salvador*, v.I, p.21.
3. Viterbo, *Dicionario historico e documental dos architectos, engenheiros e construtores portugueses ou a serviço de Portugal*, v.I, p.73.

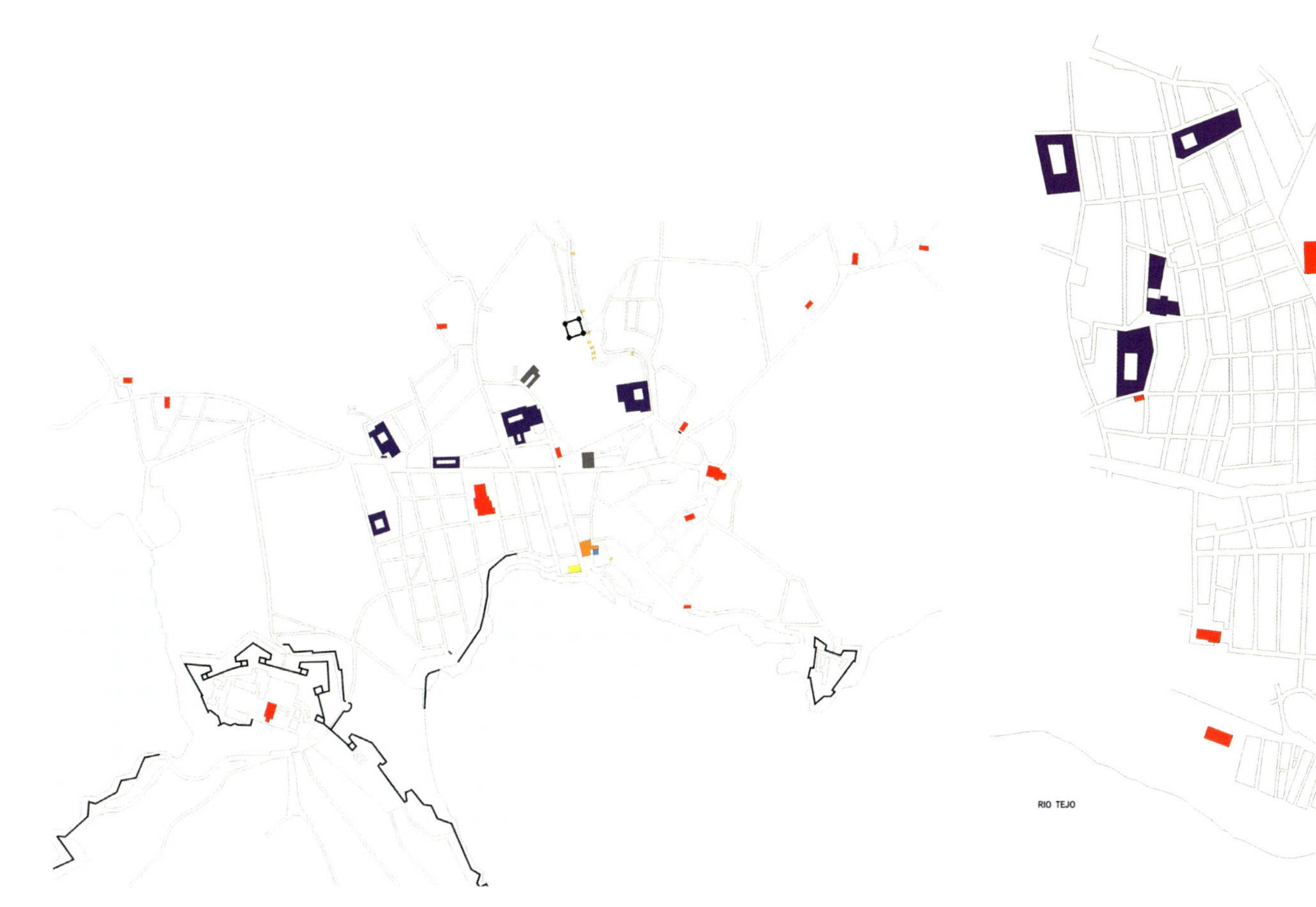

Angra do Heroísmo, Açores, Portugal.

Lisboa, Portugal.
Traçados quinhentistas.

De acordo com as características habituais das cidades portuguesas marítimas, o sítio selecionado para a construção da cidade de Salvador era uma baía abrigada, oferecendo ótimas condições de porto natural. A cidade estruturava-se em duas partes. A parte alta implantava-se em um lugar elevado, um planalto sobranceiro à Baía de Todos os Santos, onde vieram a se localizar as principais funções administrativas e os principais edifícios institucionais, políticos e religiosos, bem como o principal tecido habitacional. Na parte baixa, junto ao mar, desenvolveram-se as funções portuárias e mercantis e habitações de mais baixo padrão. Do lado do mar, as ligações entre as duas partes da cidade eram feitas por guindastes e por ladeiras que subiam a encosta bastante íngreme: inicialmente, a ladeira da Conceição e a ladeira da Preguiça ou Caminho de Carro, a que mais tarde se vieram juntar outras. Dos outros lados, os declives eram mais suaves, permitindo uma ligação mais fácil da cidade com sua periferia.

A povoação da Praia, ou Ribeira, na cidade baixa, desenvolveu-se primeiro que a da cidade alta e, de início, era mais populosa e tinha mais casario. Foi na Ribeira que se construiu a primeira igreja de Salvador, a ermida de Nossa Senhora da Conceição. Foi também na parte baixa da cidade que Luís Dias construiu

A primeira fase de construção de Salvador da Bahia.

A segunda fase de construção de Salvador da Bahia.

O sítio original de Salvador da Bahia.

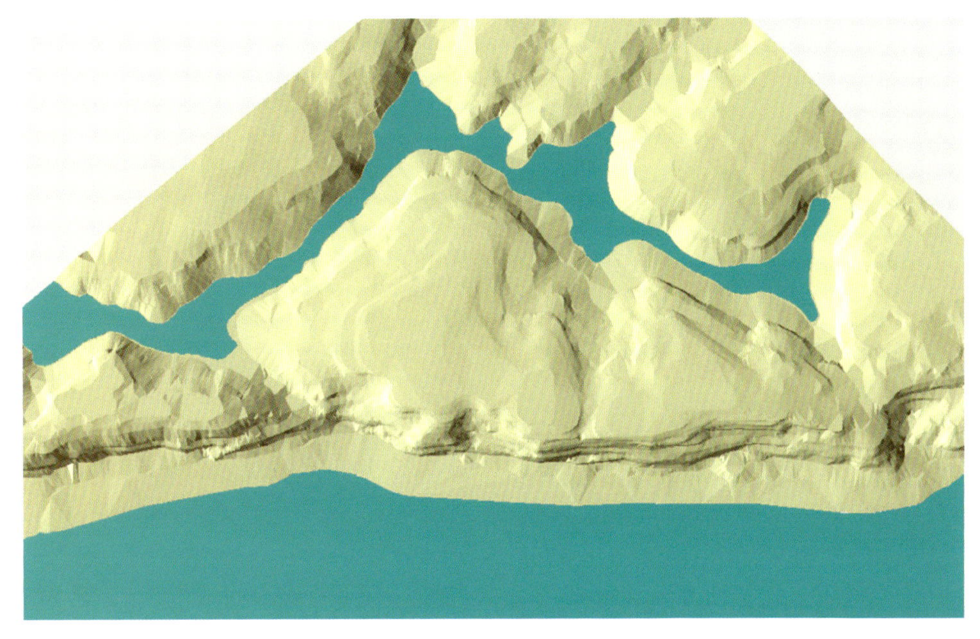

Planta.

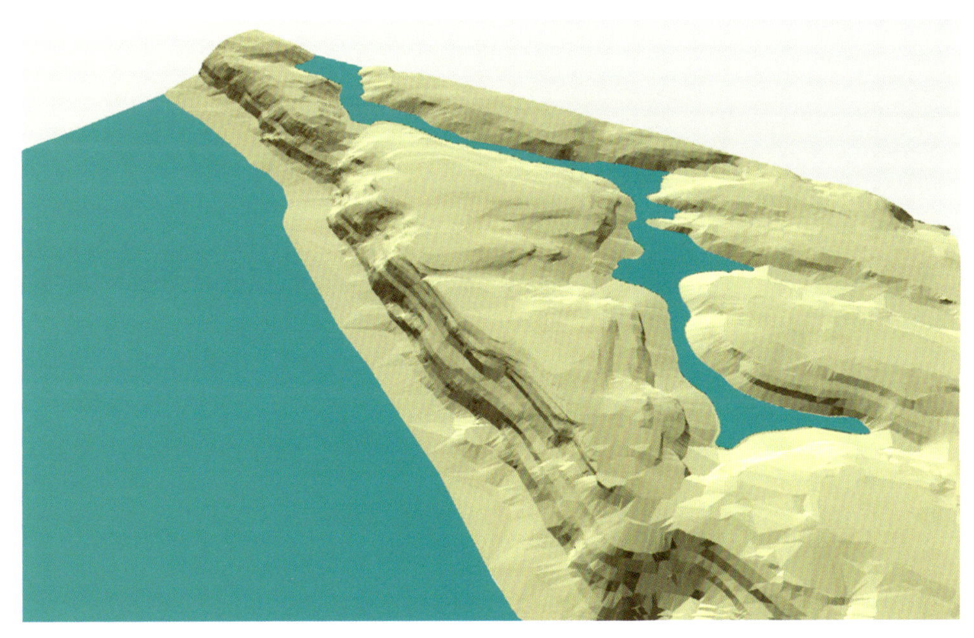

Vista de poente.

O traçado da primeira linha de fortificações.

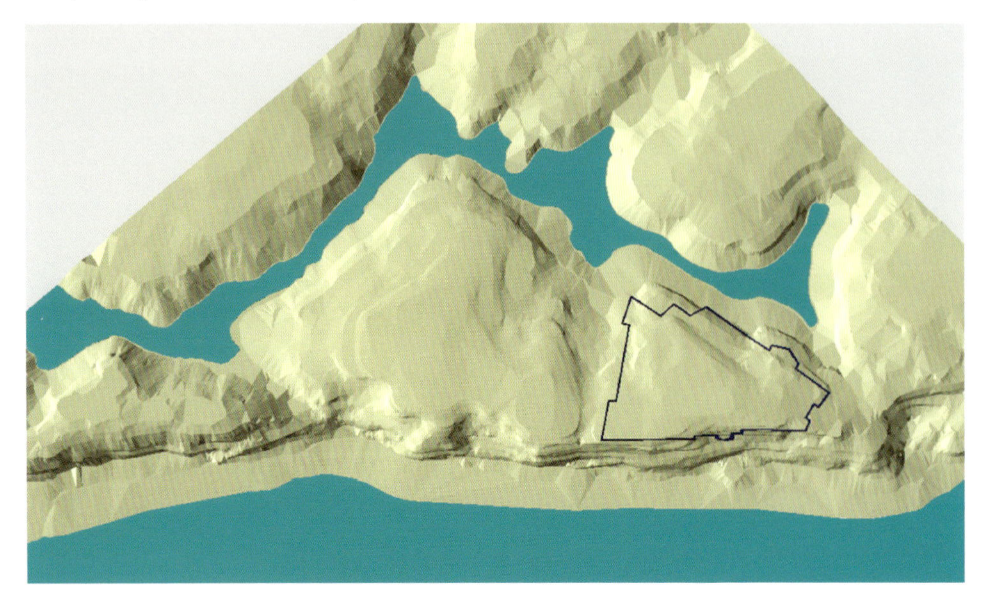

Planta.

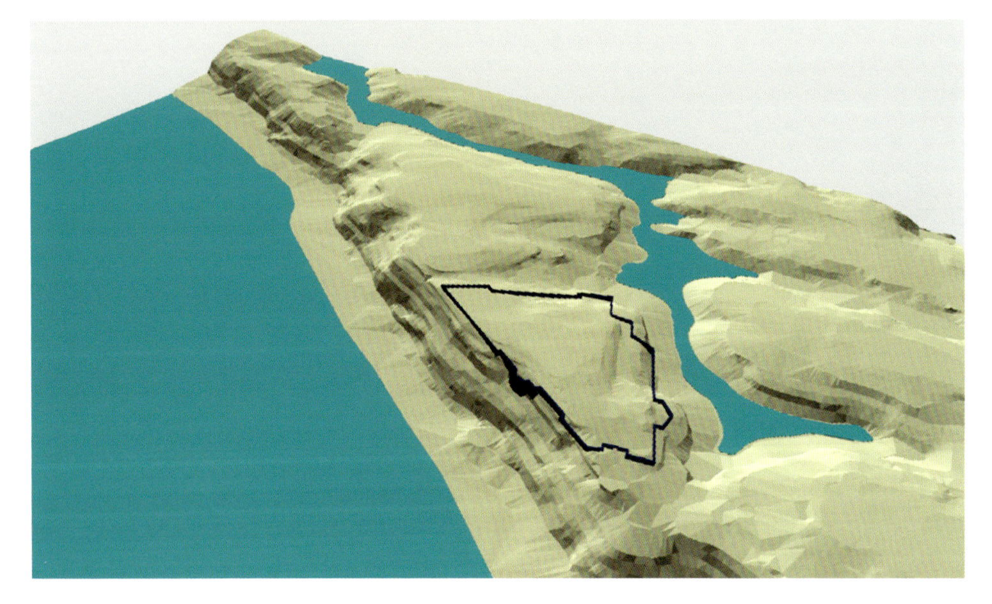

Vista de poente.

logo de início as infraestruturas necessárias às atividades comerciais e portuárias:

> casa da fazenda e alfandegas e almazens e ferarias, tudo de pedra e baro revocadas de cal e telhados com telha.[4]

Mas o objetivo principal de Luís Dias era o planejamento da parte alta da cidade, onde deveria ser construída uma

> fortaleza forte e que se posa bem defemder e que tenha disposição a calidade pera a hy por o tempo em diante se hir fazendo uma povoação grande.[5]

A defesa era fundamental e por esse motivo os muros da cidade foram construídos primeiro, adaptando-se à topografia do terreno. Após sua construção, Luís Dias procedeu à organização da cidade dos muros para dentro, moldando o traçado quer ao perímetro das fortificações, quer às condições do sítio, daí resultando uma malha regular, mas não perfeitamente ortogonal.

O núcleo inicial da cidade delineado por Luís Dias tinha um perímetro murado de forma trapezoidal, sendo constituído por dois conjuntos de quarteirões. Um dos conjuntos tinha uma estrutura que lembrava os quarteirões das cidades medievais planejadas, com uma forma retangular alongada e possivelmente composto por lotes urbanos com duas frentes, que iam de lado a lado dos quarteirões. Os quarteirões do outro conjunto tinham uma forma mais quadrada e cada um era composto ou por duas fileiras de lotes urbanos, dispostos costas com costas, que se orientavam para ruas opostas, ou por lotes urbanos virados para os quatro lados do quarteirão. Em ambos os casos, as ruas dispunham-se segundo uma estrutura ortogonal e sua hierarquia era definida de acordo com

4 Carta de Luiz Dias a D. João III, citado em Simas Filho, op. cit., v.I., p.32.

5 Regimento de D. João III a Tomé de Souza, citado em Simas Filho, op. cit., p.20.

sua articulação com outros elementos da malha urbana.

No encontro dessas duas malhas, e entre elas e os limites da fortificação, estruturavam-se três largos ou praças. Uma, junto à porta de Santa Luzia, no local que hoje corresponde sensivelmente à praça Castro Alves; outra, menor, associada à igreja de Nossa Senhora da Ajuda, a primeira localização dos jesuítas; e outra, junto à antiga porta de Santa Catarina, a atual praça Tomé de Sousa. Essa última praça, aberta para o lado da baía, situava-se em uma posição marginal no núcleo inicial de Salvador, não tendo sido, nem conceitualmente nem formalmente, o elemento gerador da malha urbana então construída. Contudo, logo se constituiu como a praça principal da cidade, sendo nela que vieram a ser construídos os principais edifícios públicos: a Casa da Câmara e Cadeia, a Casa dos Governadores e, mais tarde, a Casa da Relação e a Casa da Moeda. A topografia difícil do local onde essa praça se implantou, com um profundo desnível em sua parte posterior, levou a que a Casa da Câmara não se implantasse em um dos lados da praça, mas dentro de seus limites, o que veio a reduzir sua dimensão.

A importância dessa praça – praça Municipal ou praça do Palácio, hoje praça Tomé de Sousa – na estruturação urbana de Salvador advém da importância institucional dos edifícios que nela se construíram e de, por esse motivo, ter se tornado o centro político e administrativo da cidade. Ela inscreve-se no tipo de

O traçado do núcleo urbano original.

Planta.

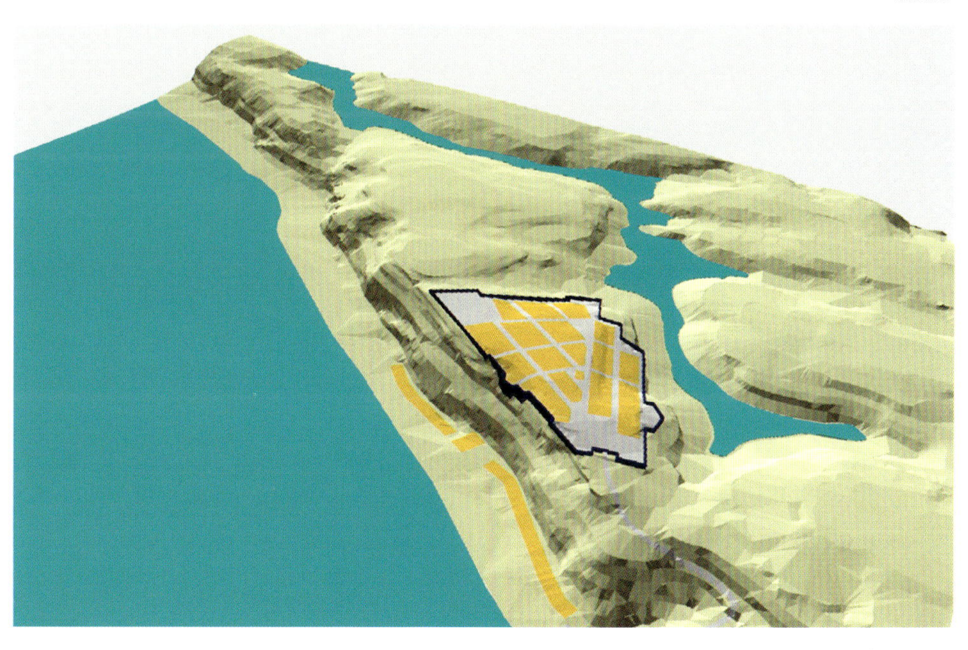

Vista de poente.

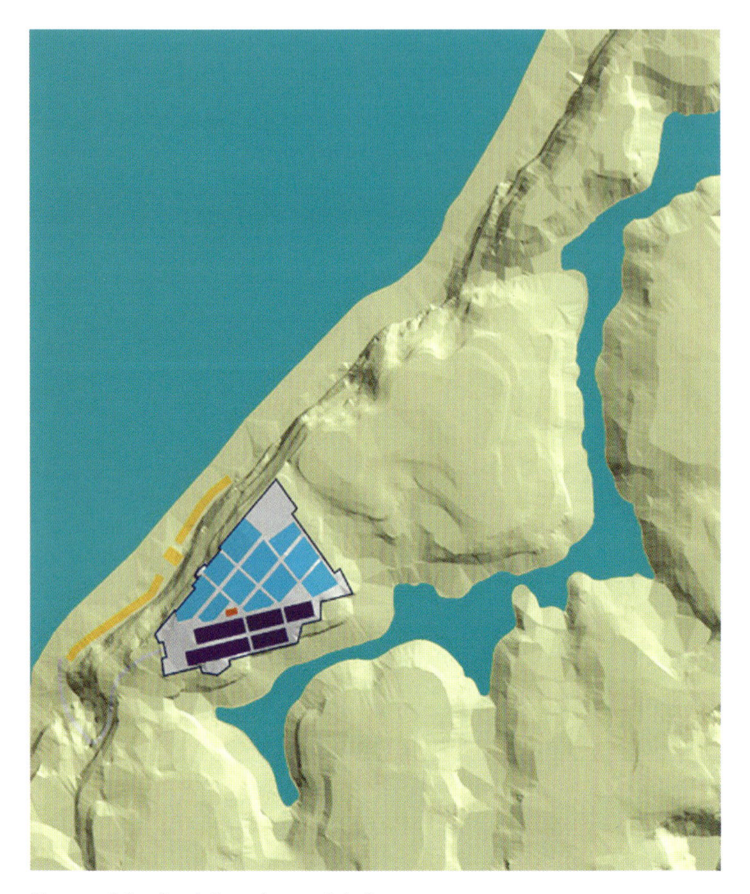

Os quarteirões do núcleo urbano original.

As praças do núcleo urbano original.

praças que adquirem sua estruturação formal gradualmente, ao mesmo tempo que se consolida sua importância institucional. Pode também admitir-se que já nessa fase de desenvolvimento da cidade se reconhecia, ou se conhecia, o papel central que a praça do Palácio viria a assumir no plano global de Luís Dias, que brevemente se concretizaria.

Nessa primeira fase de construção de Salvador encontramos ainda formas urbanas que são expressão dos modelos de origem medieval que lhes teriam servido de referência: os quarteirões estreitos e alongados em uma parte da malha urbana e as praças localizadas na articulação do espaço urbano com as muralhas, de que são exemplo os largos e os terreiros junto às portas. Esses eram ainda espaços essencialmente funcionais, não possuindo as qualidades formais das praças modernas.

Poucos anos depois da fundação de Salvador iniciou-se a segunda fase de expansão da cidade para um segundo planalto adjacente, um pouco maior que o primeiro, mas com as mesmas características topográficas. Os jesuítas foram um dos motores principais da segunda fase de desenvolvimento urbano de Salvador. Depois de inicialmente localizados na pequena igreja da Ajuda, eles escolheram como local para a fundação de sua igreja e do colégio um terreno que se situava fora dos primitivos limites da cidade. Quando o governador Tomé de Sousa objetou estar fora da cidade o local escolhido para a implantação do colégio, Manuel da Nóbrega deu a mesma resposta que o padre Simão Rodrigues deu a D. João III perante idênticas objeções relativamente à localização dos jesuítas em São Roque em Lisboa:

> Não se arreceie Vossa Alteza de ficar de fora da cidade; a cidade virá juntar-se ao redor da casa.[6]

De fato, assim aconteceu em Lisboa e o mesmo veio a acontecer em Salvador. Em 1551 já haviam se iniciado as obras no novo local, estando nesse ano construídos alguns edifícios do colégio, rodeados de uma cerca de taipa. Em breve o Terreiro de Jesus, associado ao colégio, foi-se rodeando de casas, vindo a se tornar um importante polo da cidade, estruturador da nova malha urbana. Luís Dias regressou a Lisboa em 1554, mas a cidade já tinha então seus elementos estruturantes consolidados.

O traçado da nova área de expansão da cidade de Salvador é mais regular que o do núcleo urbano original. Os poucos anos que separam as duas fases de Salvador não são suficientes para considerar que tenha havido uma evolução significativa da urbanística portuguesa. A justificativa mais provável reside na maior disponibilidade de espaço, nesse segundo planalto, para o desenvolvimento de um traçado ortogonal.

Apesar da rápida sequência das duas fases de construção de Salvador, na segunda, encontramos uma estrutura mais moderna. Os quarteirões, de forma sensivelmente quadrada, tinham lotes virados para suas quatro faces. A estrutura de loteamento era regular, sendo essa regularidade ainda hoje patente no lado ocidental do Terreiro de Jesus, composto por lotes urbanos com cerca de 30 palmos (6,6 metros) de frente, medida idêntica à que vinha sendo adotada em Portugal desde o século XIII. Esses lotes eram cons-

O traçado da segunda fase de desenvolvimento da cidade.

Planta.

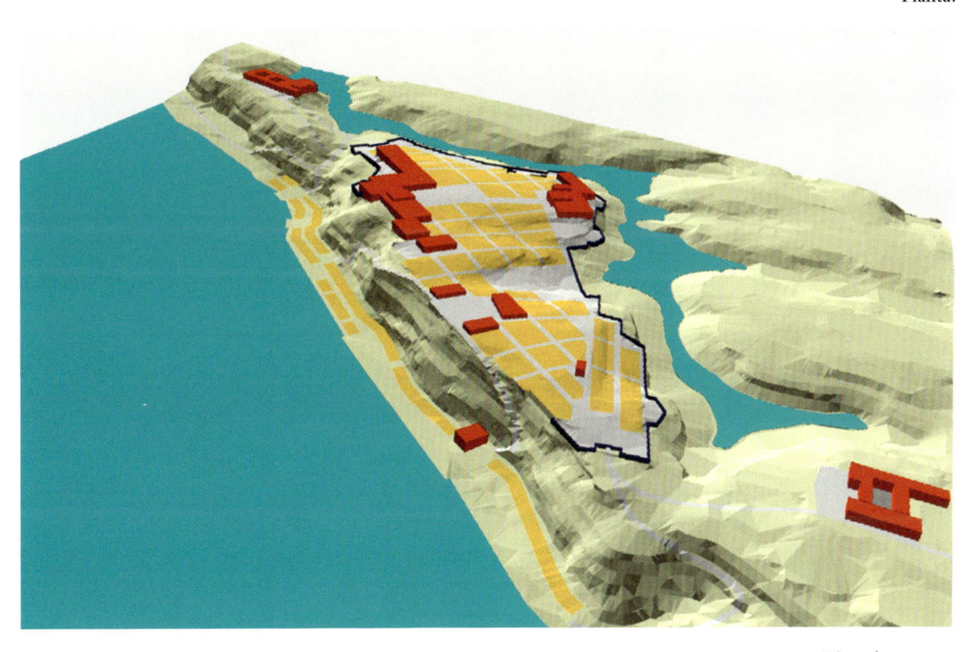

Vista de poente.

6 Leite, *História da Companhia de Jesus no Brasil*. In: Simas Filho, op. cit., v.I., p.37.

truídos com térreos ou sobrados com três fiadas de vãos na fachada, com dimensões e proporções semelhantes às que encontramos em outras cidades de origem portuguesa. A mesma regularidade e as mesmas dimensões podem ser observadas em outros setores da malha urbana de Salvador, nomeadamente no Largo de São Francisco e no Largo do Pelourinho.

A malha urbana da segunda fase do desenvolvimento de Salvador era pontuada por um conjunto de praças regulares de forma retangular, construídas de raiz, concebidas como parte integrante do traçado e que constituíam elementos fundamentais da estrutura da cidade: a praça da Sé, o Terreiro de Jesus e o Terreiro de São Francisco. Destinadas inicialmente a funções religiosas, essas praças foram objeto de um tratamento formal cuidadoso e se tornaram palcos privilegiados da vida urbana, onde se observava já a expressão de modernos conceitos urbanísticos. A praça da Sé, que correspondia sensivelmente a um quarteirão não construído da malha ortogonal, veio a ser ocupada quase integralmente pela própria Sé. O Terreiro de Jesus e o Terreiro de São Francisco, associados aos respectivos conventos e articulados entre si, tornaram-se o centro da nova malha urbana. A par dessas praças, faziam ainda parte da estrutura urbana da segunda fase de desenvolvimento de Salvador o pequeno largo intramuros e o terreiro extramuros associados à porta do Carmo que, mais tarde, após a

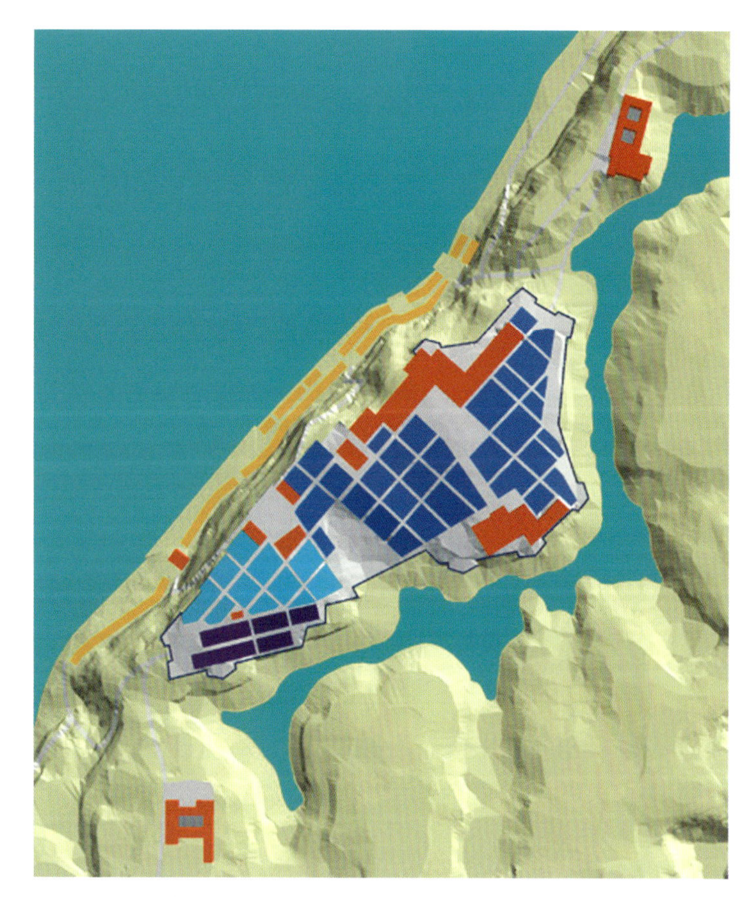
Os quarteirões da segunda fase de desenvolvimento da cidade.

As praças da segunda fase de desenvolvimento da cidade.

demolição das muralhas, iriam dar origem ao Largo do Pelourinho.

Em uma descrição de Salvador de 1584, três décadas após sua fundação, são referenciadas duas grandes praças, com funções distintas. Uma delas era a praça do Palácio, que com a expansão da cidade havia adquirido uma posição central e havia se tornado seu centro político e administrativo, "uma honesta praça" de forma retangular, "desabafada com grande vista para o mar", com o Pelourinho no centro, onde se localizava o palácio dos governadores, a casa da câmara e cadeia, e as casas da fazenda, alfândega e armazéns. A outra era o Terreiro do Colégio, de natureza religiosa, "mui bem assentado e grande" e já "cercado em quadro de nobres casas".[7] Ambas haviam se tornado os principais polos da cidade.

A área de Salvador era agora três ou quatro vezes maior que sua área original. No centro da nova expansão situava-se, como Manuel da Nóbrega havia previsto, o Colégio e o Terreiro de Jesus. Além da função religiosa que esteve em sua origem, o Terreiro de Jesus foi rapidamente apropriado para outras funções urbanas. Concebido de

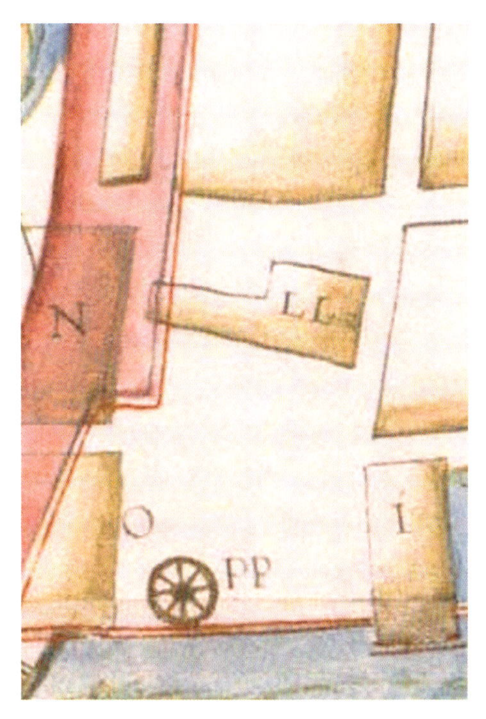

A praça junto à porta de Santa Catarina ou praça Municipal na planta de 1616.

A praça Municipal na planta de 1631.

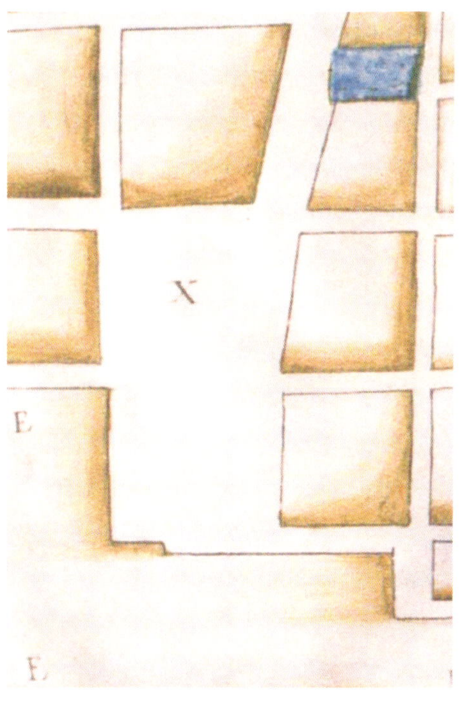

O terreiro de Jesus e o terreiro de São Francisco na planta de 1616.

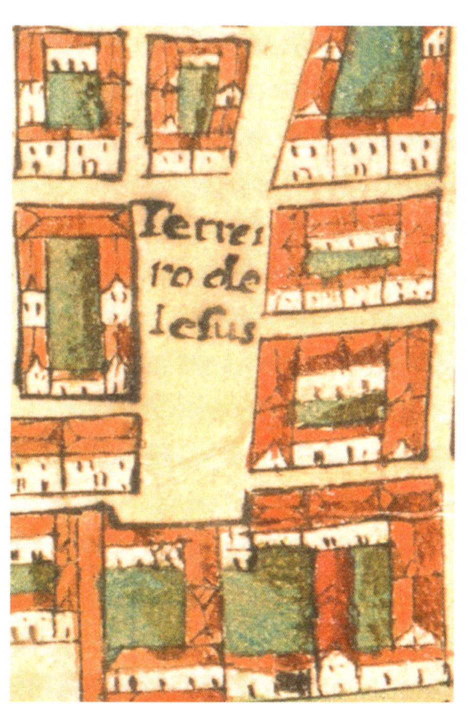

O terreiro de Jesus e o terreiro de São Francisco na planta de 1631.

7 Souza, *Notícia do Brasil*, citado em Simas Filho, op. cit., v.I., p.59-61.

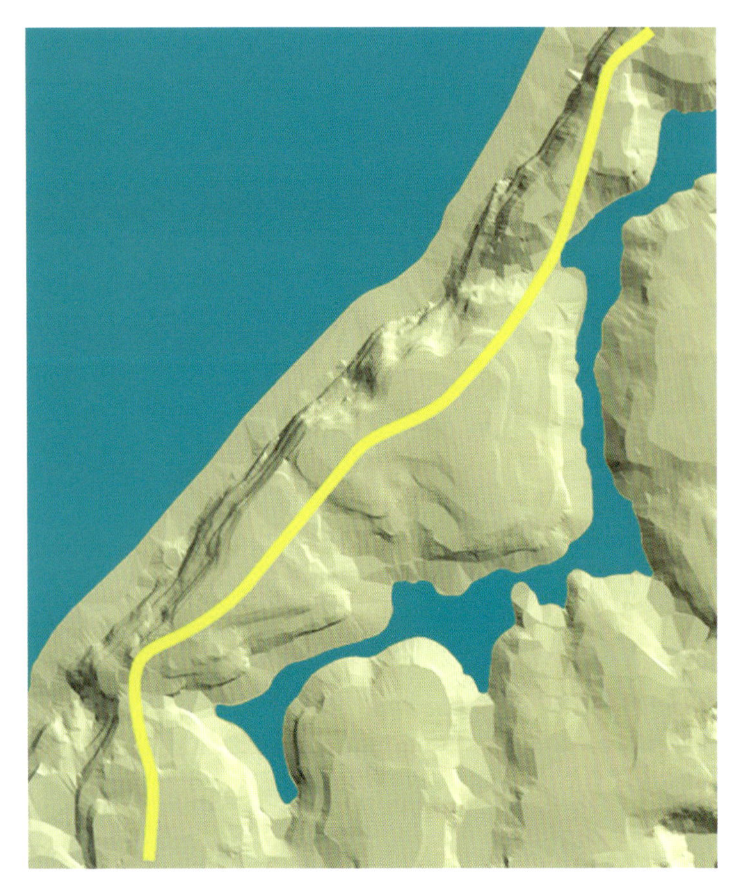

A linha de cumeada do sítio de Salvador da Bahia.

A construção da principal via estruturante da cidade sobre a linha de cumeada.

raiz com uma geometria regular, articulando a igreja e colégio dos jesuítas com a malha urbana envolvente, o Terreiro de Jesus já não tinha características de espaço residual ou marginal, mais ou menos indefinido, e sua importância não advinha apenas do fato de nele se localizarem importantes edifícios institucionais, como acontecia com a praça do Palácio. Pelo contrário, o terreiro foi o elemento gerador da malha urbana envolvente, sendo em função dele que o tecido urbano se estruturou. Esse novo conceito de estruturação urbana – em que o elemento dominante e gerador da malha urbana é a praça e não, como anteriormente, os edifícios singulares e ruas que os articulavam entre si – irá dominar a teoria e a prática urbanística portuguesa. Desenvolvidos em múltiplas situações ao longo dos séculos XVII e XVIII, esses novos conceitos irão expressar-se plenamente nos traçados urbanos setecentistas – joaninos e pombalinos – construídos quer no Brasil, quer em Portugal.

Uma das principais características do urbanismo português, que está bem presente em Salvador, é a síntese de um plano racionalmente estruturado com uma cuidadosa adaptação ao sítio. Essas duas componentes, que correspondem às diferentes concepções do espaço e às vertentes erudita e vernácula que estão sempre presentes nas cidades de origem portuguesa, são sintetizadas de uma forma inteligente em Salvador.

O modo como a cidade de Salvador se relacionou com o território e se adaptou às suas características, construindo-se com ele, pode ser observado de várias formas: em sua localização em uma baía com boas condições de porto natural e boas condições de defesa; em sua estruturação em cidade alta e cidade baixa; na escolha do sítio para a implantação da cidade alta, um planalto relativamente estreito com uma escarpa acentuada para o lado do mar, que lhe dava uma posição dominante sobre a baía, e uma encosta mais suave para o lado de terra; no traçado da muralha, que seguia a topografia do terreno, situando-se em todo o perímetro urbano em torno da cota 50, a partir da qual os declives se tornavam mais acentuados, daí resultando um perímetro de forma trapezoidal irregular; no traçado da cidade alta, que se desenvolvia ao longo de um percurso de cumeada, conciliando o rigor do plano com a realidade da topografia; e no modo como as praças que se desenvolveram nos nós de articulação dessas diferentes malhas urbanas e nos pontos de inflexão da linha de cumeada.

No espaço de poucas décadas, encontramos em Salvador uma súmula de diferentes tipos de malhas urbanas, de praças, de quarteirões e de estruturas de loteamento, refletindo os diferentes modelos de cidade e princípios teóricos que constituíram as suas referências. Apesar disso, é perceptível que Salvador foi objeto de um único plano, ou de planos sucessivos intimamente articulados. Uma análise cuidadosa revela-nos as suas principais características. A via estruturante fundamental da cidade alta de Salvador, que percorria toda a cidade longitudinalmente, apoiava-se sobre a linha de cumeada. A ortogonalidade do plano adaptava-se facilmente a essa linha de cumeada através das praças, que se localizavam nos pontos de ro-

A modulação do traçado.

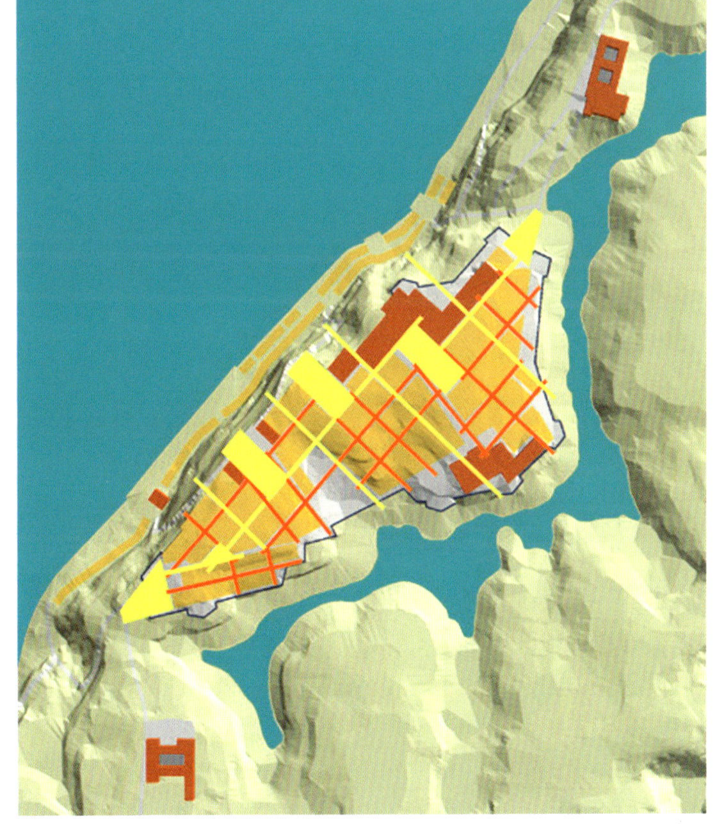

O sistema de vias.

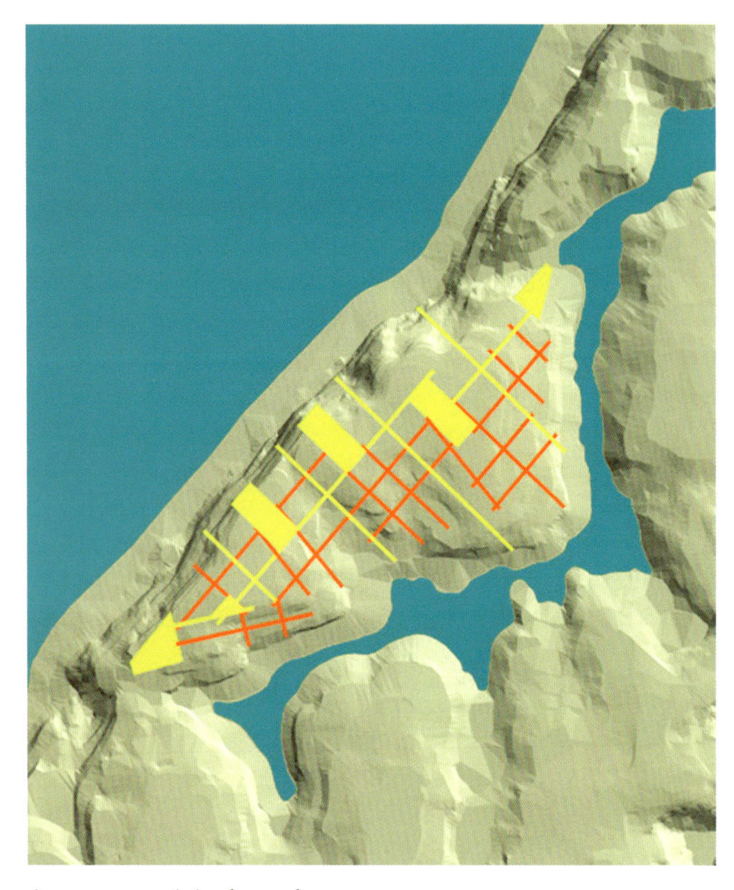

A estrutura geométrica do traçado.

tação e de inflexão da linha natural do território. Essas duas componentes fundamentais do traçado – a principal via estruturante e as praças que lhe estavam associadas – estabeleciam-se assim em perfeita correspondência com a estrutura física do território. A via principal e as praças eram, por sua vez, as diretrizes da malha ortogonal, ordenada e simétrica, que organizava a cidade no seu todo.

Caminhando ao longo da linha de cumeada, do exterior para o interior, encontramos extramuros, de cada lado da cidade, um convento com seu terreiro: o Convento de S. Bento do lado poente e o Convento do Carmo do lado nascente. Junto às principais portas da cidade, em um e outro extremo, existia um terreiro exterior e uma praça interior, que mais tarde iriam se fundir em espaços maiores: a futura praça Castro Alves, de um lado, e o futuro Largo do Pelourinho, do outro. No interior dos muros da cidade, a malha urbana dividia-se em cinco setores. As duas partes dos extremos eram malhas urbanas constituídas por quarteirões quadrados e triangulares, que definiam os limites da cidade nesses extremos, ajustando-se ao afilamento do terreno, e que terminavam nas principais portas. Os três setores restantes da malha urbana eram cada um deles constituído por três fileiras de quarteirões. Na fileira do meio, localizava-se sempre uma praça retangular: a praça do Palácio, a praça da Sé e o Terreiro de Jesus. O principal eixo do plano, passava tangente a cada uma dessas praças e em seu trajeto unia as duas localizações dos jesuítas, a primitiva Igreja da Ajuda e o novo colégio jesuíta.

Essas três praças principais do núcleo histórico de Salvador inseriam-se em uma lógica formal muito definida. Todas eram retangulares e orientadas perpendicularmente ao mar em sua maior dimensão. Suas proporções eram idênticas, se considerarmos que a Casa da Câmara havia sido efetivamente construída dentro dos limites originais da praça. Cada uma delas situava-se na fileira do meio de um cada um dos setores da malha urbana, o eixo principal do plano passava tangente a um dos seus lados menores, e todas eram atravessadas por outra rua longitudinal que ia dar a meio de seus lados maiores.

Parece óbvia a existência de um plano, elaborado com um grande rigor, que foi moldado à realidade física do sítio selecionado para sua implantação. O traçado geométrico subjacente ao plano, talvez fazendo parte das "traças e amostras" que Luís Dias levou consigo, talvez elaborado no local, foi, como era a prática habitual no urbanismo português, confrontado com o terreno, ajustando-se a ele e incorporando suas características físicas. Dessa forma, embora obedecendo a um esquema global, planejado, que lhe dá unidade e regularidade, Salvador tira partido das particularidades e dos acidentes do sítio. O plano da cidade enfatiza essas singularidades ao mesmo tempo que as integra nesse esquema global ordenador. Dessa prática urbanística resultou uma cidade que, embora em planta não seja rigorosamente geométrica, evidencia quando a percorremos uma notável regularida-

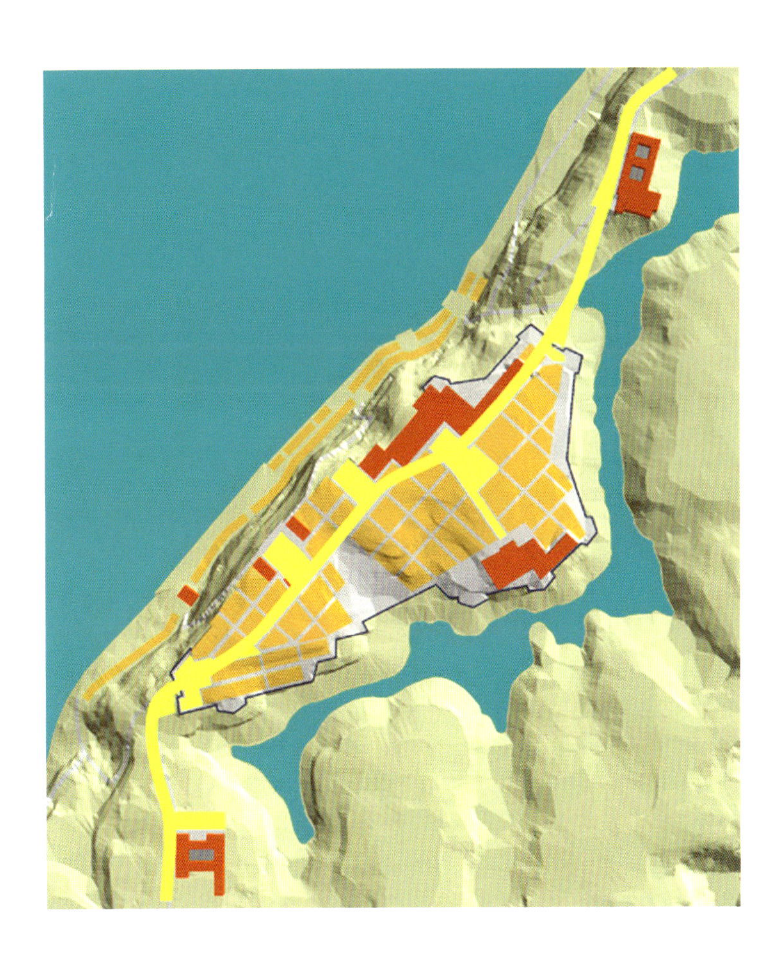

A localização das praças nos pontos de inflexão da linha de cumeada.

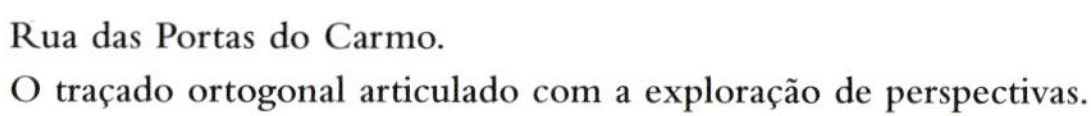

Rua das Portas do Carmo.
O traçado ortogonal articulado com a exploração de perspectivas.

Ladeira da Conceição da Praia.
A ligação da cidade baixa à cidade alta.

de, valorizada pela exploração arquitetônica e urbanística das particularidades locais. Nas estratégias de desenho utilizadas, encontramos a estruturação dos percursos fundamentais da cidade sobre as linhas naturais do território, o aproveitamento de desníveis para valorizar edifícios e monumentos, o pontuar das colinas por igrejas e conventos, o perspectivar das ruas em direção a edifícios singulares.

Não obstante o conhecimento teórico dos engenheiros portugueses, ou precisamente por seu domínio desse saber teórico, a componente vernácula do urbanismo português, que se baseava na compreensão íntima do território sobre o qual se construía, nunca foi rejeitada, mas antes assimilada pelos profissionais. O conhecimento dos engenheiros portugueses permitia-lhes fazer a síntese do saber teórico e da prática urbanística.

Dessa síntese resultavam cidades cujas características fundamentais eram a adaptação cuidadosa de modelos racionais e de traçados regulares às condições topográficas locais, e a capacidade de desenhar a cidade de acordo com as características do sítio, que se pode observar no pragmatismo das soluções adotadas em cada caso. São essas mesmas características que podemos observar plenamente desenvolvidas em Salvador.

Rua Maciel de Baixo.
A articulação da malha ortogonal com os limites da cidade.

Largo de São Francisco.

Largo do Pelourinho.

10

O plano setecentista de reconstrução da Baixa de Lisboa – a expressão erudita do modo tradicional de planejamento da cidade portuguesa

Lisboa, Portugal.
O traçado da cidade anterior ao terremoto.

Nos planos pombalinos da segunda metade do século XVIII, elaborados para a reconstrução da Baixa de Lisboa arruinada pelo terremoto de 1755, encontramos outro momento de síntese do urbanismo português.

Ao longo do século XVIII, quer em Portugal quer nos territórios ultramarinos, foram construídas cidades com planos regulares, baseadas a maior parte das vezes em estruturas ortogonais. Nesses planos, expressam-se alguns dos grandes temas do urbanismo clássico: a cidade planejada globalmente; a praça como elemento central da malha urbana; o conceito de beleza urbana associado à regularidade do traçado e à adoção de modelos arquitetônicos uniformes a que as várias construções deviam obedecer. Muitas das vilas e cidades fundadas nesse século no Brasil eram fruto da política urbanizadora de Pombal, que se enquadrava em um contexto político preciso – a delimitação de fronteiras

A Igreja de São Paulo após o terremoto de 1755.

entre Portugal e Espanha na América do Sul e a afirmação do poder do Estado português sobre as populações e os territórios que reivindicava. Por meio da fundação de novas vilas e cidades, ou da refundação de aldeamentos missionários, e de sua integração em uma rede urbana global, procurava-se consolidar a efetiva soberania do território.

A grande semelhança que encontramos entre muitas Cartas Régias e Autos de Fundação desses núcleos urbanos significa que existia um conjunto de princípios estabelecidos, resultado de uma prática efetiva de urbanização e de um corpo teórico que simultaneamente foi se estruturando, que estavam na origem dos traçados das novas fundações. Uma praça, geralmente de forma quadrada e localizada no centro da povoação, onde se situavam as principais funções institucionais, constituía o elemento gerador do traçado. Era a partir dela que se definia o traçado das ruas e se estruturava o conjunto da malha urbana segundo um sistema ortogonal. Algumas dessas cidades tinham mais de uma praça, destinadas a funções distintas. Normalmente, uma era dedicada ao poder muncipal, nela se implantando a casa da câmara e o pelourinho, e a outra ao poder religioso, nela se localizando a igreja e o cruzeiro.

A cidade portuguesa setecentista é uma cidade regular, com uma estrutura de base geométrica, a maior parte das vezes ortogonal e planejada de forma global. As similitudes entre os planos de cidades setecentistas construídas no Brasil e em Portugal revelam os elos de continuidade e as influências cruzadas que podemos encontrar entre umas e outras. Os princípios urbanísticos desenvolvidos na prática colonial vieram a ser adotados em Portugal na segunda metade do século XVIII.

No dia 1º de novembro de 1755, um terremoto, seguido de um maremoto e de um incêndio, destruiu grande parte da cidade de Lisboa. A fim de dar início aos trabalhos de reconstrução da cidade, o engenheiro-mor do reino, Manuel da Maia, foi encarregado de estudar as

A Praça da Patriarcal após o terremoto de 1755.

diferentes alternativas possíveis e de coordenar os trabalhos. Em sua *Dissertação sobre a renovação da cidade de Lisboa*, Manuel da Maia nos apresenta as diferentes alternativas que colocou ao rei e a seu primeiro-ministro para a reconstrução da cidade:

> O primr.º restituila ao seu antigo estado, levantando os edificios nas suas antigas alturas, e as ruas nas suas mesma larguras (...). O 2º modo, levantando os edificios nas suas antigas alturas, e mudando as ruas estreitas em ruas largas (...). O 3º modo, diminuindo as alturas a dous pavim.tos sobre o terreo, e mudando as ruas estreitas em largas (...). O 4º modo, arrazando toda a cid.e baixa, levantandoa com os entulhos, suavizando assim as subidas p.ª as p.tes altas, e fazendo descenso p.ª o mar com melhor correnteza das aguas, formando novas ruas com liberd.e competente, tanto na largura, como na altura dos edif.os q nunca poderá exceder a largura das ruas (...). O 5º modo, desprezando Lix.ª arruinada, e formando outra de novo desde Alcantara até Pedrouços; com permissão porem de q os donos das cazas de Lix.ª arruinada as podesse levantar como quizessem.[1]

Dessas várias alternativas, optou-se pela reconstrução da cidade no mesmo local, mas de acordo com um novo plano. Para sua elaboração, Manuel da Maia encarregou vários "officiaes Engenheiros e Praticantes da Academia militar, de que me pareceo fazer eleição"[2] da execução de diferentes propostas, tendo sido constituídas várias equipes às

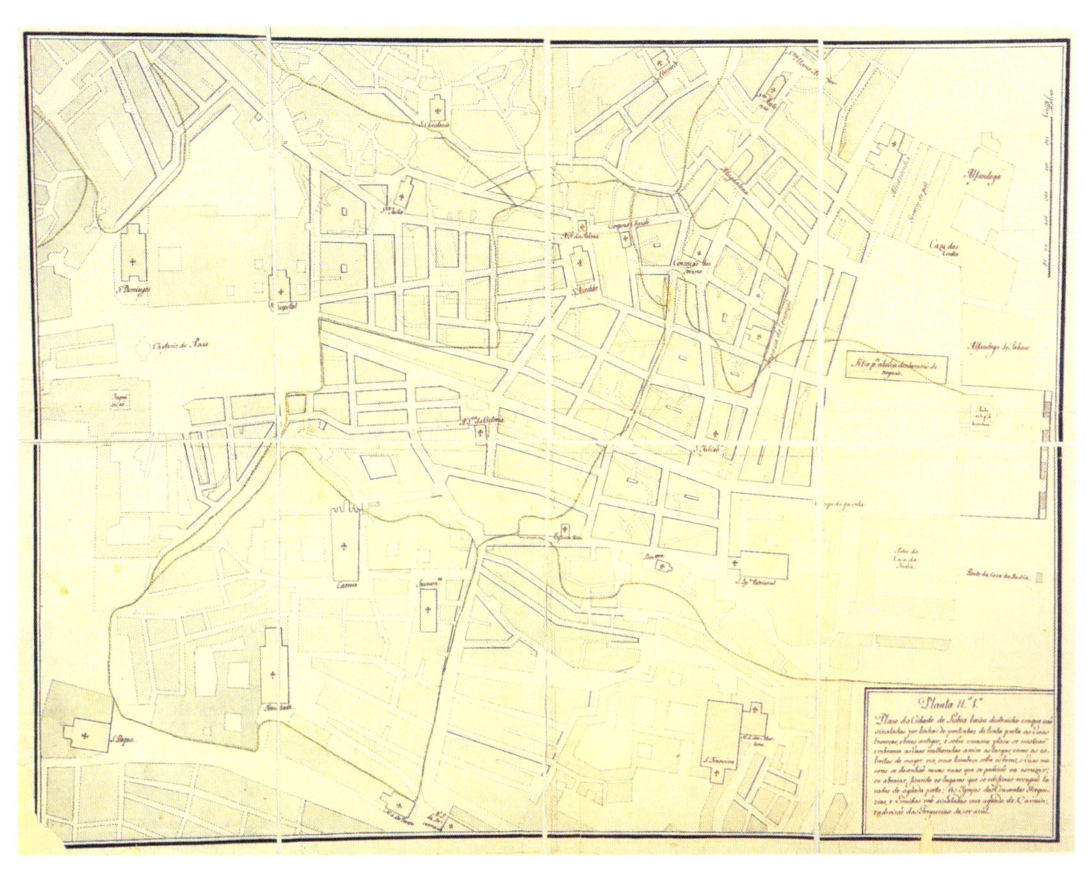

O plano de reconstrução da Baixa de Pedro Gualter da Fonseca e Francisco Pinheiro da Cunha.

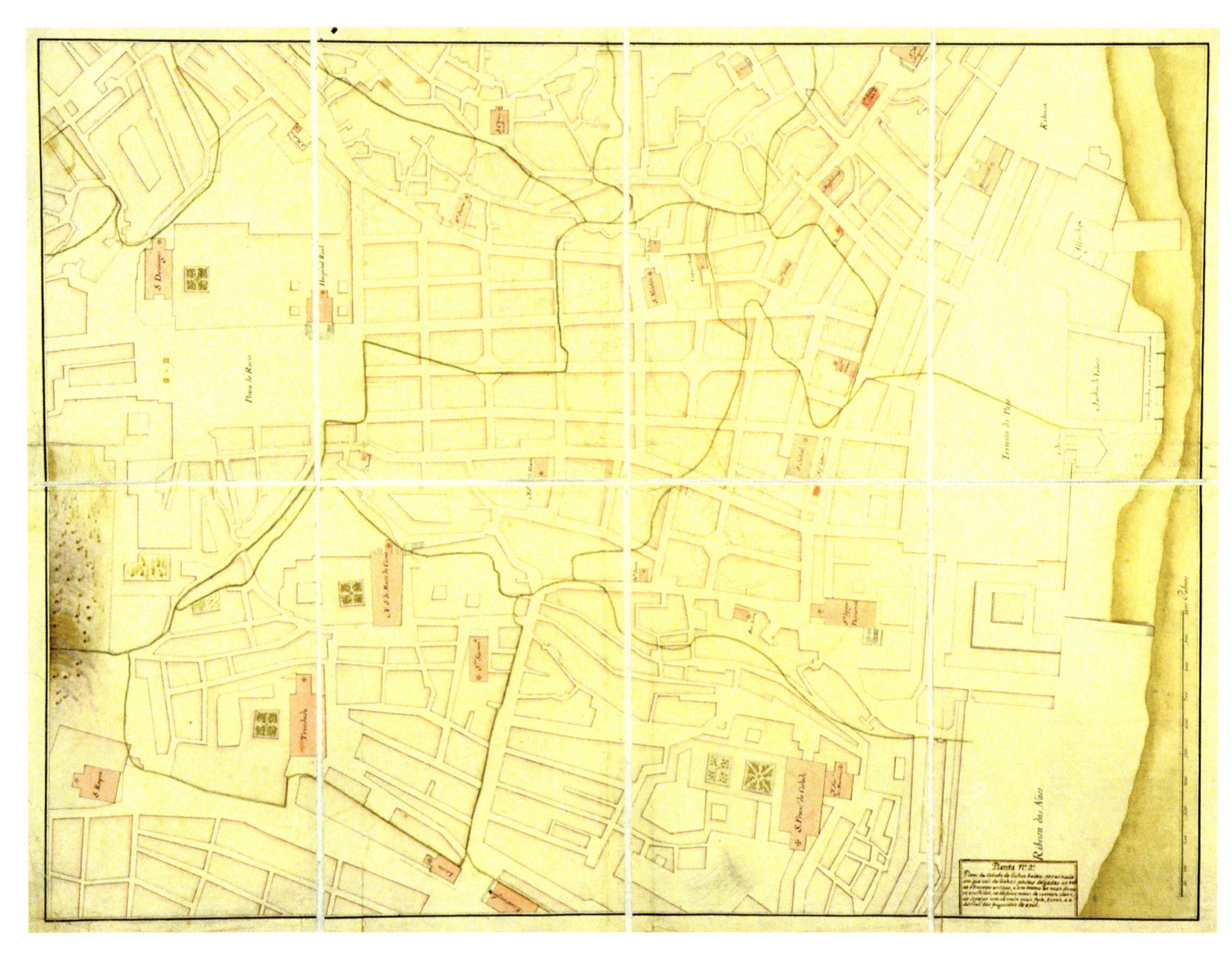

O plano de reconstrução da Baixa de Elias Sebastião Poppe e José Domingos Poppe.

quais forneceu programas detalhados dos projetos a desenvolver por cada uma. À equipe constituída pelo ajudante Gualter da Fonseca e pelo praticante Francisco Pinheiro da Cunha incumbiu a elaboração de um plano "conservando nos seus proprios sitios os Templos, Ermidas e Freguezias com o seu terreno competente" e no qual se fizesse a emmenda das ruas estreitas, de mais uzo, e algum melhoramento nas largas (...) e que tambem sobre os becos miudos apontace novas ruas.

Ao capitão Elias Sebastião Pope, juntamente com seu filho, o praticante Joze Domingos Pope, mandou executar outro plano

1 Maya, *1ª Dissertação sobre a renovação da Cidade de por Manoel da Maya, engenhre mor do Rno*. In: Ayres, *Manuel da Maya e os engenheiros militares portugueses no terremoto de 1755*, p.26-7.

2 Ibid., p.40.

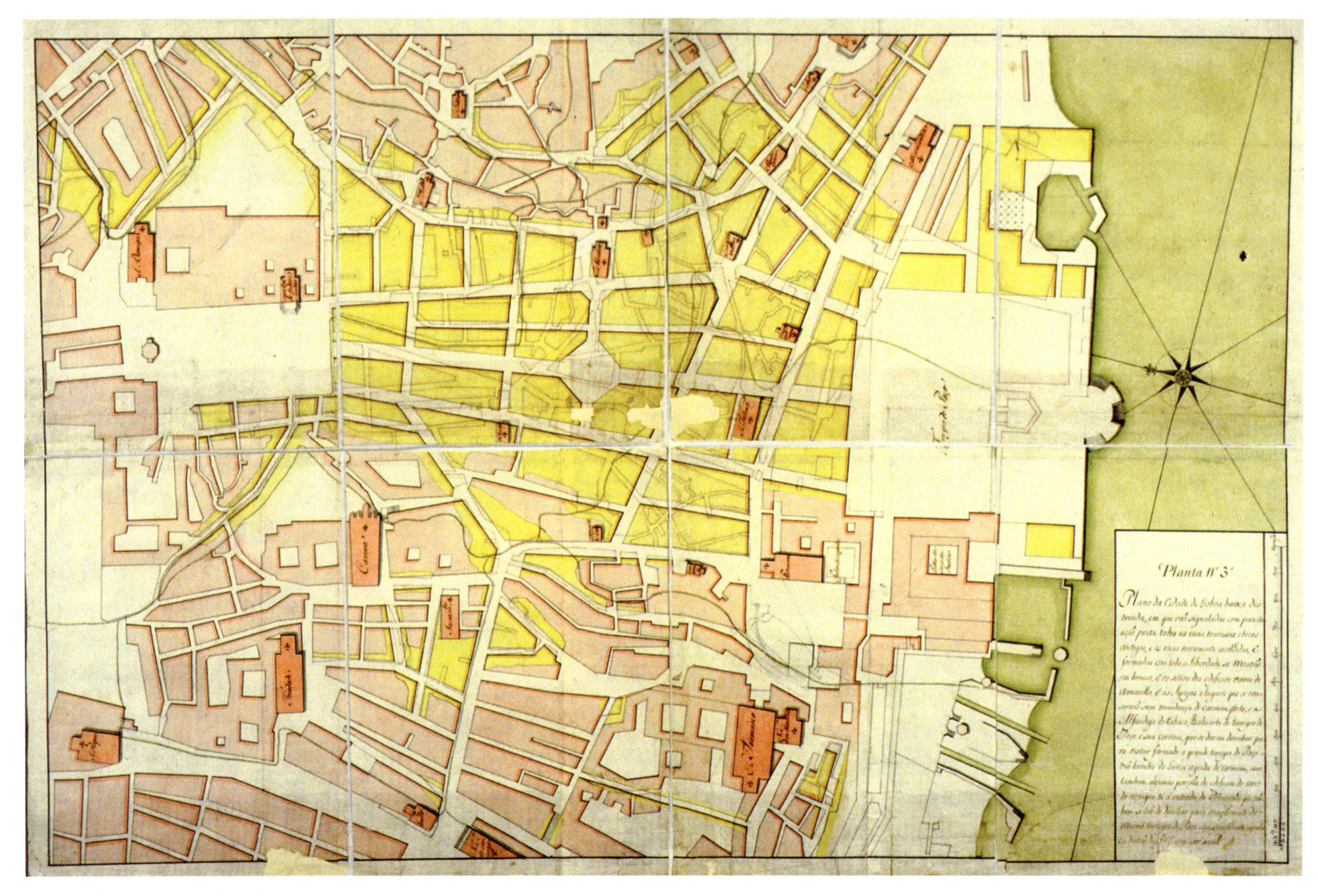

O plano de reconstrução da Baixa
de Eugénio dos Santos e Carvalho e António Carlos Andreas.

> com a differença porem q não tratasse de melhorar ruas estreitas, nem aproveitar-se das largas inteiramente, mas que com a liberdade q julgasse apropriada formasse huma nova planta,

mantendo no entanto a localização das várias igrejas. O capitão Eugénio dos Santos Carvalho, acompanhado do ajudante António Carlos Andreas, foi encarregado da execução de outro plano

> com toda a liberdade inteiramente, e sem sogeição nem preceito algum mais que a conservação dos Templos, Ermidas e Freguesias.

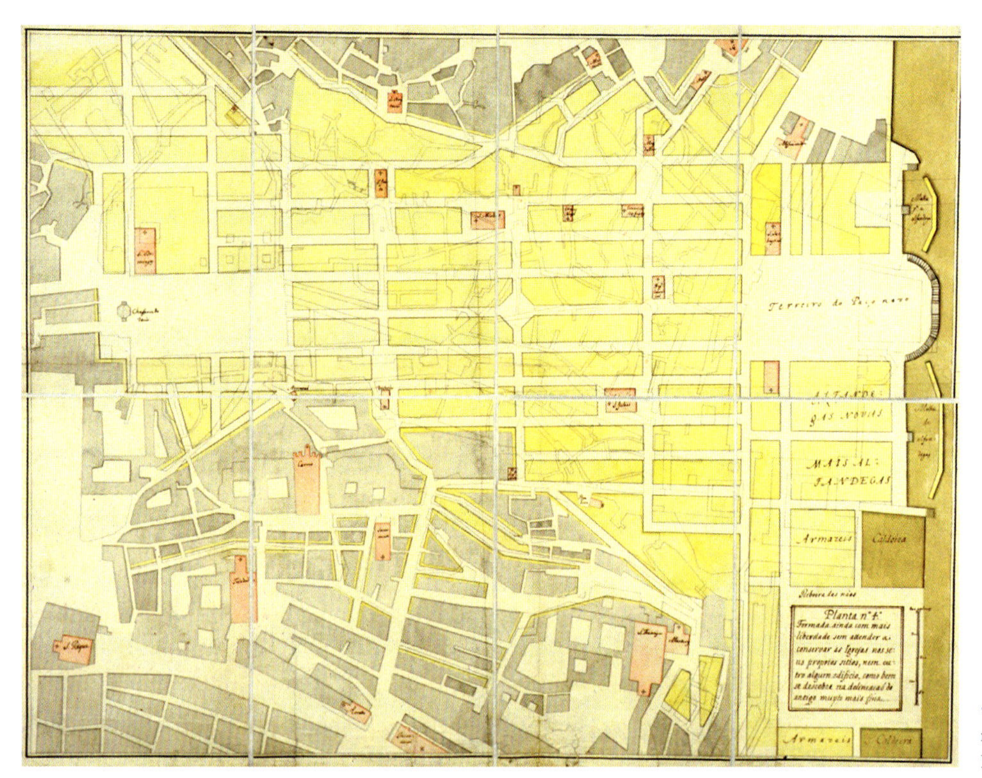

O plano de reconstrução da Baixa de Pedro Gualter da Fonseca.

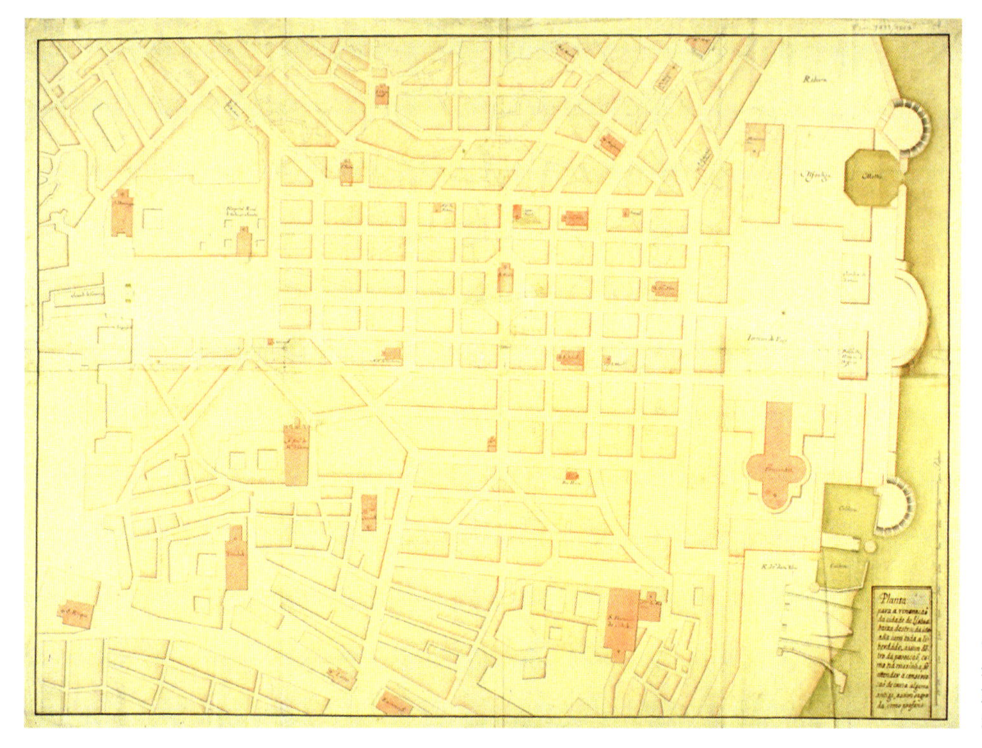

O plano de reconstrução da Baixa de Elias Sebastião Poppe.

Manuel da Maia recomendou ainda aos autores desses projetos que

> formassem algumas praças em lugares convenientes para q nestes vazios tivesse o ar commodo em que produzisse os seus bons efeitos.[3]

Três outros planos, idealizados com toda a liberdade no que dizia respeito à localização das igrejas antes do terremoto, foram executados ainda por Gualter da Fonseca, Eugénio dos Santos e Elias Pope. Os três planos são os mais regulares em termos de traçado urbano, libertos como estavam da necessidade de "conservação dos sítios antigos".[4]

Cada um dos seis planos executados para a reconstrução da Baixa de Lisboa após o terremoto de 1755 constitui uma síntese diferente das tradições e das culturas urbanísticas presentes no urbanismo português. Esses planos iam de uma total aceitação das preexistências e das particularidades locais, como era o caso do plano de Gualter da Fonseca e de Francisco Pinheiro da Cunha, que respeitava o espírito do traçado anterior e a localização das igrejas e capelas, até ao projeto de Eugénio dos Santos, que se estruturava por uma lógica racional, aparentemente liberto de condicionantes, com exceção da localização das praças do Rossio e do Terreiro do Paço.

O plano, não selecionado, de Eugénio dos Santos e de António Carlos Andreas é talvez aquele que consegue conciliar de uma forma mais equilibrada as vertentes vernácula e erudita que são componentes fundamentais do urbanismo português. Por um lado, o respeito por linhas estruturantes fundamentais da cidade, por percursos preexistentes, pela localização das igrejas antes do terremoto e pela utilização de estratégias de desenho que colocam esses edifícios singulares sempre no alinhamento e na perspectiva das ruas. Por outro lado, um traçado inovador e racional, no qual é patente a geometria e a regularidade que se pretendeu impôr ao plano. O plano, ao mesmo tempo que evidencia uma estrutura regular, acomoda-se sem esforço às igrejas que o pontuam e articula-se suavemente com as colinas de um e outro lado. Nesse processo, as igrejas existentes, integradas no plano, tornam-se elementos fulcrais da própria estrutura geométrica.

Foi, no entanto, o plano elaborado individualmente por Eugénio dos Santos, que propunha uma alteração mais radical relativamente à situação preexistente, aquele que veio a ser selecionado. Era o projeto mais geométrico, o que melhor expressava os ideais de racionalidade iluminista a que o primeiro-ministro, Marquês de Pombal, não podia deixar de ser sensível.

De fato, desconhece-se exatamente qual foi o plano elaborado por Eugénio dos Santos, já que a planta n.5, que lhe corresponderia, desapareceu. O plano que temos como referência foi publicado mais tarde e sua autoria atribuída a Eugénio dos Santos e Carlos Mardel. Apesar de seu geometrismo, esse plano, que veio a ser construído é também o resultado de uma síntese do saber erudito com a experiência prática do urbanismo português realizada em grande parte nos territórios ultramarinos. Esse conhecimento teórico, caldeado com a experiência prática, constituía o património de saber de que Eugénio dos Santos era herdeiro. Por suas próprias origens e formação, Eugénio dos Santos fazia a síntese dos dois tipos de saberes. Filho e neto de pedreiros, cujo pai havia progredido até se tornar "mestre de fazer riscos",[5] Eugénio dos Santos cursou a Aula de Fortificação, na qual obteve sua formação teórica, passando a desempenhar as funções de engenheiro e arquiteto militar com o posto de capitão de infantaria.

O plano de Eugénio dos Santos cobria a parte baixa da cidade, entre a colina do Castelo, a oriente, e a colina do convento de São Francisco, a ocidente, e entre as praças do Rossio, a norte, e do Terreiro do Paço, a sul. Na zona ribeirinha, o plano expandia-se até as zonas do Cais do Sodré e de São Paulo. As praças do Rossio e do Terreiro do Paço foram regularizadas e redefinidas em sua orientação, em sua forma e em sua arquitetura. Uma malha ortogonal de ruas principais e de ruas transversais unia essas duas praças. A hierarquia das ruas era definida por sua posição no plano, pelo modo como se articulavam com o Rossio e com o Terreiro do Paço, por seu perfil, por suas cérceas e pelas características arquitetônicas dos edifícios que ao longo delas se

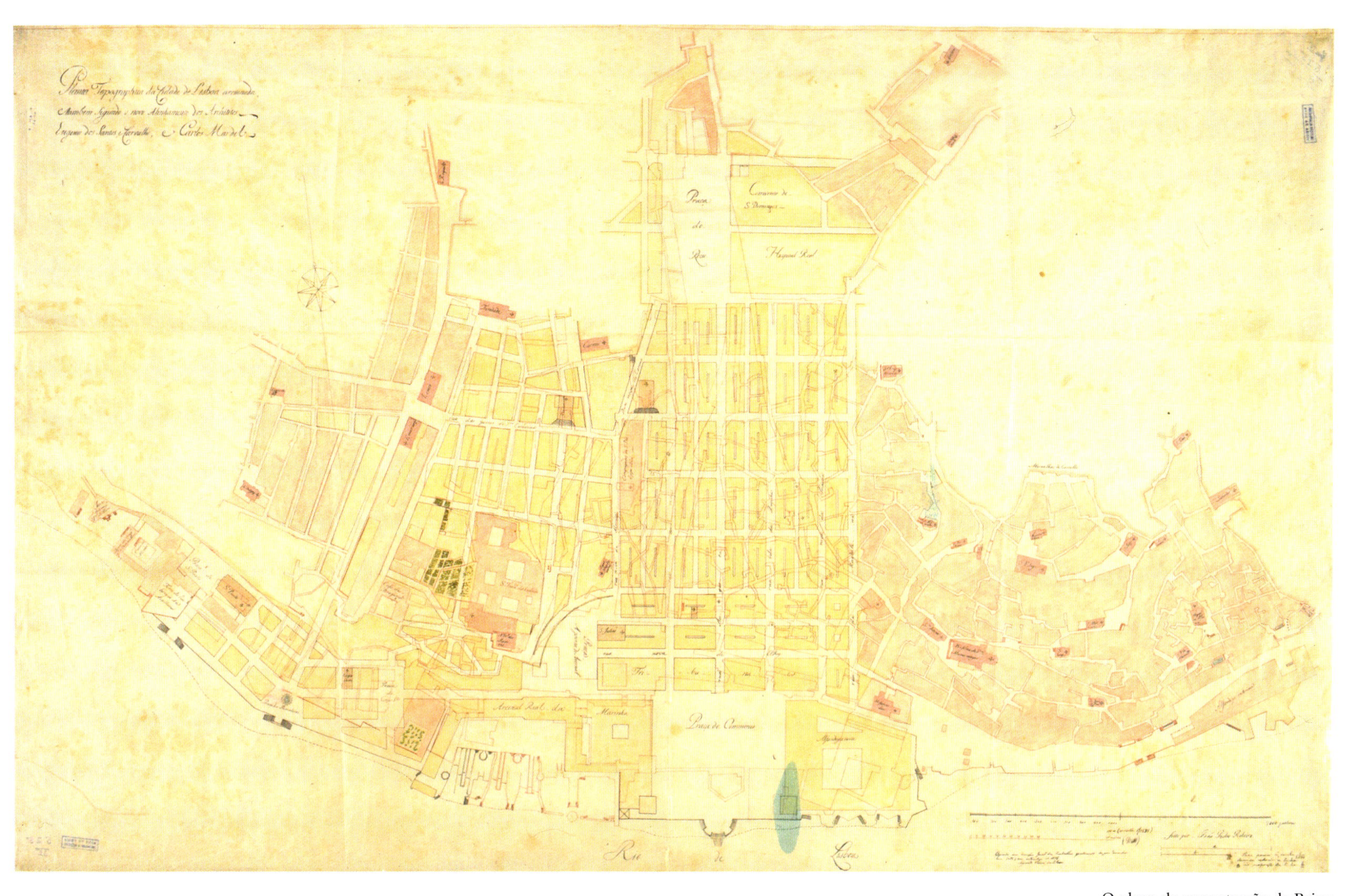

O plano de reconstrução da Baixa de Eugénio dos Santos e Carlos Mardel.

construíam. A toponímia das ruas traduzia também essa hierarquia.

Três ruas principais com a largura de 50 palmos (11 metros), a rua Áurea (atual rua do Ouro), a rua Augusta e a rua Bela da Rainha (atual rua da Prata), percorrem o plano de norte a sul. A rua Augusta, que é o principal eixo da composição do plano, liga o Rossio ao Terreiro do Paço, desemboca nessa praça por meio de um arco monumental, a meio do lado norte, orientando-se para a estátua do rei D. José construída no centro da praça. A rua do Ouro une igualmente as duas praças, enquanto a rua da Prata parte do Terreiro do Paço mas já não termina no Rossio. Três outras ruas, a rua Bela da Princesa (mais tarde rua dos Fanqueiros), a rua da

3 Ibid., p.41-2.

4 Ibid., p.50.

5 Vasconcelos, *Eugénio dos Santos, arquiteto de Lisboa pombalina*, citado em França, *A reconstrução de Lisboa e a arquitectura pombalina*.p.107.

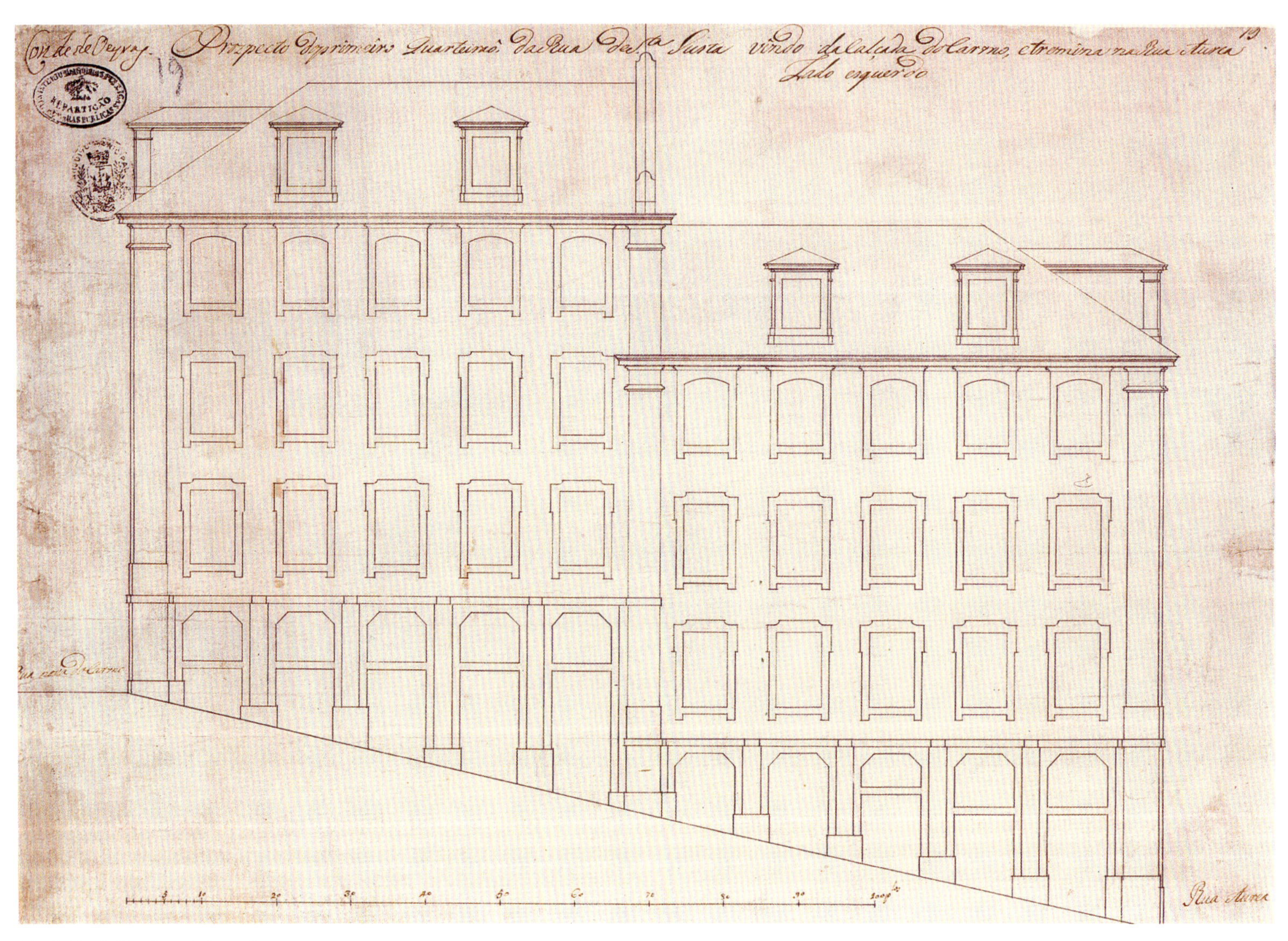

Alçado Pombalino. Rua de Santa Justa.

Alçado Pombalino. Rua da Madalena.

Madalena e a via constituída pela rua do Carmo e a rua Nova do Almada, percorrem também o plano de norte a sul, mas não se iniciam nem terminam nessas praças. Sua função é articular a malha da Baixa com as encostas nascente e poente. Existem ainda três ruas intermédias, com 40 palmos (8,8 metros) de largura: a rua dos Douradores, a rua dos Sapateiros e a rua do Arco do Bandeira, que têm uma posição secundária, que lhes é dada por seu perfil, pela arquitetura dos edifícios e pelas funções que nelas se localizam. Perpendicularmente a elas, dispõe-se um conjunto de ruas transversais, igualmente com 40 palmos (8,8 metros) de largura. Umas e outras definem, em seu conjunto, uma malha de quarteirões retangulares.

Esses quarteirões são de dois tipos. Os primeiros são quarteirões dispostos na direção norte-sul, que ocupam a parte norte da malha. Os segundos, localizados na parte sul do plano, dispõem-se transversalmente e impedem a progressão das ruas secundárias até ao Terreiro do Paço. Em alguns quarteirões ainda é possível observar um loteamento regular, em que cada um dos quarteirões se compõe de oito lotes, quatro em cada face maior, e em que os lotes dos extremos também fazem frente para as ruas transversais.

O Rossio e o Terreiro do Paço eram os espaços nobres do novo plano, à imagem do que já eram anteriormente, e foram objeto de projetos particulares. A praça do Rossio mantinha as dimensões de antes do terremoto, mas era reorientada, ficando alinhada com o Terreiro do Paço. Também designado de praça do Comércio, o Terreiro do Paço foi sujeito a uma reestruturação mais profunda, em sua geometria e em suas dimensões, sendo concebida à imagem das praças reais europeias. Rodeada em três de seus lados por uma arcada monumental e aberta a sul sobre o rio Tejo, tinha no centro a estátua equestre de D. José I. Na face norte, oposta ao rio, um arco do triunfo estabelecia a comunicação entre a praça e a cidade. Dois torreões quadrangulares fechavam as alas do Terreiro do Paço perpendiculares ao rio.

O projeto para a Baixa de Lisboa é herdeiro de uma cultura urbanística erudita, inserindo-se plenamente na cultura urbana europeia e constituindo um dos melhores exemplos do urbanismo iluminista europeu. Mas além de suas referências eruditas, o plano baseia-se também em muitos dos princípios

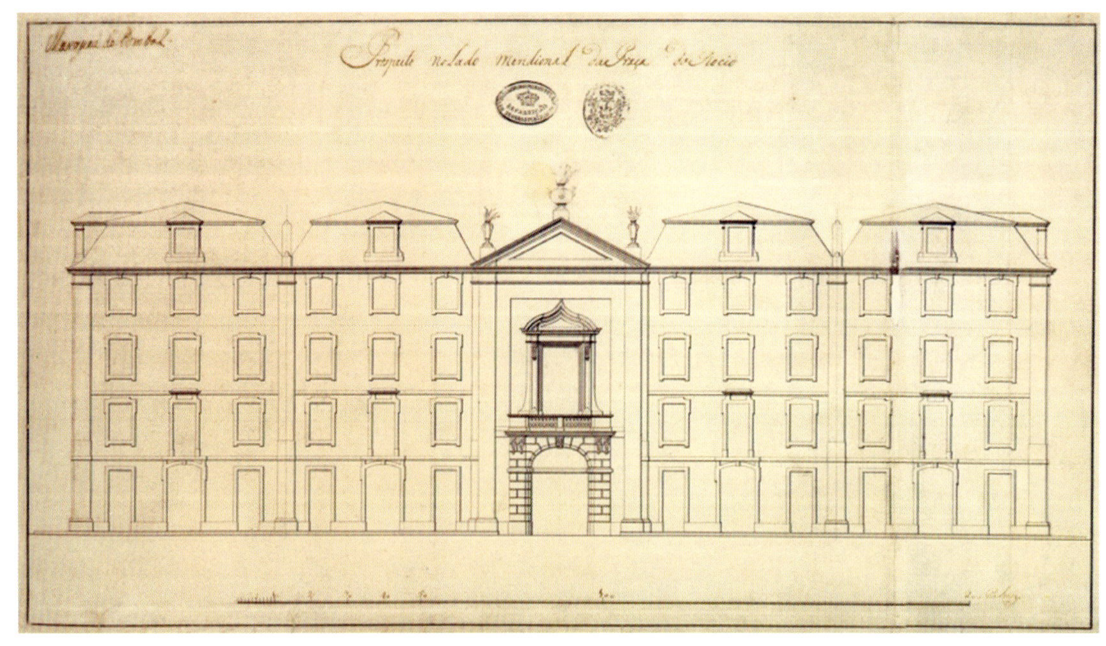

Rossio.
Fachada Sul.

Vue perspective de la Grande Place de Lisboñe, nouvellement batie sur les Desseins de François Marca.

Terreiro do Paço.
A praça real.

tradicionais de estruturação da cidade portuguesa. Eugénio dos Santos faz deliberadamente uma revisitação dos principais temas do urbanismo português e incorpora-os no plano. A rua que nas cidades portuguesas marítimas ou ribeirinhas se desenvolve ao longo da costa ou da margem do rio, e que constitui um elemento fundamental da sua estrutura, está presente no plano pombalino por meio do eixo que sucessivamente tem os nomes de rua da Alfândega, do Arsenal e de Bernardino Costa. Essas ruas, que retomam ruas existentes antes do terremoto, desenvolvem-se entre o Campo das Cebolas e o Cais do Sodré, continuando-se para um e outro lado dessas praças, ao longo do rio. No cruzamento dessa via marginal com a principal rua de penetração para o interior, a rua Augusta, estrutura-se uma praça, o Terreiro do Paço. Tal como naquelas cidades, essa praça desenvolve-se entre a via marginal, que lhe passa tangente, e o rio.

O distanciamento diferente das sucessivas ruas transversais, mais próximas umas das outras junto ao Terreiro do Paço, mais afastadas junto ao Rossio, faz com que a um primeiro conjunto de quarteirões paralelos ao rio se sucedam outros quarteirões que lhes são perpendiculares. Correspondentemente, as ruas perpendiculares ao rio passam a ser as mais importantes e tornam-se a direção dominante do traçado. Esse é também um processo de desenvolvimento característico das cidades litorâneas ou ribeirinhas, em que ocorre a passagem de quarteirões paralelos à linha de costa a outros de dominância vertical, como é o caso, entre outras, de Ponta Delgada

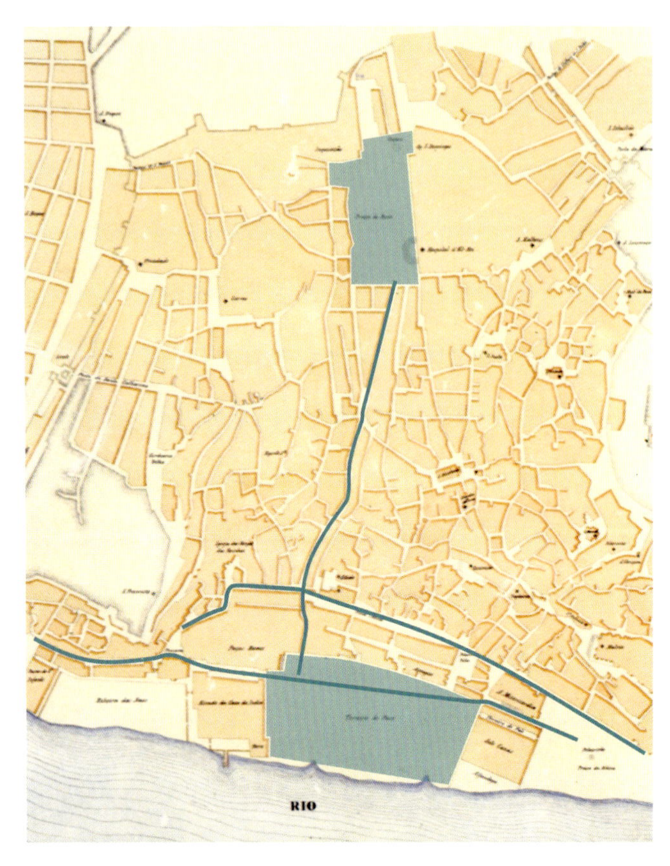

As linhas estruturantes da cidade antes do terremoto: praças e vias principais.

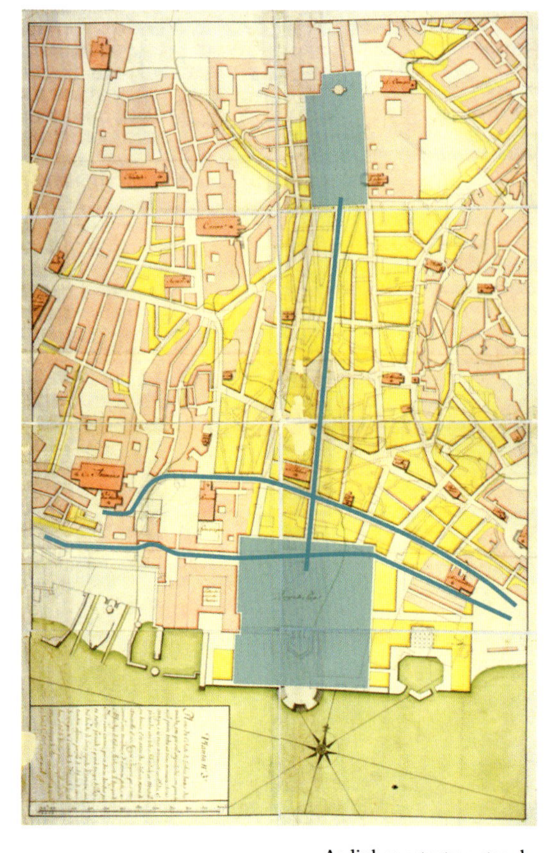

As linhas estruturantes do plano de Eugénio dos Santos e Carvalho e António Carlos Andreas: praças e vias principais.

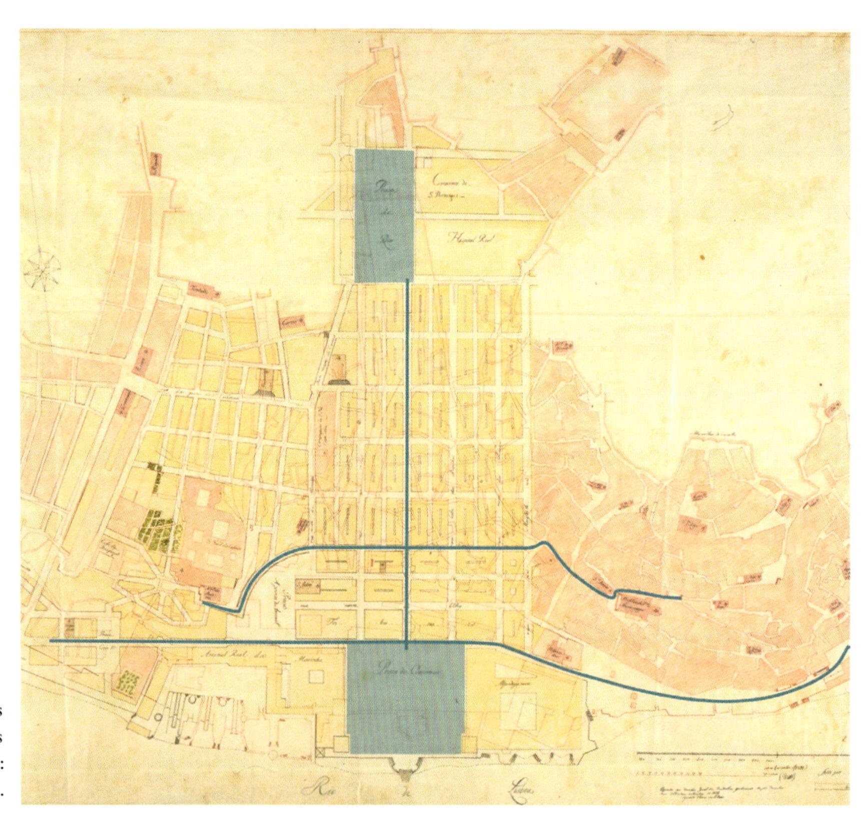

As linhas estruturantes do plano de Eugénio dos Santos e Carlos Mardel: praças e vias principais.

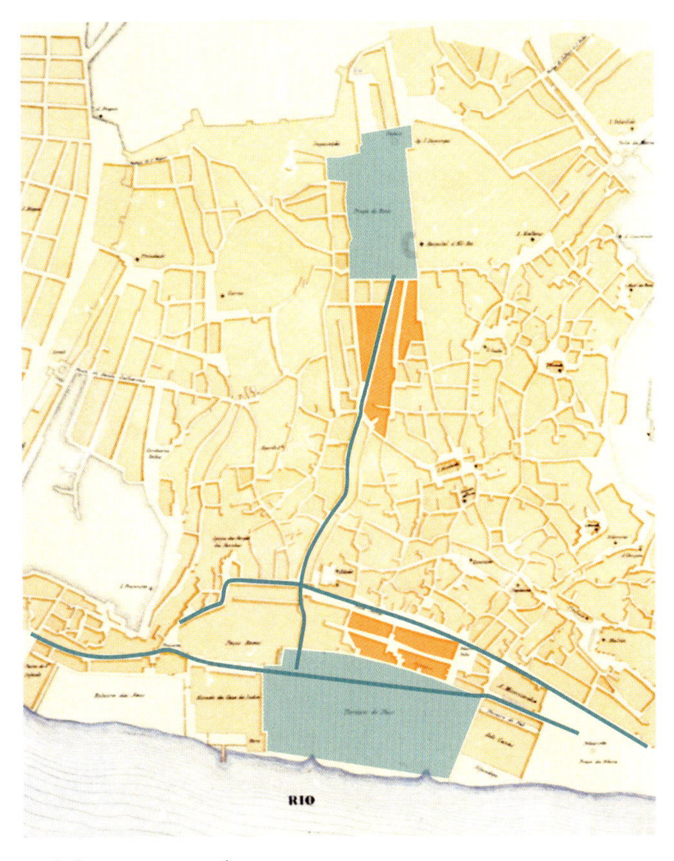

As linhas estruturantes da cidade antes do terremoto: praças, vias principais, orientação dos lotes.

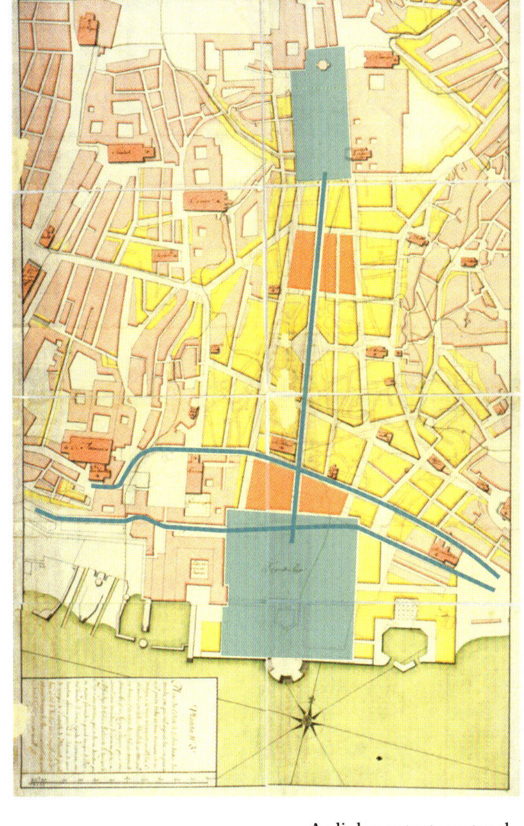

As linhas estruturantes do plano de Eugénio dos Santos e Carvalho e António Carlos Andreas: praças, vias principais, orientação dos lotes.

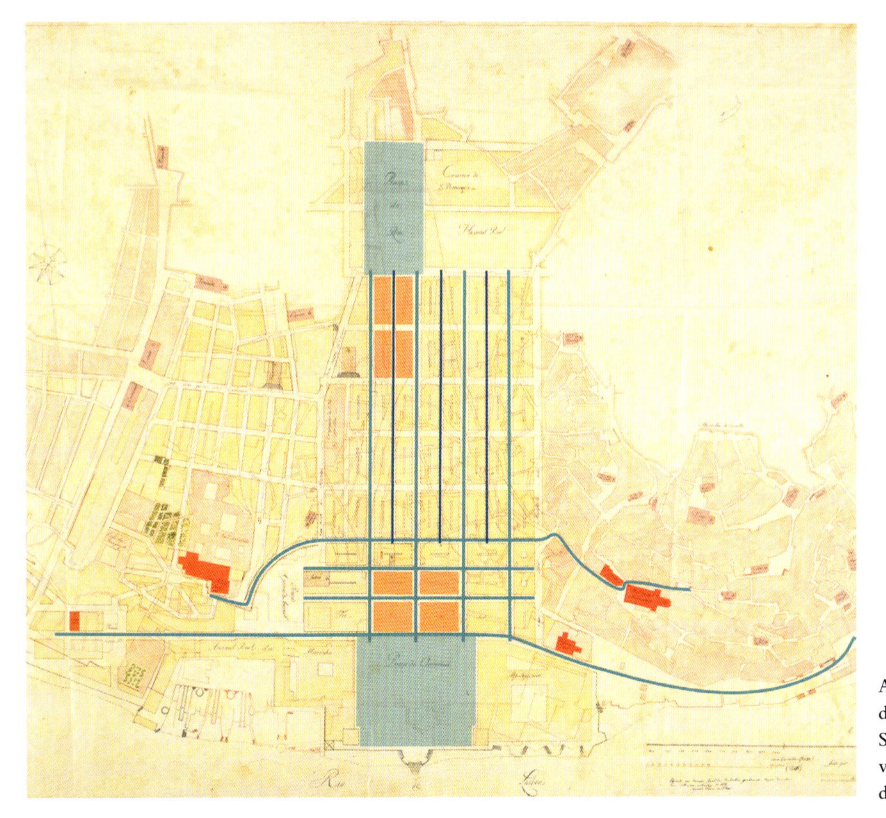

As linhas estruturantes do plano de Eugénio dos Santos e Carlos Mardel: praças, vias principais, orientação dos lotes.

ou do Rio de Janeiro, cidades cuja morfologia é uma referência desse plano.

A hierarquia das ruas perpendiculares ao rio está presente na sucessão de ruas principais e de ruas secundárias que se alternam com diferentes perfis – rua do Ouro, rua do Arco de Bandeira, rua Augusta, rua dos Sapateiros, rua da Prata, rua dos Douradores, rua dos Fanqueiros. Existe aqui uma referência explícita ao traçado das cidades medievais planejadas, com sua alternância de ruas de frente e de trás. A toponímia das ruas, com designações de diferentes ofícios, acentua a referência à cidade medieval. Além de seu perfil, em que são mais largas as ruas principais e mais estreitas as ruas de trás, a hierarquia das ruas é também definida pela relação que estabelecem com as duas grandes praças que polarizam o plano, e pelas cérceas e a pormenorização dos edifícios que se constroem ao longo dessas ruas.

A relação do traçado urbano com a arquitetura está presente de várias formas. Por um lado, na adoção de um padrão arquitetônico uniforme para toda a área do plano. As exceções são o Terreiro do Paço, que tem um projeto diferente, adequado à sua escala monumental de praça real, e o Rossio, que tem uma diferente solução de telhados. Por outro lado, a relação do traçado com a arquitetura está presente nas sutis diferenças que distinguem os três tipos de fachadas que, dentro daquele padrão arquitetônico uniforme, foram elaboradas para os diferentes tipos de ruas que constituem o plano. Os edifícios das ruas principais têm uma cércea e uma altura de pisos mais elevadas, janelas de sacada no primeiro andar, e as cantarias das portas e janelas são mais elaboradas. A relação da arquitetura com o traçado urbano passa também pela exploração da simetria, da perspectiva e da axialidade. Tanto o Rossio como o Terreiro do Paço são organizados simetricamente em relação a um eixo perpendicular ao rio, que define sua orientação. Essa axialidade é definida por edifícios ou elementos arquitetônicos singulares: no Rossio, o teatro D. Maria no topo norte e o Arco de Bandeira na face oposta; no Terreiro do Paço, o Arco Monumental do lado norte e o Cais das Colunas do lado do rio. Esses eixos são ainda reforçados pela existência de elementos esculturais que pontuam as praças: as fontes e a estátua de D. Pedro IV no Rossio, a estátua equestre de D. José I no Terreiro do Paço.

A multiplicidade de praças destinadas a funções diferentes, característica das cidades portuguesas, está presente nas duas praças principais, o Rossio e o Terreiro do Paço, e nos pequenos largos associados às igrejas inseridas na malha da Baixa, que resultaram de simples alargamentos de ruas ou de esquinas cortadas nos quarteirões. Tal como em muitas cidades de origem portuguesa, as duas praças que se situavam em um e no outro extremo do eixo fundamental do plano tinham características e funções distintas: de um lado, um praça herdeira dos antigos rossios, local de troca e de sociabilidade; do outro, uma praça nobre, cerimonial.

O processo habitual de crescimento das cidades portuguesas, que se processa pela construção de sucessivas malhas urbanas, com diferentes características morfológicas, que se vão adicionando, é também referenciado no plano de Eugénio dos Santos. As malhas da Baixa, do Chiado e do Cais do Sodré, embora partilhando a mesma base ortogonal, são distintas, correspondendo a diferentes unidades de crescimento. Dentro da própria Baixa, os dois conjuntos de quarteirões – os primeiros, paralelos ao rio, e os segundos, perpendiculares ao rio – parecem querer sugerir diferentes fases de crescimento.

Dessa forma, o plano de Eugénio dos Santos tem a capacidade de simultaneamente se enquadrar na cultura arquitetônica e urbanística setecentista, responder adequadamente ao programa estabelecido, articular-se de perto com as características físicas do sítio em que se constrói e basear-se em princípios fundamentais de estruturação da cidade tradicional portuguesa, fazendo uma síntese perfeita de suas várias componentes. Partindo de formas de estruturação urbana tradicionais da cidade portuguesa, de diferentes períodos históricos, Eugénio dos Santos abstrai, a partir delas, um plano racional e erudito. As habituais dualidades que se estabelecem entre traçados vernaculares e eruditos, planejados e não planejados, esbatem-se. O plano da Baixa dilui essas fronteiras

Rua do Ouro, rua principal.

e mostra que não há incompatibilidade entre um e outro modo de fazer cidade. Antes, pelo contrário, eles se sintetizam na cidade portuguesa. Ambos se baseiam em princípios inteligentes de estruturar uma cidade de forma ordenada, hierarquizada, e tirando partido das particularidades físicas do sítio em que se implanta.

Resta aquela que consideramos uma das características mais importantes do urbanismo português: o processo de planejamento e de construção da cidade, em que o plano desenhado é posteriormente confrontado com o sítio e a ele adaptado. No plano de Eugénio dos Santos isso também aconteceu. Entre a planta desenhada que temos como referência e a realidade construída são perceptíveis várias diferenças. Entre outras alterações, o Hospital Real não foi reconstruído, daí resultando uma solução diferente para a praça do Rossio, com fachadas idênticas nas faces laterais; a malha do Chiado foi construída com quarteirões de diferente dimensão; a praça em forma de estrela junto ao convento de S. Francisco não foi edificada; a igreja de São Paulo foi reorientada e outras igrejas foram construídas em outros locais; algumas ruas sofreram ligeiras torções em seu alinhamento.

Algumas dessas alterações decorreram do confronto com o local e das necessárias adaptações que daí resultaram. Esse era o procedimento habitual no urbanismo português e que o próprio Manuel da Maia, para quem o verdadeiro ato de projetar se realizava no confronto com o próprio terreno, advogava em suas memórias. Mesmo quando existia um projeto desenhado, a avaliação prática de sua viabilidade e sua adaptação ao sítio constituíam os passos mais importantes do ato de projetar. Para Manuel da Maia, não se tratava de adaptar o projeto ao terreno, mas antes de fazer o próprio projeto no sítio, e com o sítio. A planta deveria ser apenas o levantamento do que tivesse sido demarcado no terreno.

Assim, se por um lado, o urbanismo português se vai tornando cada vez mais regular, geométrico e rigoroso, por outro, nunca abandona sua preocupação com as características físicas do sítio. Os planos elaborados para a Baixa de Lisboa reafirmam mais uma vez a dupla herança do urbanismo português: a geometria e a regularidade, heranças da cultura da Antiguidade Clássica; e a consideração atenta ao território, herança autóctone. Os traçados urbanos de origem portuguesa são o resultado da simbiose desses dois princípios, aparentemente contraditórios, que no plano de Eugénio dos Santos atingiram sua expressão plena.

Rua dos Sapateiros, rua secundária.

Rua do Comércio, rua transversal.

Praça D. Pedro IV ou Rossio.

Praça do Comércio ou Terreiro do Paço.

Considerações finais

O urbanismo português reflete a história do urbanismo europeu e, ao mesmo tempo, afirma sua especificidade por suas características de forma e de processos que são eminentemente portugueses. Ele é o resultado de múltiplas experiências, processos de troca e influências recíprocas levados a cabo em Portugal, no Brasil, na África, no Índico e no Oriente, em que participaram populações e técnicos de várias origens. O Brasil desempenhou um papel importante na inovação de formas e de processos que deles resultaram e que vieram a fazer parte integrante de sua cultura urbana.

Em cada época, os planos urbanos construídos em contextos coloniais partiam sempre de uma simplificação ou de uma abstração das principais características do urbanismo de épocas anteriores. Isso era tanto resultado do pragmatismo e da rapidez de construção necessários em contextos coloniais, que exigiam uma simplificação de procedimentos, de traçados, de arquitetura e de construção, como resultado da habitual escassez de recursos materiais e humanos. Mas essa abstração dos princípios essenciais era também a condição necessária para a inovação que efetivamente se verificava nesses planos coloniais.

Não obstante a multiplicidade de suas expressões construídas, o urbanismo português criou uma identidade, que se consubstancia em um conjunto de invariantes morfológicas e de processos de concepção e de construção que, ao longo do tempo e do espaço, caracterizam indelevelmente suas cidades. É essa permanência de formas e de processos que dá às cidades portuguesas edificadas em diferentes partes do mundo, em diferentes épocas e independentemente de se tratarem de traçados de gênese vernácula ou erudita, o sentido de familiaridade e de identidade que lhe são peculiares.

O urbanismo de origem portuguesa nunca se caracterizou pela imposição de esquemas rígidos e abstratos; antes, moldava-se ao território, às condicionantes físicas e às preexistências, evidenciando um grande pragmatismo nas soluções adotadas em cada caso. Essa mesma maleabilidade se traduzia também em sua capacidade de adaptação a novas necessidades e novos usos, capacidade que ainda hoje mantém. Isso não acontece com os traçados urbanos rigorosamente geometrizados, que são entidades cristalizadas em sua lógica formal, e que dificilmente se acomodam a transformações de escala, de uso, ou de significado. Essa adaptabilidade dos traçados urbanos portugueses não significava, contudo, que as cidades não fossem racionalmente pensadas e construídas, ainda que, por vezes, por meio de uma multiplicidade de agentes e em um tempo longo.

A afirmação de Sérgio Buarque de Holanda, em seu livro *Raízes do Brasil*, de que

> a cidade que os portugueses construíram na América não é produto mental, não chega a contradizer o quadro da natureza, e sua silhueta se enlaça na linha da paisagem. Nenhum rigor, nenhum método, nenhuma previdência, sempre este significativo abandono que exprime a palavra "desleixo"[1]

pode ser analisada de duas formas distintas.

A primeira, de que a cidade "não chega a contradizer o quadro da natureza, e sua silhueta se enlaça na linha da paisagem", é facilmente reconhecível. Essa característica das cidades portuguesas, presente em todos os momentos históricos, radica-se em sua herança mediterrânica, de natureza vernacular, e se manifesta na articulação dos traçados com o suporte físico natural, principalmente por meio da implantação das principais vias segundo as linhas naturais do território e a escolha de sítios topograficamente dominantes para a construção de edifícios notáveis. A estrutura física do sítio era assim traduzida, por vezes literalmente, na estrutura do traçado urbano: as linhas naturais do território se tornavam eixos estruturantes do núcleo urbano e os pontos dominantes – que eram simultaneamente pontos culminantes, de divergência ou de inflexão de linhas de festo – eram os locais selecionados para a implantação de edifícios notáveis, do ponto de vista funcional e arquitetônico, e para a construção de praças associadas a esses edifícios.

Dessa forma, a silhueta da cidade se enlaçava na linha da paisagem. Não contrariando, antes se acomodando ao lugar, a cidade era fácil de percorrer, porque se adaptava à topografia, e era facilmente legível e hierarquizada. Além disso, o desenho da cidade era ainda valorizado por meio de estratégias desenho que tornavam ainda mais explícita as relações entre sítio e plano urbano, entre linha natural e via estruturante, entre ponto de inflexão e praça, entre local dominante e arquitetura singular. Isso significa que a cidade era pensada, contrariando aquela afirmação de Sérgio Buarque.

Além de sua herança mediterrânica, que se traduzia em sua íntima articulação com o sítio, o urbanismo português era também herdeiro dos traçados romanos de colonização, caracterizados pelo rigor, pela geometria e pela regularidade, e o traçado da cidade tinha sempre em sua origem uma estrutura geometrizada, que podia ser um desenho, um traçado conceitual de referência ou um simples conjunto de regras de implantação e de arruação, que servia de referência à definição de seu traçado.

A cidade de origem portuguesa é o resultado da síntese, executada com rigor e método, dessas duas culturas urbanas. Se, na fase da concepção, fazia-se sentir fundamentalmente a cultura erudita, traduzida em estruturas regulares, no ato de implantação, no confronto com o sítio, era a cultura vernácula do território que se sobrelevava.

Não obstante às diferentes culturas urbanas e às influências teóricas de cada época, houve sempre a capacidade de sintetizar a componente erudita, de racionalidade e de regularidade, com a componente vernácula, de relação com o território. O resultado desse processo eram traçados em que se percebe sua origem regular, mas que deliberadamente, e de uma forma inteligente, distorcem-se, com o objetivo de se tornarem mais cômodos de utilizar e paisagisticamente mais interessantes.

Quando vistos em planta – modo de representação que apenas se generalizará a partir do século XVI – percebem-se as irregularidades desses traçados: as ruas não são rigorosamente ortogonais e a implantação pode parecer ter sido feita casualmente. Estando no local, contudo, o traçado transmite grande sentido de ordem e de regularidade, valorizado ainda pela exploração formal das particularidades do sítio e das preexistências construídas. Se uma primeira tentativa de interpretação racional nos pode levar a crer em sua irregularidade, uma interpretação mais atenta nos leva a compreender a grande sensibilidade e racionalidade de seu traçado.

Apesar de sua maleabilidade e da disponibilidade para se adaptar a novos contextos, a cidade de origem portuguesa soube manter ao longo do tempo um conjunto de estratégias de desenho e de características morfológicas que traduzem sua essência. As invariantes de forma e de processos do urbanismo de origem portuguesa podem ser ainda hoje referências fundamentais para o desenho da cidade contemporânea.

Além dos diferentes contextos culturais, econômicos e sociais, das mudanças de escala e das diferentes funções que a cidade tem de cumprir hoje, os princípios que estiveram na base da estruturação das cidades tradicionais devem ser entendidos, sistematizados e tomados como referência quer nas operações de reabilitação urbana, quer na construção de novos espaços urbanos.

A cidade atual tende a se descaracterizar. As relações da forma urbana com as questões defensivas, religiosas e com a maior parte das atividades econômicas se tornaram irrelevantes, e mesmo a relação da forma urbana com as características físicas de seus locais de implantação tende a ser menosprezada. Essa falta de condicionantes ou de referências resultou na desarticulação do desenho da cidade.

Em consequência, o tecido urbano vem perdendo fluidez e continuidade.

1 Holanda, *Raízes do Brasil*, p.110

Os novos espaços urbanos já não se constroem em continuidade formal e conceitual com a cidade existente e não têm estrutura coerente, hierarquias perceptíveis nem elementos reconhecidamente estruturantes. A localização de equipamentos e de funções urbanas centrais é muitas vezes aleatória, sem relação com a estrutura global da cidade; seu papel como elementos de referência do traçado urbano já não é compreendido, e a relação entre a arquitetura e o plano urbano é deficiente. Em muitos casos, os novos tecidos urbanos não têm marcos de referência, hierarquias de espaços nem uma estrutura, geométrica ou outra, perceptível.

A cidade de ruas, de praças e de quarteirões intimamente articulados tem sido substituída por uma cidade em que seus diferentes elementos se autonomizam e se desagregam. As vias mais importantes se tornaram simples vias de trânsito, segregadas de outras funções e separadas do tecido construído; a estrutura de quarteirões desapareceu; as praças foram substituídas por espaços residuais. Apesar de, em diferentes momentos históricos, esses elementos terem diferentes expressões, a cidade podia ser representada, quase indistintamente, pelos espaços urbanos ou pelas edificações, com uma total congruência. Pelo contrário, a representação dos novos tecidos urbanos por meio de sua estrutura viária, dos espaços vazios ou do tecido construído tem expressões completamente distintas, traduzindo sua dissociação.

As praças, ou os espaços que as substituíram, perderam seu papel de elementos fulcrais na vida e na organização da cidade, como locais de confluência de pessoas, de atividades e de significados, estando crescentemente desarticuladas do sistema de vias estruturantes, da lógica do plano, de funções específicas ou de edifícios notáveis. Os espaços urbanos, que eram também desenhados, são substituídos por espaços intersticiais entre as construções, sem forma e sem desenho, sem relação com a estrutura nem a organização funcional da cidade. Nas melhores situações, esses espaços são cenários para a valorização da arquitetura, mas mais frequentemente, são meros espaços sobrantes.

É neste contexto que se impõe uma revisitação dos modos e das formas urbanas tradicionais, não para os copiar ou mimetizar, mas para compreender seus princípios básicos e os reinterpretar à luz das necessidades contemporâneas. Da mesma forma que existe uma arquitetura contemporânea que reinvindica sua genealogia em elementos da arquitetura tradicional, é possível conceber um urbanismo contemporâneo que, além de assegurar os níveis de funcionalidade e de desempenho adequados às necessidades de hoje, radique suas formas, seus processos de concepção e suas estratégias de desenho no urbanismo tradicional.

Os elementos de permanência e as invariantes que podemos encontrar no urbanismo de origem portuguesa ao longo dos tempos devem continuar a ser referências fundamentais. A explicitação desses princípios urbanísticos, sua compreensão e sua reinterpretação crítica, levada a cabo caso a caso, atendendo as suas especificidades, permitirá, por um lado, assegurar que as ações de reabilitação de núcleos urbanos existentes sejam ancorados em um conhecimento de suas características morfológicas fundamentais e dos processos que lhes deram origem, de forma a não os deturpar; por outro lado, assegurar que no desenho de novos espaços urbanos exista uma continuidade com a cultura e a tradição urbanas.

Nessa continuidade de princípios de concepção e de desenho, que será necessário retomar, as lógicas formais da cidade existente devem ser tidas como referência. As novas malhas urbanas devem ser desenhadas em continuidade com o tecido construído, continuando vias estruturantes e afirmando hierarquias, estruturando uma cidade sem espaços vazios expectantes e criando limites facilmente reconhecíveis. O crescimento da cidade deve se apoiar em uma malha ou em um traçado virtual de referência, de base geométrica, claramente perceptível em sua lógica global, que estruture o território e seja o suporte de todas as intervenções urbanísticas e arquitetônica a realizar. A cidade deve ser desenhada com o sítio, adaptando sua base geométrica ao terreno e às preexistências, reforçando seus elementos estruturantes e estabelecendo, continuando ou reafirmando hierarquias, em termos formais, funcionais e simbólicos. Os percursos principais devem ser definidos de acordo com as linhas naturais do território, articulando esses percursos em pontos fulcrais da estrutura natural, tornando-os locais privilegiados na organização urbana, destinados à implantação de funções e de edifícios singulares, associados a espaços urbanos igualmente singulares.

No plano da cidade, devem ser claramente legíveis seus principais elementos estruturantes – sejam eles derivados da topografia ou da geometria do traçado –, as hierarquias dos sistemas de vias e os nós de articulação da malha urbana. São os espaços urbanos, mais que os edifícios, que definem o caráter de uma cidade, pelo que se torna necessário desenhar novos espaços urbanos que não sejam meros espaços intersticiais entre edifícios, mas que sejam espaços públicos reconhecíveis e nomeáveis. As praças devem readquirir seu papel como principais elementos ordenadores do espaço urbano, situando-se em posições fulcrais, resolvendo a articulação de vias ou de malhas, sendo nelas que devem se implantar as principais funções e os principais edifícios, consolidando seu papel como nós de articulação da malha urbana. O desenho dos espaços urbanos deve retomar a relação íntima do edificado com a rua, restabelecendo as hierarquias e as gradações de espaços entre o construído e não construído, entre o público e o privado, e reinventar as escalas intermédias entre o edifício e a cidade e as relações entre a arquitetura e o urbanismo.

Nessa procura de um urbanismo contemporâneo que renove os laços com a tradição e o diálogo com suas raízes culturais não se trata de reproduzir soluções morfológicas do passado, mas, antes, entendê-las, de forma a assegurar a permanência dos conceitos que lhes estão subjacentes. A reconstrução da Baixa Pombalina, na segunda metade do século XVIII, não reproduziu modelos do passado, o que não impediu Eugénio dos Santos de fazer em seu plano uma explícita revisitação de alguns dos principais temas do urbanismo português tradicional. É esse mesmo exercício, em que a inovação se apoia na tradição, constantemente refundida e sublimada, que será sempre e mais uma vez necessário refazer.

Referências

ADONIAS, I. (Org.). *Mapa. Imagens da formação territorial brasileira.* Rio de Janeiro: Fundação Odebrecht, 1993.

ALARCÃO, J. Portugal: das origens à romanização. In: SERRÃO, J.; OLIVEIRA MARQUES, A. H. de. (Dir.). *Nova história de Portugal.*, Lisboa: Editorial Presença, 1986. v.I

______. O reordenamento territorial. In: SERRÃO, J.; OLIVEIRA MARQUES, A. H. de (Dir.). *Nova história de Portugal.* Lisboa: Editorial Presença, 1986. v. I.

______. *Portugal Romano.* Lisboa: Editorial Verbo, 1987.

______. A cidade romana em Portugal: a formação de "lugares centrais" em Portugal, da Idade do Ferro à romanização. In: *Cidades e história.* Lisboa: Fundação Calouste Gulbenkian, 1992.

ALBUQUERQUE, L. *"Aula da Esfera" do colégio de Santo Antão no século XVII.*, Lisboa: Agrupamento de Estudos de Cartografia Antiga, Junta de Investigações do Ultramar, 1972. v.LXX

______. *Crónicas de história de Portugal.* Lisboa: Editorial Presença, 1987.

______; VIEIRA, A. *The Archipelago of Madeira in the XV-Century.* Funchal: Secretaria Regional do Turismo e Cultura, Centro de Estudos de História do Atlântico, 1988.

ALCÂNTARA, D.; ALCÂNTARA, A. *Fortaleza de São José do Macapá.* Rio de Janeiro: H. J. Cole, 1979.

ALMEIDA, C. A. Brochado de. *Proto-história e romanização da bacia inferior do Lima.* Viana do Castelo: Centro de Estudos Regionais, 1990.

ALMEIDA, F. de. (Dir.). *Monumentos e edifícios notáveis do distrito de Lisboa.* 2v. Lisboa: Junta Distrital, 1973-5.

ALVARENGA, A. 1750. Um olhar sobre a cidade. In: AA. VV., *Braga e a sua catedral.* Braga: Cabido da Sé Catedral, Comissão Organizadora do Projecto Educativo da Dedicação da Sé Catedral, 1989.

ANDRADE, F. P. D. de. *Subsídios para o estudo da influência da legislação na ordenação e na arquitectura das cidades brasileiras.* Dissertação para concurso a Cátedra. Universidade de São Paulo, 1966.

ANSAY, P.; RENE, S. *Penser la Ville. Choix de Textes Philosophiques.* Bruxelas: AAM Éditions, 1989.

ARAGÃO, A. *Para a história do Funchal. Pequenos passos da sua memória.* Funchal: Secretaria Regional da Educação e Cultura, 1979.

ARAÚJO, L. Os muçulmanos no ocidente peninsular. In: SARAIVA, J. H. (Dir.). *História de Portugal.* Lisboa: Publicações Alfa, 1983. v.I.

ARAÚJO, N. de. *Peregrinações em Lisboa.* 15v. Lisboa: Parceria António Maria Pereira, 1939.

ARAÚJO, R. M. de. *As cidades da Amazônia no século XVIII. Belém, Macapá e Mazagão.* Porto: Faculdade de Arquitectura, Universidade do Porto, 1998.

ARGAN, G. C. *The Renaissance City.* Nova York: Braziller, 1969.

ARMAS, D. *Livro das fortalezas.* Lisboa: Arquivos Nacionais da Torre do Tombo, INAPA, 1990.

ARRUDA, M. M.V. *Colecção de documentos relativos ao descobrimento e povoamento dos Açores.* Ponta Delgada: Instituto Cultural de Ponta Delgada, 1989.

ASSOCIAÇÃO dos Arquitectos Portugueses. *Arquitectura popular em Portugal.* Lisboa: Associação dos Arquitectos Portugueses 1980.

AYRES, C. *Manuel da Maya e os engenheiros militares portugueses no terremoto de 1755.* Lisboa: Imprensa Nacional, 1910.

AZEVEDO, A. Vilas e cidades do Brasil colonial. In: *Boletim da Faculdade de Filosofia, Letras e Ciências Humanas*, n.208, São Paulo, 1956.

AZEVEDO, A. (Dir.). *Brasil. A terra e o homem.* 2v. São Paulo: Editora Nacional, 1970.

AZEVEDO, C. *Arte cristã na Índia portuguesa.* Lisboa: Junta de Investigação do Ultramar, 1959.

BACON, E. N. *Design of Cities.* Londres: Thames & Hudson, 1978.

BAPTISTA, J. M. *Taboada metrica de varas e covados.* Lisboa: s.n., 1860.

BARBOSA, J. M. S. P. *Da praça pública em Portugal.* 2v. Dissertação de doutorado. Universidade de Évora, 1993.

BARREIRA, C. G. *Um olhar sobre a cidade da Horta.* Horta: Núcleo Cultural da Horta, 1995.

BARREIROS, E. C. *Atlas da evolução urbana da cidade do Rio de Janeiro. Ensaio. 1565-1965.* Rio de Janeiro: Instituto Histórico Brasileiro, 1965.

BARROS, C. E. M. *Aldeamento de São Fidélis*. Rio de Janeiro: Instituto do Patrimônio Histórico e Artístico Nacional, 1995.

BASTOS, A. de M. *Uma excursão ao Amapá*. Rio de Janeiro: [s.n.], 1947.

BEIRANTE, A. *Santarém medieval*. Lisboa: Universidade Nova de Lisboa, 1980.

______. *Santarém quinhentista*. Lisboa: Fundação Calouste Gulbenkian, Junta Nacional de Investigação Científica e Tecnológica, 1981.

______. *Évora na Idade Média*. Lisboa: Fundação Calouste Gulbenkian, Junta Nacional de Investigação Científica e Tecnológica, 1995.

BENEVOLO, L. *The Architecture of the Renaissance*. 2v. Londres: Routledge, 1978.

______. *Histoire de la Ville*. Paris: Editions Parenthèses, 1983.

______. *La Ville dans l'Histoire Européenne*. Paris: Seuil, 1993.

BOTÃO, M. F. *Silves. Capital de um reino medievo*. Silves: Câmara Municipal de Silves, 1992.

BOXER, C. R. *O império marítimo português, 1415-1825*. Lisboa: Edições 70, 1992.

Braga e a sua catedral. Braga: Cabido da Sé Catedral, Comissão Organizadora do Projecto Educativo da Dedicação da Sé Catedral, 1989.

BRAUN, G. *Civitates Orbis Terrarum*. Colónia: Frans Hogenberg, 1575.

BRAUNFELS, W. *Urban Design in Western Europe*. Chicago: The University of Chicago Press, 1990.

BRAZ, H. *Ruas da cidade e outros escritos*. Angra do Heroísmo: Instituto Histórico da Ilha Terceira, 1985.

BROADBENT, G. *Emerging Concepts in Urban Space Design*. Londres: VNR International, 1990.

BURKE, G. *Towns in the Making*. Londres: Edward Arnold, 1977.

BURY, J. *Arquitectura e arte no Brasil colonial*. São Paulo: Nobel, 1991.

CABRITA, A. R.; AGUIAR, J.; APPLETON, J. *Manual de apoio à reabilitação dos edifícios do Bairro Alto*. Lisboa: Laboratório Nacional de Engenharia Civil, Câmara Municipal de Lisboa, 1993.

CALADO, M. Urbanismo e poder no Portugal do século XVIII. In: *Lisboa iluminista e o seu tempo*. Lisboa: Universidade Autónoma de Lisboa, 1997.

CALDAS, J.V.; GOMES, P.V. *Viana do Castelo*. Lisboa: Editorial Presença, 1990.

CALDAS, J. *História de um fogo-morto*. Viana do Castelo: Centro de Estudos Sociais e Etnográficos, 1990.

CALDAS, J. A. *Noticia geral de toda esta capitania da Bahia desde o seu descobrimento até o presente anno de 1759*. Salvador: Tipografia Beneditina, 1951.

CÂMARA Municipal de Lisboa. *História dos mosteiros, conventos e casas religiosas de Lisboa*, 2v. Lisboa: Câmara Municipal de Lisboa, 1972.

CÂMARA Municipal de Lisboa. *Livro das posturas antigas*. Lisboa: Câmara Municipal de Lisboa, 1974.

CANTO F. *Festa de São Joaquim. Batuque e folia do Curiaú*. Macapá: [s.n.], [s.d.]

CARITA, H. *Bairro Alto. Tipologias e modos arquitectónicos*. Lisboa: Câmara Municipal de Lisboa, 1990.

______. *Lisboa manuelina e a formação de modelos urbanísticos da época moderna (1495-1521)*. Lisboa: Livros Horizonte, 1999.

CARITA, R. *Introdução à arquitectura militar na Madeira. A fortaleza--palácio de São Lourenço*. Funchal: Direcção Regional Açoreana de Cultura, 1981.

______. *A planta do Funchal de Mateus Fernandes (c. 1579)*. Série Separatas, Coimbra: Junta de Investigações Científicas do Ultramar, Centro de Estudos de Cartografia Antiga, 1983. v.CXLVII.

______. *O regimento de fortificação de D. Sebastião (1572) e a carta da Madeira de Bartolomeu João (1654)*. Funchal: Secretaria Regional da Educação, 1984.

______. *O colégio dos jesuítas do Funchal. Memória histórica*. 2v. Funchal: Secretaria Regional da Educação, 1987.

______. *A arquitectura militar na Madeira. Séculos XV a XVII*. 2v. Dissertação de doutorado. Universidade de Lisboa, 1993.

______. A defesa do Funchal: sécs. XV a XVII. In: *Islenha*. Funchal: Secretaria Regional do Turismo e Cultura, Direcção Regional dos Assuntos Culturais, n. 12, 1993.

CARPINETTI, J. S. *Mappas das provincias de Portugal, novamente abertos, e estampados em Lisboa, com huma illustração, em que se dá huma breve noticia da geografia, ensina-se o modo de usar dos mappas, explicaõ-se os seus caracteres, e se poem huma breve, mas curiosa, noticia do nosso reino, provincias, cidades, e villas mais principaes delle*. Lisboa: [s.n.], 1762.

CARVALHO, A. *Catálogo da colecção de desenhos. Biblioteca Nacional de Lisboa*. Lisboa: Biblioteca Nacional de Lisboa, 1977.

CARVALHO, D. *História da cidade do Rio de Janeiro*. Rio de Janeiro: Secretaria Municipal de Cultura, Turismo e Esportes, 1990.

CARVALHO, S. L. *Cidades medievais portuguesas. Uma introdução ao seu estudo*. Lisboa: Livros Horizonte, 1989.

CASTILHO, J. *Lisboa antiga. O Bairro Alto*. 5v. Lisboa: Câmara Municipal de *Lisboa*, 1954-66.

CASTRO, A. P. *A praça forte de Valença do Minho*. Valença: Câmara Municipal de Valença, 1994.

CHAVES, L. *Os pelourinhos portugueses*. Gaia: Apolino, 1930.

CHICÓ, M. T. A "Cidade ideal" do renascimento e as cidades portuguesas da Índia. In: *Garcia de Orta*, Revista das Missões Geográficas e de Investigações do Ultramar, número especial, 1956.

COELHO, A. B. *Comunas ou concelhos*. Lisboa: Fundação Calouste Gulbenkian, 1973.

_______. *Quadros para uma viagem a Portugal no séc. XVI*. Lisboa: Centro Nacional de Arqueologia Náutica e Subaquática, 1986.

COLLAÇO, J. T. M. *Cadastro da população do reino (1527)*. Lisboa: Empresa Nacional de Publicidade, 1931.

COMISSÃO Nacional para as Comemorações dos Descobrimentos Portugueses. *Brasil*. Lisboa: Comissão Nacional para as Comemorações dos Descobrimentos Portugueses, 1991.

COMISSÃO Nacional para as Comemorações dos Descobrimentos Portugueses. *A arquitectura militar na expansão portuguesa*. Porto: Comissão Nacional para as Comemorações dos Descobrimentos Portugueses, 1994.

COMISSÃO Nacional para as Comemorações dos Descobrimentos Portugueses. *Universo urbanístico Português, 1415-1822*. Coletânea de Estudos. Lisboa: Comissão Nacional para as Comemorações dos Descobrimentos Portugueses, 1998.

CONSELHO Federal da Cultura. *Atlas cultural do Brasil*. Rio de Janeiro: Conselho Federal da Cultura, 1972.

CORDEIRO, Pe. A. *História insulana das ilhas a Portugal sujeytas no oceano occidental*. Angra do Heroísmo: Editorial Presença, 1981.

CORRÊA, M. J. *Historia da descoberta das ilhas*. Coimbra: Imprensa da Universidade, 1926.

CORREIA, J. E. H. Vila Real de Santo António levantada em cinco meses pelo Marquês de Pombal. In: SANTOS, M. H. C. (Org.). *Pombal Revisitado*. 2v. Lisboa: Editorial Estampa, 1984.

_______; CORREIA, J. E. C. H. *Vila Real de Santo António. Urbanismo e poder na política pombalina*. Porto: Faculdade de Arquitectura, Universidade do Porto, 1997.

_______. A arquitectura. Maneirismo e estilo chão. In: SERRÃO, V. (Dir.) *História da arte em Portugal. O maneirismo*. Lisboa: Publicações Alfa, 1986.

CORREIA, R. R., *Campo Maior vila quase cidade entre os sécs. XVI-XVII*. Campo Maior: Gráfica Calipolense, 1986.

CORTESÃO, A.; MOTA, A. T. *Portugaliae Monumenta Cartographica*. 6v. Lisboa: Imprensa Nacional – Casa da Moeda, 1960.

CORTESÃO, J. *Portugal. A Terra e o Homem*. Lisboa: Imprensa Nacional – Casa da Moeda, 1987.

COSTA, A. *Diccionario chorographico de Portugal continental e insular*. 12v. Porto: Tipographya Privativa do Diccionario Chorographico, 1929-49.

COSTA, A. C. *Corographia portuguesa e descripçam topographica do reyno de Portugal*. 3v. Lisboa: Of. de Valentim da Costa Deslandes, 1706.

COSTA, A. R. *Descripção topográfica e histórica da cidade do Porto*. Porto: Livraria Progredior, 1945.

COSTA, L. *Braga. Roteiro monumental e histórico do centro cívico*. Braga: Câmara. Municipal de Braga, 1985.

COSTA, P. A. J. *D. Diogo de Sousa. Novo fundador de Braga e grande mecenas da cultura*. Braga: Academia Portuguesa de História, 1993.

COUTINHO, P. A. A data da fundação da misericórdia de Viana. In: *Boletim cultural*, Viana do Castelo: Centro de Estudos Regionais, 1985.

CRESPO, M. *O Alentejo na fundação e restauração*. Estremoz: Tipografia de Estremoz, 1941.

______. *Estremoz e o seu termo regional*. Estremoz: Edição do autor, 1987.

CRUZ, M. A. Caminha, evolução e estrutura de uma antiga vila portuária. In: *Finisterra*. Lisboa: Centro de Estudos Geográficos, Fundação para a Ciência e a Tecnologia. V. II, n. 3, 1967.

DELSON, R. M. *Novas vilas para o Brasil-Colônia*. Brasília: Alva, Centro Integrado de Ordenamento Territorial, 1998.

DESWARTE, S. Francisco de Hollanda et les études vitruviennes en Italie. *A Introdução da arte da renascença na península ibérica.* Coimbra: Epartur, 1981.

DIAS, F. S. *Ponta Delgada. 450 anos de cidade.* Ponta Delgada: Universidade dos Açores, Câmara Municipal de Ponta Delgada, 1996.

DIAS, C. M. (Dir.). *História da colonização portuguesa do Brasil.* 3v. Porto: Litografia Nacional, 1921-9.

DIAS, M. N. *Natureza e estatuto da capitania do Brasil.* Lisboa: Junta de Investigações do Ultramar, Centro de Estudos de Cartografia Antiga. 1972. v.CXX.

DIAS, P. (Dir.). *As relações artísticas entre Portugal e Espanha na época dos descobrimentos.* Coimbra: Livraria Minerva, 1987.

DICKINSON, R. E. *The West European City.* Londres: Routledge & Kegan Paul, 1951.

DOGEN, M. *L'Architecture Militaire Moderne, ou Fortification, Confirmée par Diverses Histoires tant Anciennes que Nouvelles.* Amsterdã: Louis Elzevier, 1648.

DOMINGUES, A. *Viagens de exploração geográfica na Amazónia em finais do século XVIII: Política, ciência e aventura.* Funchal: Secretaria Regional do Turismo, Cultura e Emigração (Madeira), Centro de Estudos de História do Atlântico, 1991.

DURER, A. *Pictoris et Architecti Praestantissimo de Urbibus, Arcibus, castellique contendis, ac muniendis rationes aliquot, praesenti bellorum necessitati accommodatissimae: nunc recens è lingua Germanica in Latinam tradutctae.* Paris: Officina Christiani Wecheli, 1535.

ESPANCA, T. *Inventário artístico de Portugal, conselho e distrito de Évora.* Lisboa: Academia Nacional de Belas-Artes, 1966-1975. v.VII-VIII.

______. *Évora.* Lisboa: Câmara Municipal de Évora, 1993.

FEIO, M. *Le Bas Alentejo et l'Algarve.* Évora: Universidade de Évora, 1983.

FERNANDES, A. *História da Madeira.* Funchal: Centro de Estudos de História do Atlântico, 1984.

FERNANDES, F. J. C. *Viana monumental e artística. Espaço urbano e património de Viana do Castelo.* Viana do Castelo: Grupo Desportivo e Cultural dos Estaleiros Navais de Viana do Castelo, 1990.

FERNANDES, J. M. O lugar da cidade portuguesa. In: *Povos e Culturas*, n.2. Lisboa: Centro de Estudos dos *Povos e Culturas* de Expressão *Portuguesa*, 1987).

______. *Angra do Heroísmo.* Lisboa: Editorial Presença, 1989.

______. *Cidades e casas da Macaronésia.* Porto: Universidade do Porto, 1996.

FERRÃO, B. J. *Projecto e transformação urbana do Porto na época dos Almadas 1758/1813. Uma contribuição para o estudo da cidade pombalina.* Porto: Faculdade de Arquitectura da Universidade do Porto, 1989.

FERRAZ, J. F. *Planta da cidade do Funchal desenhada por Agostinho José Marques Rosa.* Lisboa: Junta de Investigações Científicas do Ultramar, Agrupamento de Estudos de Cartografia Antiga, 1968. v.LV.

FERREIRA-ALVES, J. J. B. *O Porto na época dos Almadas. Arquitectura. Obras públicas.* 2v. Porto: Câmara Municipal do Porto, 1988.

FERREIRA, J. A. P. *A Praça da Ribeira.* Porto: Empresa Industrial Gráfica do Porto, 1953.

FERREIRA, M. *Ponta Delgada, a história e o armorial.* Ponta Delgada: Câmara Municipal de Ponta Delgada, 1992.

FERREIRA, T. L.; FERREIRA, M. R. *História da civilização brasileira.* São Paulo: Editora Biblos, 1959.

FERREZ, G. *As cidades do Salvador e Rio de Janeiro no século XVIII.* Rio de Janeiro: Instituto Histórico e Geográfico Brasileiro, 1963.

______. O que ensinam os antigos mapas e estampas do Rio de Janeiro. In: *Revista do Instituto Histórico e Geográfico Brasileiro*, Rio de Janeiro, v.268-78, jul./ set. 1969.

______. *O Rio de Janeiro e a defesa do seu porto 1555-1800.* Rio de Janeiro: Serviço de Documentação Geral da Marinha, 1972.

______. *O paço da cidade do Rio de Janeiro.* Rio de Janeiro: Fundação Nacional Pró-Memória, 1984.

______. *O Rio antigo do fotógrafo Marc Ferrez.* São Paulo: Ex Libris, 1985.

______. *Bahia. Velhas fotografias. 1858/1900.* Rio de Janeiro: Kosmos, 1989.

FIGUEIREDO, A. C. B. de. *Coimbra antiga e moderna.* Coimbra: Edições Almedina, 1996.

FIGUEIREDO, J. F. *Monografia de Nisa.* Lisboa: Imprensa Nacional – Casa da Moeda, Câmara Municipal de Nisa, 1989.

FORTES, M. A. *O engenheiro portuguez: dividido em dous tratados*, 2v. Lisboa: Officina de Manoel Fernandes da Costa, Impressor do Santo Officio, 1728.

______. *Logica racional, geometria, e analitica*. Lisboa: Impresso na Oficina de José Antônio Plates, 1744.

FRANÇA, J. A. *A reconstrução de Lisboa e a arquitectura pombalina*. Lisboa: Instituto de Cultura e Língua Portuguesa, Ministério da Cultura, 1978.

______. *Lisboa pombalina e o iluminismo*. Lisboa: Bertrand Editora, 1987.

______. *Thomar Revisited*. Lisboa: Editorial Presença, 1994.

FREITAS, B. J. S. *Memórias de Braga*. 5v. Braga: Impr. Catholica, 1890.

FREITAS, E. A. C. O castelo de Estremoz, pousada da Rainha Santa Isabel, Estremoz, *Monumentos,* n.127, 1977.

FRIEDMAN, D. *Florentine New Towns. Urban Design in the Late Middle Ages.* Cambridge, Massachusetts: MIT for the Architectural History Foundation, 1988.

FRITACH, A. *L'Architecture Militaire ou La Fortification Nouvelle, Augmentée et Enrichie de Forteresses Regulieres, Irregulieres et de Dehors; le Tout a la Pratique Moderne.* Paris: Chez Toussainct Quinet, 1640.

FRUTUOSO, G. *As saudades da terra*. Ponta Delgada, Instituto Cultural de Ponta Delgada, 1998.

FUNDAÇÃO Calouste Gulbenkian. *Guia de Portugal*. 6v. Lisboa: Fundação Calouste Gulbenkian, 1983-8.

______. *Cidades e história*. Lisboa: Fundação Calouste Gulbenkian, 1987.

GASPAR, J. A morfologia urbana de padrão geométrico na Idade Média. In: *Finisterra,* Lisboa, v.IV, n.8, 1969.

______. Estudo geográfico das aglomerações urbanas em Portugal continental. In: *Finisterra,* Lisboa, v.X, n.19, 1975.

GIDEON, S. *Space, Time and Architecture, The Growth of a New Tradition.* Cambridge, Massachusetts: Harvard University Press, 1978.

GIRÃO, A. A. Origens e evolução do urbanismo em Portugal. In: *Revista Centro de Estudos Demográficos*. Lisboa, n.1, 1945.

GODINHO, V. M. *História económica e social da expansão portuguesa*. Lisboa: Terra Editora, 1947.

______. *A Estrutura da antiga sociedade portuguesa*. Lisboa: Arcádia, 1977.

GOIS, D. *Descrição da cidade de Lisboa*. Lisboa: Livros Horizonte, 1988.

GOITIA, F. C. *Breve história do urbanismo*. Lisboa: Editorial Presença, 1989.

GOMES, P. D. O povoamento medieval em Trás-os-Montes e no Alto-Douro. Primeiras impressões e hipóteses de trabalho. In: *Arqueologia medieval,* Mértola, n.2, 1993.

GOMES, R. C. *A Guarda medieval 1200-1500*. Lisboa: Sá da Costa, 1987.

GONÇALVES, F. A arte no Porto época do Marquês de Pombal. In: Santos, M. H. C. *Portugal revisitado*. Porto: Editorial Estampa, 1984.

GOVERNO do Amapá. *Articulação sócio-económica do Amapá*. Macapá: [s.n.], 1985.

GOVERNO do Amapá. *Fortaleza de São José de Macapá,* Macapá: [s.n.], [s.d.].

G. T. L. de Campo Maior. *Plano de salvaguarda e valorização, centro histórico de Campo Maior*, Campo Maior: Câmara Municipal de Campo Maior, 1992. v.III.

GUEDES, L. C. *Aspectos do reino do Algarve nos séculos XVI e XVII. A "Descripção" de Alexandre Massaii (1621)*. 2v. Lisboa: Arquivo Histórico Militar, 1988.

GUIDONI, E. *La Ville Européene, Formation et Signification du Quatrième au Onzième Siècle.* Bruxelas: Pierre Mardaga, 1981.

GUILLERMOU, A. *Os jesuítas*. Lisboa: Publicações Europa-América, 1977.

GUIMARÃES, V. *Thomar. Sta. Iria*. Lisboa: Livraria Coelho, 1927.

GUTIÉRREZ, R.; ESTERAS, C.. *Território y Fortification, Vauban, Fernández de Medrano, Ignacio Sala y Félix Prósperi, Influencia en España y America.* Madri: Ediciones Tuero, 1997.

GUTKIND, E. A. *Urban Development in Southern Europe: Spain and Portugal.* Londres: Free Press, 1967.

GYGAX, K. E. Contribuições para a geografia de Ponta Delgada, Angra do Heroísmo e Horta (Açores). In: Separata do *Boletim do Instituto Histórico da Ilha Terceira*, Angra do Heroísmo, n.27, 1977.

HARDOY, J. E. *Cartografia urbana colonial de America Latina y el Caribe.* Buenos Aires: International Institute for Environment and Development, Grupo Editor Latinoamericano, 1991.

HOLANDA, S. B. *Raízes do Brasil.* São Paulo: Companhia das Letras, 1995.

JACOB, J. *Bragança*. Lisboa: Editorial Presença, 1997.

JORGE, R. *Origens e desenvolvimento da população do Porto: notas históricas e estatísticas.* Porto: Typographia Ocidental, 1897.

KHIARA, Y. Propos sur l'urbanisme dans la jurisprudence Musulmane. In: *Arqueologia Medieval,* Mértola, n.3, 1993.

KOSTOF, S. *The City Shaped, Urban Patterns and Meanings Through History.* Londres: Thames & Hudson, 1991.

______. *The City Assembled. The Elements of Urban Form Through History.* Londres: Thames & Hudson, 1992.

KRUFT, H. W. *A History of Architectural Theory from Vitruvius to the Present.* Nova York: Princeton Architectural Press, 1994.

LATIF, M. B. *Uma cidade no trópico. São Sebastião do Rio de Janeiro.* Rio de Janeiro: Agir, 1965.

LAVEDAN, P.; HUGUENEY, J.; HENRAT, P. *L'urbanisme a l'époque moderne. XVIe-XVIIIe siècles.* Paris: Arts et Métiers Graphiques, 1982.

LEAL, A. S. A. B. P. *Portugal antigo e moderno: Dicionario geographico, estatistico, chorographico.* 12v. Lisboa: Livraria Editora de Mattos Moreira, 1873-1890.

LEFEBVRE, G. *La Naissance de l'Historiographie Moderne.* Paris: Flammarion, 1971.

LEITE, Pe. S. *Breve história da Companhia de Jesus no Brasil. 1549-1760.* Braga: Apostolado da Imprensa, 1993.

LEME, L. C. *Elementos de arte militar.* Lisboa: Imprensa Nacional, 1874.

LIMA, E. F. W. (Org.). *Rio de Janeiro. Uma cidade no tempo.* Rio de Janeiro: Diagraphic Projetos Gráficos e Editoriais, 1992.

LINSCHOTEN, J. H. van. *Itenerário, viagem ou navegação de Jan Huygen van Linschoten para as Índias Orientais ou Portuguesas.* Lisboa, 1997.

LOPES, A. M. *Mazagão: dos primórdios aos nossos dias.* Macapá: [s.n.], [s.d.].

LOPEZ, R. S. *A cidade medieval.* Lisboa: Editorial Presença, 1988.

MACEDO, L. C. S. Luis Serrão Pimentel e a "Escola Portuguesa de Fortificar". In: *Congresso do mundo português.* Lisboa: Comissão Executiva dos Centenários, 1940. v.XII.

MACHADO, C. V. *Memórias relativas às vidas dos pintores e escultores, architectos e gravadores.* Lisboa: Imp. de Victorino Rodrigues da Silva, 1823.

MACHADO, D. B. P. (Org.). História da cidade e do urbanismo. In: *Anais do IV Seminário.* Rio de Janeiro: Universidade Federal do Rio de Janeiro, Programa de Pós-Graduação em Urbanismo, 1997. 2v.

MADURO-DIAS, F. R. (Ed.). *A cidade de Angra na ilha de Iesu xpõ da Tercera que esta em 39. Graos.* Angra do Heroísmo: Câmara Municipal de Angra do Heroísmo, 1985.

MALLET, A. M. *Les Traveaux de Mars, ou la Fortification Nouvelle tant Reguliere, qu'Irreguliere.* 2v. Paris: Chez l'Autheur, 1671.

MANDROUX-FRANÇA, Marie-Thérèse. Quatre phases de l'urbanisation de Porto au XVIIIe siècle. In: *Colóquio Artes,* Lisboa: Fundação Calouste Gulbenkian, n.8, 1972.

MANTAS, V. G. As primitivas formas de povoamento urbano em Portugal. In: *Povos e Culturas,* Lisboa, n.2, 1987.

MARGARIDO, A. P. *Leiria. História e morfologia urbana.* Leiria: Câmara Municipal de Leiria, 1988.

MARQUES, A. H. O. *História de Portugal.* Lisboa: Editorial Presença, 1972.

______. *Ensaios da história medieval portuguesa.* Lisboa: Guimarães Editores, 1980.

______. A população portuguesa nos finais do século XIII. In: MARQUES, A. H. O. *Ensaios da história medieval portuguesa.* Lisboa: Editorial Presença, 1980.

______. Portugal na crise dos séculos XIV e XV. In: SERRÃO, J.; MARQUES, A. H. O. (Ed.). *Nova história de Portugal.* Lisboa: Editorial Presença, 1987. v.IV.

______; GONÇALVES, I.; ANDRADE, A. A. *Atlas de cidades medievais portuguesas.* Lisboa: Centro de Estudos Históricos da Universidade Nova de Lisboa, Instituto Nacional de Investigação Científica, 1990.

MARTINS, F. E. O. *Os Açores nas rotas das américas e da prata.* Angra do Heroísmo: Instituto Histórico da Ilha Terceira, 1990.

MARX, M. *Cidade brasileira.* São Paulo: Editora da Universidade de São Paulo, 1980.

______. *Nosso chão: do sagrado ao profano.* São Paulo: Editora da Universidade de São Paulo, 1989.

______. *Cidade no Brasil. Terra de quem?.* São Paulo: Editora da Universidade de São Paulo, 1991.

MATOS, L. (Dir.). *No IV Centenário da Fundação do Rio de Janeiro*. Lisboa: [s.n.], 1965.

MATTOS, G. M. *Nicolau de Langres e a sua obra em Portugal*. Lisboa: Comissão de História Militar, 1941.

MATTOSO, J. *Identificação de um país*. 2v. Lisboa: Editorial Estampa, 1985-86.

______. (Dir.). *História de Portugal*. 8v. Lisboa: Círculo de Leitores, 1993.

______. A época sueva e visigótica. In: MATTOSO, J. (Dir.). *História de Portugal*. Lisboa: Círculo de Leitores, 1993. v.I.

______. Mutações. In: MATTOSO, J. (Dir.). *História de Portugal*. Lisboa: Círculo de Leitores, 1993. v.II.

MAYA, M. 1.ª *Dissertação sobre a renovação da cidade de Lisboa por Manoel da Maya, engenhr. mor do R.no*". In: AYRES, C. *Manuel da Maya e os engenheiros militares portugueses no terremoto de 1755*. Lisboa: Imprensa Nacional – Casa da Moeda, 1910.

MELLO, J. A. G. *A cartografia holandesa do Recife*. Recife: Instituto do Patrimônio Histórico e Artístico Nacional, Ministério da Educação, 1976.

MENDEIROS, J. F. Estremoz e as suas gestas. In: *Alto Alentejo. Boletim da Junta de Província do Alto Alentejo,* Évora: Junta de Província do Alto Alentejo, n.1, 1956.

MENEZES, J. L. M. (Org.). *Atlas histórico cartográfico do Recife*. Recife: Fundação Joaquim Nabuco, Edições Massangana, 1988.

______.; RODRIGUES, M. R. R. *Fortificações portuguesas no nordeste do Brasil, séculos XVI, XVII e XVIII*. Recife: Pool Editorial, 1986.

MEIRA FILHO, A. *O bi-secular palácio de Landi*. Belém: Sebo, Julian Livros, 1973.

MERELIM, P. *Freguesias da Praia*. 2v. Angra do Heroísmo: Direcção Regional de Orientação Pedagógica da Secretaria de Educação e Cultura, 1983.

MOITA, I. (Ed.). *Lisboa quinhentista. A imagem e a vida da cidade*. Lisboa: Museu da Cidade, 1983.

MORAIS, A. F. *Arte militar quinhentista*. Lisboa: Arquivo Histórico Militar, 1953.

MOREIRA, M. A. F. *Os mercadores de Viana e o comércio do açúcar brasileiro no século XVII*. Viana do Castelo: Câmara Municipal de Viana do Castelo, 1990.

______. Viana nas suas origens. De póvoa marítima a vila e sede de concelho. In: *Estudos Regionais. Revista Portuguesa de Estudos Regionais,* Angra do Heroísmo, n.12, 1992.

MOREIRA, R. A arquitectura militar do renascimento em Portugal. In: *A introdução da arte da renascença na Península Ibérica*. Coimbra: Epartur, 1981.

______. Uma utopia urbanística pombalina: o "Tratado da Ruação" de José de Figueiredo Seixas. In: SANTOS, M. H. C. (Coord.). *Pombal Revisitado*. 2v., Lisboa: Editorial Estampa, 1984.

MOREIRA, R. A escola de arquitectura do Paço da Ribeira e a academia de matemáticas de Madrid. In: DIAS, P. (Coord.). *As relações artísticas entre Portugal e Espanha na época dos Descobrimentos*. Coimbra: Livraria Minerva, 1987.

______. (Dir.). *História das fortificações portuguesas no mundo*. Lisboa: Publicações Alfa, 1989.

MORENO, H. B. Os municípios portugueses nos séculos XIII a XVI. In: *Estudos de história*. Lisboa: Editorial Presença, 1986.

MORINO, M. *Atlante di Storia dell'Urbanistica, Dalla Preistoria all'Inizio del Secolo XX*. Milão: Ulrico Hoepli Editore, 1933.

MORRIS, A. E. J. *History of Urban Form*. Londres: Young, K. and P. L. Garside, 1982.

MOTA, A. T. *Os regimentos do cosmógrafo-mor de 1559 e 1592 e as origens do ensino náutico em Portugal*. Lisboa: Junta de Investigação do Ultramar, Agrupamento de Estudos de Cartografia Antiga, 1969. v.LI.

MOURA, J. D. G. M. *Memória histórica da notável Vila de Niza*. Lisboa: Câmara Municipal de Nisa, 1982.

MOURÃO, F. A. A. Os agregados populacionais. In: ALBUQUERQUE, L. (Dir.). *Portugal no mundo*. Lisboa: Publicações Alfa, 1989.

NUNES, J. M. S.; ADONIS, I. *Real Forte Principe da Beira*. Rio de Janeiro: Spala Editora, Fundação Emílio Odebrecht, 1985.

OLIVEIRA, A. *A cidade de Ponta Delgada. Aspectos da sua história*. Ponta Delgada: [s.n.], 1993.

OLIVEIRA, B. *Espaço e estratégia. Considerações sobre a arquitectura dos jesuítas no Brasil*. Rio de Janeiro: José Olympio Editora, 1988.

OLIVEIRA, E. P. *Estudos bracarenses. 1-as alterações toponímicas (1380-1980)*. Braga: Aspa, 1982.

OLIVEIRA, E. P. de.; MOURA, E. S.; MESQUITA, J. *Braga. Evolução da estrutura urbana*. Braga: Câmara Municipal de Braga, 1982.

OLIVEIRA, E. P. de.;, BANDEIRA, M. M. *Uma imagem inédita de Braga no séc. XVII*. Braga: Biblioteca Pública de Braga, 1994.

OLIVEIRA, E.V. de.; GALHANO, F. *Casas esguias do Porto e sobrados do Recife*. Recife: Pool Editorial, 1986.

OLIVEIRA, J. M. P. de. *O espaço urbano do Porto. Condições naturais e desenvolvimento*. Coimbra: Instituto de Alta Cultura, 1973.

OZANAM, J. *Traité de Fortification, Contenant les methodes anciennes & modernes pour la construction & la deffense des places, et la maniere de les attaquer, expliquee plus long qu'elle na ète jusques a present*. Paris: Charles de Sercy, 1694.

PAGAN, B. F. *Les Fortifications*. Paris: Chez Cardin Besogne, 1645.

PAULA, R. M.; PAULA, F. *Faro. Evolução urbana e património*. Faro: Câmara Municipal de Faro, 1993.

PACHECO, P.; ANTUNES, L. P. (Coord.). *As ordens militares em Portugal*. Palmela: Edições Colibri, Câmara Municipal de Palmela, 1991.

PEREIRA, P. (Dir.). *História da arte portuguesa*. 3v. Lisboa: Círculo de Leitores, 1995.

PERES, D. (Dir.). *História de Portugal*. 10v. Barcelos: Portucalense Editora, 1928-38.

PESSOA, J.; PICCINATO, G. (Org.). *Atlas dos centros históricos do Brasil*. Rio de Janeiro: Casa da Palavra Produção Editorial, 2007.

PIMENTA, A. *As ilhas dos Açores (esboço de síntese histórica)*. Lisboa: Typ. Angrense, 1943.

PIMENTEL, L. S. *Methodo lusitanico de desenhar as fortificaçoens das praças regulares & irregulares, fortes de campanha e outras obras pertencentes a architectura militar*. Lisboa: Antonio Craesbeeck de Mello, 1680.

PINHO, A. O escudo de armas da Vila de Monção corrompido pelo trádito deuladeiano. In: *Arquivo do Alto Minho*. Viana do Castelo: Câmara Municipal de Viana do Castelo V. 28 (1983).

PINTO, A. C. *Diónisos. Poeta e rey*. Lisboa: Instituto de Cultura e Língua Portuguesa, 1982.

PIRENE, H. *As cidades da Idade Média*. Lisboa: Edições Europa-América, 1964.

PORTAS, N. Interrogações sobre as especificidades das fundações urbanas portuguesas. In: *Estudos de arte e história (homenagem a Artur Nobre Gusmão)*. Lisboa: Faculdade de Ciências Sociais e Humanas, Universidade Nova de Lisboa. Número especial (1995).

PRICE, L. *The Plan of St. Gall in Brief*. Berkeley: University of California Press, 1982.

QUARESMA, A. M. Porto Covo, um exemplo de urbanismo das luzes. In: *Anais da Real Sociedade Arqueológica Lusitana*. Santiago do Cacém: Real Sociedade Arqueológica Lusitana, 1988.

RAMOS, L. A. O. (Pref). *Memórias particulares de Inácio José Peixoto*. Braga: Arquivo Distrital de Braga, Universidade do Minho, 1992.

RASMUSSEN, S. E. *Towns and Buildings*. Cambridge, Massachusetts: The MIT Press, 1969.

RAU, V. *Feiras medievais portuguesas*. Lisboa: Editorial Presença, 1983.

______. *Estudos de história medieval*. Lisboa: Editorial Presença, 1985.

REIS, A. M. Filippo Terzi à luz dos documentos. A fortaleza de Santiago da Barra em Viana do Castelo. *Arquivo do Alto Minho*, Viana do Castelo, v.28, 1983.

______. Os forais antigos do noroeste de Portugal. In: *Estudos Regionais. Revista Portuguesa de Estudos Regionais*, Angra do Heroísmo, n.9, 1991.

______. Viana, a cidade através do tempo. In: *Cadernos Vianenses*, Viana do Castelo, v.XVI, 1993.

REIS FILHO, N. G. *Contribuição ao estudo da evolução urbana do Brasil (1500/1720)*. São Paulo: Livraria Pioneira, Edições da Universidade, 1968.

______. Brasil. In: SOLANO, F. de. (Dir.). *Historia urbana de iberoamerica*. 3v. Madri: Consejo Superior de los Colegios de Arquitectos de España, 1990.

______; BRUNA, P. *Catálogo de iconografia das vilas e cidades do Brasil Colonial 1500-1720*. São Paulo: Universidade de São Paulo, 1964.

REIS, N. G. *Imagens de vilas e cidades do Brasil Colonial*. São Paulo: Edusp, 2000.

RIBEIRO, O. Origem e evolução do urbanismo em Portugal. In: *Revista do Centro de Estudos Geográficos*, Lisboa, n.1, 1945.

______. *Portugal, o Mediterrâneo e o Atlântico*. Lisboa: Coimbra Editora, 1962.

______. Proémio metodológico ao estudo das pequenas cidades portuguesas. In: *Finisterra*, Lisboa, v.IV, n.7, 1969.

______. *Introduções geográficas à história de Portugal*. Lisboa: Imprensa Nacional – Casa da Moeda, 1977.

______. Cidade. In: SERRÃO, J. (Ed.). *Dicionário de história de Portugal*. Porto: Figueirinhas, 1984.

______. Portugal. In: SERRÃO, J. (Ed.). *Dicionário de história de Portugal*. Porto: Figueirinhas, 1984.

______. *Mediterrâneo. Ambiente e tradição.* Lisboa: Fundação Calouste Gulbenkian, 1987.

______. *Geografia e civilização. Temas portugueses.* Lisboa: Livros Horizonte, 1992.

______. *Opúsculos geográficos*. Temas Urbanos. Lisboa: Fundação Calouste Gulbenkian, 1994. v.5.

______. As cidades ibéricas tradicionais e a sua expansão no mundo. In *Opúsculos geográficos*. Temas Urbanos. Lisboa: Fundação Calouste Gulbenkian, 1994. v.5.

______. *Originalidade da expansão portuguesa*. Lisboa: Edições João Sá da Costa, 1994.

ROCHA, M. J. M. da. *Arquitectura civil e religiosa de Braga nos séculos XVII e XVIII*. Braga: Centro de Estudos D. Domingos de Pinho Brandão, Universidade Portucalense Infante D. Henrique, 1994.

ROCHA FILHO, G. N. da. O urbanismo dos jesuítas no Brasil. Comunicação apresentada à *47ª Reunião Anual da Sociedade Brasileira para o Progresso da Ciência*. Vitória: [s.n.], 1995.

RODRIGUES, J.; PEREIRA, M. *Elvas*. Lisboa: Editorial Presença, 1995.

RODRIGUES, J. D. *Poder municipal e oligarquias urbanas. Ponta Delgada no século XVII*. Ponta Delgada: Instituto Cultural de Ponta Delgada, 1994.

RODRIGUES, M.; FERREIRA, T. L. *História da civilização brasileira*. São Paulo: Civilização Brasileira, 1959.

RODRIGUES, M. J. M. Fundamentos da teoria do urbanismo colonial português. In: *Boletim da Academia Nacional de Belas-Artes*, Lisboa: Academia Nacional de Belas-Artes, 1987.

ROSA, A. *De Tomar*. Tomar: Câmara Municipal de Tomar, 1960.

ROSA, J. I. C. Nascimento e evolução urbana de Tomar até ao Infante Dom Henrique. In: *Boletim Cultural e Informativo da Câmara Municipal de Tomar*, Tomar, n.2, 1981.

ROSENAU, H. *A cidade ideal. Evolução arquitectónica na Europa*. Lisboa: Editorial Presença, 1988.

ROSSA. W. A cidade portuguesa. In: PEREIRA, P. *História da arte portuguesa*. Lisboa: Círculo de Leitores, 1995. v.III.

______. *Cidades indo-portuguesas*. Lisboa: Comissão Nacional para a Comemoração do Descobrimentos Portugueses, 1997.

SAA, M. *Origens do Bairro-Alto de Lisboa*. Lisboa: Solução Editora, 1929.

SADA, P.; LUIS, M. F. F. *Paraty. Traçados de um centro histórico*. São Paulo: Projeto, 1989.

SALDANHA, A. V. *As capitanias. O regime senhorial na expansão ultramarina portuguesa*. Funchal: Centro de Estudos de História do Atlântico, 1992.

SALEMA, V. C. *Pelourinhos do Brasil*. Lisboa: Sociedade Histórica da Independência de Portugal, 1992.

SALGUEIRO, T. B. *A cidade em Portugal. Uma geografia urbana*. Porto: Edições Afrontamento, 1992.

SALGADO, P. *Como nasceram as cidades do Brasil*. Lisboa: Ática, 1956.

SALRACH, J. M. A Hispânia visigótica. In: SARAIVA, J. H. (Dir.). *História de Portugal*. Lisboa: Edições Europa-América, 1983. v.I.

SAMPAIO, A. *As póvoas marítimas*. Lisboa: Editorial Vega, 1979.

______. *As vilas do norte de Portugal*. Lisboa: Sociedade Martins Sarmento, 1979.

SANTANA, F. *Lisboa na 2ª metade do século XVIII (plantas e descrições das suas freguesias)*. Lisboa: Câmara Municipal de Lisboa, s.d.

SANTOS, J. M. dos. *Os Açores nos sécs. XV e XVI*. 2v. Angra do Heroísmo: Secretaria Regional de Educação e Cultura, Direcção Regional Açoreana de Cultura, 1989.

SANTOS, M. H. C. dos. (Coord.). *Pombal revisitado*. 2v. Lisboa: Editorial Estampa, 1984.

SANTOS, P. F. Mestres e engenheiros na arquitectura. Fortificações e urbanismo em Portugal e Brasil. Séculos XII a XVIII. In: *Comunicações ao Colóquio de Estudos Luso-Brasileiros de Salvador*. Salvador: Universidade Federal da Bahia, 1959.

______. *Formação de cidades no Brasil Colonial*. Coimbra: Gráfica de Coimbra, 1968.

SARAIVA, J. H. (Dir.). *História de Portugal*. 6v. Lisboa: Publicações Europa-América, 1983.

SARGENT, L. T.; SCHAER, R. (Dir.). *Utopie. La quête de la société idéale en Occident*. Paris: Bibliothèque Nationale de France, 2000.

SEGURADO, J. *Francisco D'Ollanda*. Lisboa: Excelsior, 1970.

SEQUEIRA, G. M. *O Carmo e a Trindade*. 3v. Lisboa: Publicações Culturais da Câmara Municipal de Lisboa, 1939-41.

______. *Lisboa, oito séculos de história*. Lisboa: Câmara Municipal de Lisboa, 1974.

SÉRGIO, A. *Introdução geográfico-sociológica à história de Portugal*. Lisboa: Livraria Sá da Costa, 1973.

______. *Breve interpretação da história de Portugal*. Lisboa: Livraria Sá da Costa, 1977.

SERJEANT, R. B. (Ed.). *La ciudad islámica*. Barcelona: Serbal, 1982.

SERPA, A. F. de. *Portugal. Açores e Madeira*. Lisboa: Centro de Estudos de História do Atlântico, 1929.

SERRÃO, J. (Dir.). *Dicionário de história de Portugal*. 6v. Porto: Figueirinhas, 1984.

______; OLIVEIRA, A. H. M. (Dir.). *Nova história de Portugal*. 12v. Lisboa: Editorial Presença, 1986-92.

194

SERRÃO, J.V.. *O Rio de Janeiro no século XVI*. 2v. Lisboa: Comissão Nacional das Comemorações do IV Centenário do Rio de Janeiro, 1965.

______. *História de Portugal*. 13v. Lisboa: Editorial Verbo, 1978-98.

______. O quadro humano. In: MATTOSO, J. (Dir.). *História de Portugal*. Lisboa: Círculo de Leitores, 1993. v.IV.

SERRÃO, V. (Dir.). *História de arte em Portugal. O maneirismo.* Lisboa: Publicações Alfa, 1986.

SETA, C. de.; LE GOFF, J.. *La ciudad y las murallas.* Madri: Cátedra, 1991.

SILVA, A. C. F. da. *A cultura castreja no norte de Portugal.* Paços de Ferreira: Câmara Municipal de Paços de Ferreira, 1986.

SILVA, A.V. da. *Plantas topográficas de Lisboa*. Lisboa: Câmara Municipal de Lisboa, 1950.

SILVA, F.A. da. *A sé catedral do Funchal*. Funchal: Edição do autor, 1936.

SILVA, I. C. *Corografia paraense ou descripção física, histórica e política da províoncia do Gram-Pará*. Bahia: Typografia do Diário, 1833.

SILVA, J. C.V. da. *Setúbal*. Lisboa: Editorial Presença, 1990.

SILVA, J. M.A. e. Funchal, do estado nascente da sua urbanização ao estado institucional: etapas, ritmos e funções. In: *Islenha*, Funchal, n.12, 1993.

SILVA, M. F. P. da. *Macapá e a sua história*. Macapá: Valcan, 1988.

SILVA, M. B. N. da. *Dicionário da história da colonização portuguesa no Brasil*. Lisboa: Editorial Verbo, 1994.

SILVA-NIGRA, D. C. M. da. Luis Frias da Mesquita, engenheiro--mor do Brasil. In: *Revista do Serviço do Patrimônio Histórico e Artístico Nacional,* Rio de Janeiro, n.9, 1945.

SILVEIRA, J. H. F. da. *Compendio do novo systema legal de medidas*. Lisboa: Typographia do Centro Commercial, 1865.

SILVEIRA, L. *Ensaio de iconografia das cidades portuguesas do ultramar*. 4v. Lisboa: Junta de Investigações do Ultramar, [n.d.]

SIMAS FILHO, A. (Org.). *Evolução física de Salvador*. 2v. Salvador: Universidade Federal da Bahia, Centro de Estudos da Arquitetura na Bahia, 1979.

SLATER, T. R. (Ed.). *The Built Form of Western Cities.* Leicester: Leicester University, 1990.

SMITH, R. C. Urbanismo colonial no Brasil. In: *II Colóquio de Estudos Luso-Brasileiros*. São Paulo: Mímeo, 1955.

SOLANO, F. de. (Dir.). *Historia urbana de iberoamerica*. 3v. Madri: [s.n.], 1990.

SOLEDAD, V. *La ciudad de Eiximenis. Un proyecto teórico de urbanismo en el siglo XIV.* Valencia: Diputación Provincial de Valencia, 1984.

SOROMENHO, M. *Manuel Pinto de Vila Lobos, da engenharia militar à arquitectura*, 3v. Dissertação de Mestrado. Universidade Nova de Lisboa, Lisboa, 1991.

SOUSA, A. de. 1325-1480. In: MATTOSO, J. (Dir.). *História de Portugal*. Lisboa: Círculo de Leitores, 1993. v.II.

SOUSA, B.V. *A propriedade das albergarias de Évora nos finais da Idade Média*. Lisboa: Imprensa nacional – Casa da Moeda, 1990.

SOUSA, N. de. *A arquitectura religiosa de Ponta Delgada nos séculos XVI a XVIII.* Ponta Delgada: Universidade dos Açores, 1986.

______. Ponta Delgada: entender a cidade. In: *Pulsar. Suplemento de Cultura, Artes e Letras*. Ponta Delgada: Açoreano Oriental, 1991.

SOUZA, G. S. de. *Notícia do Brasil*. São Paulo: Liv. Martins Editora, 1974.

SPRANGER, A. I.; GOMES, F. R.; GOMES, E. S. *História da Madeira.* Funchal: Direcção Regional do Ambiente da Madeira, Universidade dos Açores, 1984.

TAYLOR, R. The Architecture of Port-Wine. In: *Architectural Review*, Londres, n.772, 1961.

TEIXEIRA, M. C. Portuguese Traditional Settlements, a Result of Cultural Miscigenation. In: *Traditional Dwellings and Settlements Review*. Journal of the International Association for the Study of Traditional Environments, Berkeley, v.I, n.2, 1990.

______. Collage, Montage and Allegory, Key Elements in the Assimilation of Architectural Cultures. In: *Permeabilities of the Boudaries: the Nature and Manifestations of Cross-Cultural Exchange*. Berkeley: Centre for Environmental Design Research,Universidade de California, 1991. v.22.

______. The Study of the City: Theoretical Problems, Methodological Approaches. In: *Lusíada*. Série de arquitectura, Lisboa, n.1, 1992.

______. A história urbana em Portugal. Desenvolvimentos recentes. In: *Análise Social*, Lisboa, v.XXVIII, n.121, 1993.

______. *Habitação popular na cidade oitocentista. As ilhas do Porto.* Lisboa: Fundação Calouste Gulbenkian – Junta Nacional de Investigação Científica e Tecnológica, 1996.

______. Portuguese Colonial Settlements of the 15th-18th Centuries. Vernacular and Erudite Models of Urban Structure in Brazil. In: COQUERY-VIDROVITCH, C. (Coord.). *La Ville Européenne Outre Mers: un Modèle Conquérant? (XVE-XXE Siècles)*. Paris: L'Harmattan, 1996.

______. A influência dos modelos urbanos portugueses na origem da cidade brasileira. In: *História da cidade e do urbanismo. Anais do IV seminário*. Rio de Janeiro: UFRJ/PROURB, 1997. 2v.

______.; VALLA, M. *O urbanismo português, séculos XIII-XVIII.* Portugal-Brasil. Lisboa: Livros Horizonte, 1999.

______. A construção do espaço urbano do Brasil. In: SILVA, M. B. N. da (Org.). *De Cabral a Pedro I*. Aspectos da colonização portuguesa no Brasil. Lisboa: Ministério da Educação e Cultura, Secretaria de Assuntos Culturais: Fename Editora, 2001.

______. A cidade da Bahia no contexto da modernização dos traçados urbanos portugueses. In: *Anais do IV Congresso de História da Bahia*. Salvador: Instituto Geográfico e Histórico da Bahia: Fundação Gregório de Mattos, 2001.

______. (Coord.). *A praça na cidade portuguesa*. Lisboa: Livros Horizonte, 2001.

______. (Coord.). *A construção da cidade brasileira*. Lisboa: Livros Horizonte, 2004.

______. (Coord.) Urbanismo de origem portuguesa, In: *I Simpósio Luso-Brasileiro de Cartografia*, v.6-8, 2006-2007. Disponível em: <http://cartografiaurbana.ceurban.com/publicacoes.php>.

TELLES, A. C. da S. *Atlas dos monumentos históricos e artísticos do Brasil*. Rio de Janeiro: Ministério da Educação e Cultura, Secretaria de Assuntos Culturais, Fename Editora, 1985.

TOLEDO, B. L. de. *O real corpo de engenheiros na capitania de São Paulo.* São Paulo: João Fortes Engenharia, 1981.

______. *Ação dos engenheiros no planejamento e ordenação da rede de cidades no Brasil. Pecularidades da arquitectura e morfologia urbana.* (Texto policopiado, São Paulo, 1996).

TORRES, F. *O mundo mediterrânico*. Lisboa: Emp. Contemporânea de Edições, 1945.

TRINDADE, J. *Memórias históricas e diferentes apontamentos, àcerca das antiguidades de Óbidos.* Óbidos: Imprensa Nacional – Casa da Moeda, Câmara Municipal de Óbidos, 1985.

UNIVERSIDADE Autónoma de Lisboa. *Lisboa iluminista e o seu tempo*. Lisboa: Universidade Autónoma de Lisboa, 1997.

VALLA, M. la F. The Intercultural Process in Portuguese Architecture. In: *Permeabilities of the Bounderies: the Nature and Manifestations of Cross-Cultural Exchange*. Berkeley: Centre for Environmental Design Research,Universidade de California, 1991. v.22.

______. Papel dos engenheiros-militares na transmissão das formas urbanas portuguesas. Comunicação apresentada no IV Congresso Luso-Afro-Brasileiro. Rio de Janeiro: [s.n.], 1996.

VANCE JR.; JAMES, E. *The Continuing City. Urban Morphology in Western Civilization*. Baltimore: Johns Hopkins University Press, 1990.

VANDER AA, P. *La Galerie Agreable du monde, ou l'on voit en un grand de cartes tres-exactes et de belles tailles douces, les principaux empires, roiaumes republiques, provinces, villes, bourgs et forteresses, avec leur situation, & ce qu'elles ont plus remarquables.* Leiden: Harlingen, Allart Van der Plaats, 1690-1700.

VASCONCELOS, M. A. *O mapa das ruas de Braga*. Braga: Arquivo Distrital de Braga, Companhia IBM Portuguesa, 1988.

VAUBAN, S. Le preste de, *De l'attaque et de la defense des places.* Haia: La Haye, P. de Hondt, 1685.

VIANNA, H. *História do Brasil*. São Paulo: Edições Melhoramentos, 1994.

VICOMTE DE SANTAREM. *Recherches sur la priorite de la decouverte des pays au dela du Cap Bojador*. 2v. Lisboa: Biblioteca Nacional de Portugal, 1989.

VIEIRA, R. R. *Campo Maior: de Leão e Castela a Portugal (séculos XIII-XIV)*. Campo Maior: Edição do autor, 1985.

______. *Campo Maior, vila quase cidade entre os sécs. XVI-XVII*. Campo Maior: Câmara Municipal de Campo Maior, 1987.

VILAS-BOAS, A. M. de. *Cathalogo dos varoens illustres en santidade, letras e armas da mui notavel villa de Vianna do Lima*. Viana do Castelo: [s.n.], 1984.

VILELA, J. S. *Francisco de Holanda. Vida, pensamento e obra*. Lisboa: Instituto de Cultura e Língua Portuguesa, Ministério da Educação e das Universidades, 1982.

VILLE, A. de. *De la Charge des Gouverneurs des Places*. Paris: Sapin--Lignières, Les Corsaires, 1639.

VITERBO, S. *Diccionario historico e documental dos architectos, engenheiros e constructores portugueses ou a serviço de Portugal*. 3v. Lisboa: Imprensa Nacional – Casa da Moeda, 1988.

VITRUVIUS. *The Ten Books on Architecture*. Nova York: Dover Publications, 1960.

WIEBENSON, D. *Los tratados de arquitectura, de Alberti a Ledoux*. Madri: Hermann Blume, 1988.

Créditos de imagens

Capítulo 1

p.10 *Muralha na Villa da Praya para resguardar os edificios da mesma Villa dos estragos de Mar*, António Homem da Costa Noronha, 1827, B.A.

p.13 Desenho do autor sobre: *Olissipo quae nunc Lisboa, civitas amplissima Lusitaniae ad Tagum, totiq Orientis, et multarum Insularum Aphricoeque et Americae emporium nobilissimum*, Georgio Braunio, 1593, M.C.L., in Georgio Braunio, *Urbium proecipuarum mundi theatrum quintum*, Vol.V, Estampa 2.

p.14 Desenho do autor sobre: [*Mapa da nova Villa de Alcobaça*], 1769, A.H.U.

p.15 Desenho do autor sobre: *Planta da Cidade de Saõ Sebastiaõ do Rio de Janeiro, Com suas Fortifficaçoins*, João Massé, 1713, A.H.U.

p.16 *Sumidouro Nas Geraez, Matto dentro*, a.d., 1732, A.H.U.

p.17 *Planta Topografica da porção do terreno, que jaz entre os extremos de Lisboa edificada, e alinhamento da sua fortificação, principiando no bairro alto desde a porta de carro da caza prosessa de S. Roque, e continua por de fronte de S. Pedro de Alcantara (...)*, [Manuel da Maia], 1756, M.C.L.

p.18 Desenho do autor sobre: *ST. SEBASTIEN Ville Episcopale du Bresil*, a.d., 1700, B.P.M.P., *in Relation du voyage de Mr. de Gennes au detroit de Magellan*, p. 72.

p.19 Desenho do autor sobre: *PLANTA DA CIDADE, D° SALVADOR, NA BAHIA. DE TODOS OS SANTOS*, a.d., [1616], B.P.M.P., *in Livro da Razão do Estado do Estado do Brasil.*

Capítulo 2

p.20 *Demonstrasão e Configurasão da Prasa de N. Snr.ª do R.° Ygatemy*, José Custódio de Sá e Faria, [1774], M.M.R.E. – It.

p.22 *Castro de Sanfins, segundo A. do Paço* in A. García Y Bellido, *Vrbanistica de las Grandes Civdades del Mvndo Antigvo,* Instituto Español de Arqueologia – CSIC, Madrid, 1985, p. 193.

p.23 Fotografia do autor.

p.24 *Campo militar romano segundo a descrição de Polibius*, in Leonardo Benevolo, *História da Cidade,* Editora Perspectiva, 1999, p.198.

p.25 Desenho do autor sobre: D.G.O.T.D.U., *Câmara Municipal de Évora, Évora.* Levantamento Aerofotogramétrico. Cobertura Fotográfica, Agosto 1981, Esc. 1:2.000.

p.27 (no alto) Desenho do autor.
(embaixo) Fotografia do autor.

p.28 *Plan of St. Gall*, in Lorna Price, *The Plan of St. Gall in Brief*, Stiftsbibliothek St.Gallen, 1982, p. xii.

p.29 *Plan of Terranuova* in David Friedman, *Florentine New Towns. Urban Design in the Late Middle Ages, Cambridge*, The MIT Press, Massachusetts, 1988, p.128.
(no alto) Desenho do autor sobre: *Planta da Praça de Caminha*, Gonçalo Luís da Silva Brandão, 1758, B.P.M.P., in Gonçalo Luís da Silva Brandão, *Topographia da Fronteyra, Praças e seus Contornos, Raya Seca, Costa, e Fortes da Provincia de Entre Douro, e Minho: Offerecida Ao III.mo Ex.mo Snore Sebastião e Joze de Carvalho, e Mello Secretario de Estado de S. Mag.de Fidellissima: Delineada Por Gonçallo Luis da Sylva Brandão, Sargento do N° de Infantaria na mesma Provinçia.* Anno M.D.CC.L.VII., Mapa 4.
(embaixo) Desenho do autor sobre: *PLANTA DA PRAÇA DE ESTRÈMOS*, J.A.G., 1758, A.H.M.

p.31 (esquerda) *Detall del recto del primer foli del Terç de Lo Crestià*, in Francesc Eiximenis, *Lo Crestià*, fol.1, 1384.
(centro, no alto) *Libellus vere aureus nec minus salutaris quamfestivus de optimo reip[ublicae] statu, deq[ue] noua Insula Vtopia*, in Thomas More, *Vtopia*, 1516.
(centro, embaixo) Santo Agostinho, *De Civitate Dei,* livro II, cap. 69, 1470.
(direita) *New Atlantis, a work unfinished*, in Francis Bacon, *Sylva sylvarvm: or A naturall historie. In ten centvries.* London. Printed by J.H. for William Lee at the Turkes Head in Fleet-street, next to the Miter, 1628.

p.32 *Homem Vitruviano*, in Vincenzo Scamozzi, *L'Idea della Architettura Universale*, Veneza, 1615.

p.33 (esquerda) *Sforzinda*, in Antonio di Pietro Averlino (Filarete), *Plan der Idealstadt Sforzinda,* 1457.
(direita) *Coeverden*, in Frederik Willem van Loon, *Atlas van Loo*, 1649.

p.34 (esquerda) *PLANTA DA PRAÇA DE CHAVES*, [Manuel Pinto VilaLobos], [séc.XVIII], B.N.P.
(direita) [*Campo Maior*], Nicolau de Langres, [Séc.XVII], B.N.P. in Nicolau de Langres, *Desenhos, Plantas de Todas as Praças do Reyno de Portugal Pelo Tenente Nicolaô de Langrês Frances, Que Serviu na Guerra da Aclamação*, fl.20.

p.36 (no alto) [*Localização da cidadela no polígono regular fortificado*], Luís Serrão Pimentel, 1680, B.N.P. in Luís Serrão Pimentel, *Methodo Lusitanico de Desenhar as Fortificaçoens das Praças Regulares e Irregulares, Fortes de Campanha e Outras Pertencentes a Architectura Militar*, Estampa 29, fig.135.
(embaixo) [*Instrumentos de medição*], Manuel de Azevedo Fortes, 1728, in Manuel de Azevedo Fortes, *O Engenheiro Português*, Estampa 7, Lisboa, 1728.

p.37 *Planta Geral da Villa de Santo António de Arenilha*, a.d., [c.1775], B.A.H.M.O.P.T.C., *in Conjunto de Desenhos*.

Capítulo 3

p.38 *Gezigt Van de Reede de Stadt S. Jago. aan de Z.WKant Van het Enyland S.t Iago Een der Eylanden Van Cabo Verde, My Onergegeenen doar de wHeer Dirk Wolter Van Nimsvegen*, Admiraal Van de Indische Zee, a.d., 1635, A.H.U.

p.40 Fotografia do autor.

p.41 Desenho do autor sobre: *PLANTA DA RESTITUIÇÃO DA BAHIA*, João Teixeira Albernaz, 1631, B.N.R.J.

p.42 Desenhos do autor sobre: *Olissipo quae nunc Lisboa, civitas amplissima Lusitaniae ad Tagum, totiq Orientis, et multarum Insularum Aphricoeque et Americae emporium nobilissimum*, Georgio Braunio, 1593, M.C.L., in Georgio Braunio, *Urbium proecipuarum mundi theatrum quintum*,Vol.V, Estampa 2.

p.43 Fotografia do autor.

p.44 *PLANTA DELLA CITTA DI S. SALVADORE, Capitale del Bresile*, a.d., [séc. XVIII], M.A.H.

p.45 Desenho do autor sobre: *PLANTA DA CIDADE DE PONTA-DELGADA TIRADA E DESENHADA EM SETEMBRO DE 1831 POR ANTONIO FERREIRA GARCIA D'ANDRADE*, António Ferreira Garcia de Andrade, 1831, B.P.A.D.P.D.

p.46-7 Fotografias do autor.

p.48 Desenho do autor sobre: [*Baía de Anna de Chaves*], a.d., [1644], A.H.U.

p.49 Desenho do autor sobre: *Planta da Cidade da Ribeira Grande, citta na costa do S. O. Da Ilha de Santiago de Cabo Verde, e Capital de todas as mais Ilhas do mesmo nome*, Nicolao da Fonseca e Araujo, [s.d.], A.H.U.

p.50 Desenhos do autor.

Capítulo 4

p.52 *Planta da Villa de Serpa erigida pelo III.mo Sr Joaquim de Mello e Povoas Gov.or desta Cap.nia*, Filipe Strum, a.d., [séc. XVIII], B.N.P.

p.54 Desenho do autor sobre: *Planta de Vianna, Barra e Castello, Feita em 1756, e acrecentada na Cerca do Convento dos Cruzios em 1758*, Gonçalo Luís da Silva Brandão, 1758, B.P.M.P. in Gonçalo Luís da Silva Brandão, *Topographia da Fronteyra, Praças e seus Contornos, Raya Seca, Costa, e Fortes da Provincia de Entre Douro, e Minho: Offerecida Ao III.mo Ex.mo Snore Sebastião e Joze de Carvalho, e Mello Secretario de Estado de S. Mag.de Fidellissima: Delineada PorGonçallo Luis da Sylva Brandão, Sargento do Nº de Infantaria na mesma Provinçia*. Anno M.D.CC.L.VII., Mapa 20.

p.55 Desenhos do autor.

p.56 Desenho do autor sobre: *cidade do funchal*, [Mateus Fernandes], [c. 1570], B.N.R.J.

p.57 Desenho do autor sobre: *A CIDADE DE ANGRA NA ILHA DE IESV XPO DA TERCERA QVE ESTA EM 39. GRAOS*, João A. Linschoten, 1595, A.H.U.

p.58 (no alto) *PLANTAFORMA DA FORTALEZA SE BAÇAIM*, in Manuel Godinho de Herédia, *O Lyvro de Plantaformas das Fortalezas da India*, 1622-1640, Forte de São Julião da Barra.
(embaixo) Desenho do autor sobre: *Planta da Praça de Damão*, a.d., s.d., A.H.U.

p.59 *PLANO DO NOVO ARRAYAL DE CAZALVASCO que sobre amargem direita do Rio dos Barbados a oito legoas de distancia da Capital de Villa Bella para rumo de Sul, fes levantar no anno de 1783. o G.or e CAP. am GENERAL DA CAP.TA DE MATTO GROSSO LUIS DE ALBUQUERQUE DE MELLO PEREIRA E CACERES*, Ricardo Franco de Almeida Serra, 1783, M.M.R.E. – It.

p.60 *Planta da Vª de Silviz erigida p.lo II.mo S.or iJoaquim de Mello e Povoa, Pov.or desta Cap. nia*, Filipe Strum, [séc. XVIII], B.N.P.

p.62 *Planta Da Villa de S. Jozé do Macapa tirada por Ordem do IIlmo e Ex.mo Snr. Manoel Bernardo de Mello e Castro Gov.or e Capp.am General do Estado do Para & c. em Anno de 1761 pello Capitão Engro Gaspar João de Gronfelde, Gaspar João Gronfelde*, 1761, A.H.U.

p.63-7 Desenhos do autor sobre: *Planta Da Villa de S. Jozé do Macapa tirada por Ordem do IIlmo e Ex.mo Snr. Manoel Bernardo de Mello e Castro Gov.or e Capp.am General do Estado do Para & c. em Anno de 1761 pello Capitão Engro Gaspar João de Gronfelde*, Gaspar João Gronfelde, 1761, A.H.U.

Capítulo 5

p.68 [*Vila de Olinda*], [c. 1586], B.A., *in Roteiro de todos os sinaes conhecim. tos, fundos, baixos, Alyutas, e derrotas que há na Costa do Brasil desdo cabo de Sã.to Agostinho até ao estreito de Fernaõ de Magalhães*, fl.2.

p.70 *Nissa tirada naturall da banda do Sull alcaidi Dom Joham di Souza, Duarte d'Armas*, [1495-1521], A.N.T.T. in Duarte d'Armas, *Este livro he das Fortalezas que sam situadas no extremo de Portugal e Castella…*

p.71 (no alto) Desenho do autor sobre: *Olissipo quae nunc Lisboa, civitas amplissima Lusitaniae ad Tagum, totiq Orientis, et multarum Insularum Aphricoeque et Americae emporium nobilissimum*, Georgio Braunio, 1593, M.C.L. in Georgio Braunio, *Urbium proecipuarum mundi theatrum quintum*, Vol.V, Estampa 2.
(embaixo) Desenho do autor sobre: *Nova BRACARAE AUGUSTE descripitio*, Georgio Braunio, 1594, B.N.P.

p.72 Desenho do autor sobre: *PLANTA DA PRAÇA DE ESTRÈMOS*, J.A.G., 1758, A.H.M.

p.73 Desenho do autor sobre: *A View of the City and university of Coimbra*, a.d., 1797, B.P.M.P. in James Murphy, *A General View of Portugal*, "Plate XV".

p.74 Fotografia do autor.

p.75 Desenho do autor sobre: *Plano projectico de sû novo estabelecimento de Indios da Nação Cayapó çituado namargem do Rio Fartura e denominado Aldeya Maria a 1ª, etendo por oraculo a Sua Igreja N. Snrª da Gloria como se vê do n 1º*, a.d., 1782, A.H.U.

p.76 Fotografias do autor.

p.77 (no alto) Desenho do autor sobre: *Planta das Forteficaçoens, e Bahias da ILHA do FAYAL a qual por ordem da REAL JUNTA da FAZENDA destas ilhas dos Açores tirou o Sarg.to Mor do Real Corpo d'Engenheiros Jozé Rodrigo d'Almeida em 1804*, José Rodrigo de Almeida, 1804, G.E.A.E.M.
(no centro) Desenho do autor sobre: *PLANTA DA FREGUEZIA DE N. S.ª DA ENCARNAÇAÕ*, a.d., [séc. XVIII], A.N.T.T., in *DESCRIPÇÃO COROGRAPHICA DAS PARROCHIAS DA CIDADE DE LISBOA COM OS LEMITES, RUAS, BECOS, E TRAVEÇAS, Q'CADA HUA DELLAS TINHA ANTES DO TERRAMOTO DO 1. DE NOVEMBRO DE 1755; E TAMBEM COM O NUMERO DE FOGOS, Q'NELLAS EXISTÃO.*
(embaixo) Desenho do autor sobre: *Planta nº 3º, Plano da Cidade de Lisboa baixa destruída, em que vaõ signaladas com punctuaçaõ preta todas as ruas, travessas e becos antigos, e as ruas escolhidas de novo com toda a liberdade se mostraõ em branco, e os sítios dos edifícios novos de amarello, e as Igrejas e lugares se conservaõ sem mudança de carmim forte, a alfandega do tabaco, Baluarte do terreyro do Paço e sua cortina, que se devem derribar para restar formado o grande terreyro do Paço vaõ lavados de huma agoada de carmim, como também algumas porções de edifícios do arco do açougue té á entrada do Pelourinho, que taõ bem se haõ de derribar para complemento do mesmo terreyro do Paço com semelhante agoada e a divizaõ das fregas com a cor azul, Eugénio dos Santos e Carvalho, António Carlos Andreas*, [séc. XVIII], M.C.L.

p.78 (no alto) *Prospecto para a divisão que corresponde na Planta ao Nº 7º na Villa de Santo Antonio de Arenilha*, a.d., [c.1775], B.A.H.M.O.P.T.C, *in Conjunto de Desenhos.*
(embaixo) *Prospecto Geral para cada huma das divizoens que vão notadas na Planta com as Letras A, B, D, E., a.d.*, [c.1775], B.A.H.M.O.P.T.C, *in Conjunto de Desenhos.*

p.79 Desenho do autor sobre: *Planta Ichonografica das cazas novas eregidas e ajuntadas á Villa de Jozé de Macapá para os novos Povoadores, ou Soldados que derão baixa em o anno de 1759*, a.d., [1759], A.H.E

p.80-2 Fotografias do autor.

p.83 Desenho do autor.

p.84-5 Desenhos do autor sobre: *Planta Thopografhica da Cidade de Lisboa arruinada, tambem Segundo o novo Alinhamento dos Architétos. Eugénio dos Santos e Carvalho, e Carlos Mardel, Eugénio dos Santos e Carvalho, e Carlos Mardel*, [séc.XVIII], M.C.L.

Capítulo 6

p.86 *Elevação das cazas q se estão fazendo em hú dos lados da nova praça para os moradores Soldados Cazados nesta Villa de Barcellos Feito p.lo Cap.am Ing. Filipe Sturm*, Filipe Sturm, [ca.1760], B.N.P.

p.88 Desenho do autor sobre: [*Carta Cadastral da Cidade de Vianna do Castello, fl. 8, 9, 11, 12*], A.G.T. Ferreira E.V. Salgado, 1868/69, B.A.H.M.O.P.T.C.

p.89 Desenhos do autor sobre: *PLANTA DA FREGUEZIA DE N. S.ª DA ENCARNAÇAÕ*, a.d., [Séc. XVIII], A.N.T.T., in *DESCRIPÇÃO COROGRAPHICA DAS PARROCHIAS DA CIDADE DE LISBOA COM OS LEMITES, RUAS, BECOS, E TRAVEÇAS, Q'CADA HUA DELLAS TINHA ANTES DO TERRAMOTO DO 1. DE NOVEMBRO DE 1755; E TAMBEM COM O NUMERO DE FOGOS, Q'NELLAS EXISTÃO.*

p.91-4 Fotografias do autor.

p.96 [*Mapa da nova villa Viçosa*], a.d., 1774, A.H.U.

p.97 *Planta alta sobre a Cadeya, e seleyro na Praça da vila de santo Antonio de Arenilha com as a cmmodaçoeñs que nella se declarão*, a.d., [c.1775], B.A.H.M.O.P.T.C.

Capítulo 7

p.98 *ARRAIAL DE STA ANNA Latitude Austral 14º45'ARRAIAL DE S. FRANCISCO XAVIEER DA CHAPADA Latitude 14º43'ARRAIAL DO PILARARRAIAL DE S. VICENTE Latitude Austral 14º30'*, a.d., [séc. XVIII], B.P.M.P.

p.100 Desenho do autor.

p.101 (no alto) Desenho do autor sobre: *Planta de Vianna, Barra e Castello, Feita em 1756, e acrecentada na Cerca do Convento dos Cruzios em 1758*, Gonçalo Luís da Silva Brandão, 1758, B.P.M.P., in Gonçalo Luís da Silva Brandão, *Topographia da Fronteyra, Praças e seus Contornos, Raya Seca, Costa, e Fortes da Provincia de Entre Douro, e Minho: Offerecida Ao Ill.mo Ex.mo Snore Sebastião e Joze de Carvalho, e Mello Secretario de Estado de S. Mag.de Fidellissima: Delineada Por Gonçallo Luis da Sylva Brandão, Sargento do Nº de Infantaria na mesma Provinçia*. Anno M.D.CC.L.VII., Mapa 20.

(esquerda, embaixo) *ARRAIAL DE STA ANNA Latitude Austral 14º45'ARRAIAL DE S. FRANCISCO XAVIEER DA CHAPADA Latitude 14º43'ARRAIAL DO PILARARRAIAL DE S. VICENTE Latitude Austral 14º30'*, a.d., [séc. XVIII], B.P.M.P.

(direita, embaixo) Desenho do autor sobre: *MAZAGAÕ. Eroes Valentes, homens afamados, Aqui, Viveraõ annos Numerosos, Obrarão feitos altos Sublimados, Aos Mouros dando Cortes Espantosos: Desses, que forão fortes, e alentados, De Espiritos, Eroicos, e briosos; De quem a fama sempre foi notoria, Aqui da Patria jaz só a memoria*, Inácio António da Silva, 1802, B.N.P.

p.102-5 Fotografias do autor.

p.106 Desenho do autor sobre: D.G.O.T.D.U., Câmara Municipal de Serpa, Serpa. Levantamento Aerofotogramétrico. Cobertura Fotográfica, Julho 1975, Esc. 1:2.000.

p.107 Desenho do autor sobre: D.G.O.T.D.U., Câmara Municipal de Elvas, Elvas. Levantamento Aerofotogramétrico. Cobertura Fotográfica, Agosto 1976, Esc. 1:2.000.

p.108 Desenho do autor sobre: D.G.O.T.D.U., Câmara Municipal de Vila Real, Vila Real. Levantamento Aerofotogramétrico. Cobertura Fotográfica, Agosto 1975, Esc. 1:2.000.

p.109 Desenho do autor sobre: D.G.P.U., Câmara Municipal de Alegrete, Alegrete. Levantamento Aerofotogramétrico. Cobertura Fotográfica, Agosto 1984, Esc. 1:2.000.

p.110 Desenho do autor sobre: D.G.O.T.D.U., Câmara Municipal de Évora, Évora. Levantamento Aerofotogramétrico. Cobertura Fotográfica, Agosto 1981, Esc. 1:2.000.

p.111 Desenho do autor sobre: *PLANTA da Cidade de Belém do Gram Pará, fortificada pelo methodo mais simplez e de menor despeza q' pode admitir a irregularidade da sua figura e inegualidade do seu terreno em parte pantanoso, e em parte cheio de obstàculos e dificuldades principalmente sobre a margem do rio: Projecto q offerece ao IIlmo e Exmo Snõr João Perreira Caldas do Concelho de S. M. F. Gov.or e Capp.m Gen. Do Grampará, Maranhão Piauhy*, Gaspar João Geraldo de Gronfeld, 1773, A.H.U.

p.112 Desenho do autor sobre: *Mappa de huma parte da Ilha de Santa Catharina que se acha fortificada em estado d'defeza*, a.d., 1795, B.P.M.P.

p.113 Desenho do autor sobre: *cidade do funchal*, [Mateus Fernandes], [c. 1570], B.N.R.J.

p.114 *General View of the City of Lisbon / Vue Generalle de la Ville de Lisbon*, London: Printed for Bowles & Printsellers, [s.d], M.C.L.

p.115 (no alto) Desenho do autor sobre: D.G.O.T.D.U., Câmara Municipal de Beja, Beja. Levantamento Aerofotogramétrico. Cobertura Fotográfica, Julho 1979, Esc. 1:2.000.
(embaixo) Desenho do autor sobre: D.G.O.T.D.U., Câmara Municipal de Elvas, Elvas. Levantamento Aerofotogramétrico. Cobertura Fotográfica, Agosto 1976, Esc. 1:2.000.

p.116 Desenho do autor sobre: *A CIDADE DE ANGRA NA ILHA DE IESV XPO DA TERCERA QVE ESTA EM 39. GRAOS*, João A. Linschoten, 1595, B.P.A.R.A.H.

p.117 (no alto) Desenho do autor sobre: *Planta Da Nova Povoação, do Porto Covo*, Henrique Guilherme de Oliveira, [séc. XVIII], A.N.T.T.
(no centro) Desenho do autor sobre: *Mapa da nova villa de Portalegre*, a.d., 1772, A.H.U.
(embaixo) [*Rua de São Paulo*], a.d., [séc. XVIII], B.A.H.M.O.P.T.C.

p.118 *URBS S. LODOVICI IN N NOM*, a.d., 1647, B.N.R.J., in Gaspar Barlaeus, *Caparis Barlaei rerum Per Octennivmin Brasilia Et alibi nuper estarum, Sub Praefectura Illustrissimi Comitis I. Mavritti, Nassovia, &c, Comitis, Nunc Vesalia e Gubernatoris & Equitatus Foc-deratorum Belgii Ordd, Sub Avriaco Ductoris*, Historia, Amstelodami, Ex Typographeio Iannis Blaev.

p.119 (no alto) [*Praça do Comércio*], Eugénio dos Santos Carvalho, [séc. XVIII], M.C.L.
(embaixo) *Planta da nova povoação, denominada Lugar de Balcemão, que se fundou por ordem de S. Mag.e, na Cachoeira do Girão, no Rio Madeira, pello Ill.moe Ex.mo Sñr Luis Pinto de Souza Coutinho, Governador e Capp.am General desta Capp.nia de Matto Grosso, em 30 de Setr.o de 1768*, José Matias Oliveira, [1768], M.M.R.E. It.

p.120-3 Fotografias do autor.

Capítulo 8

p.124 *PLANO DO ARRAIAL DE S. PEDRO D'EL REY Fundado e erigido em novo julgado no anno de 1781 por Luis d'Albuquerque de Mello Pereira e Caceres 4º Gor. e Capam. Genal. das Captas do Matto Grosso e Cuiabá*, a.d., 1781, B.P.M.P.

p.126 Desenho do autor sobre: *Planta das Forteficaçoens, e Bahias da ILHA do FAYAL a qual por ordem da REAL JUNTA da FAZENDA destas ilhas dos Açores tirou o Sarg.to Mor do Real Corpo d'Engenheiros Jozé Rodrigo d'Almeida em 1804*, José Rodrigo de Almeida, 1804, G.E.A.E.M.

p.127 Desenho do autor sobre: *PLANO DE VILLA BELLA DA SANTISSIMA TRINDADE CAPITAL DA CAPITANIA DE MATO GROSSO Levantado em 1789. Anno XXXVII da sua fundaçaõ Por Ordem do Ill.mo, e Ex.mo Senhor LUIS DE ALBUQUERQUE DE MELLO PEREIRA E CACERES Governador e Cap.m General da mesma Capitania No Anno XVIII do seu feliz Governo*, a.d., 1789, A.N.BR.

p.128 (no alto) *PLANTA DA VILLA NOVA DE MAZAGAÕ*, a.d., 1770, A.H.U.

p.128-9 Desenhos do autor sobre: *PLANTA DA VILLA NOVA DE MAZAGAÕ*, a.d., 1770, A.H.U.

p.131 Manuel de Azevedo Fortes, *O Engenheiro Português*, capa, Lisboa, 1728.

p.132 Desenho do autor sobre: *PLANTA DA FREGUEZIA DE N. S.ª DA ENCARNAÇAÕ*, a.d., [Séc. XVIII], A.N.T.T., in *DESCRIPÇÃO COROGRAPHICA DAS PARROCHIAS DA CIDADE DE LISBOA COM OS LEMITES, RUAS, BECOS, E TRAVEÇAS, Q'CADA HUA DELLAS TINHA ANTES DO TERRAMOTO DO 1. DE NOVEMBRO DE 1755; E TAMBEM COM O NUMERO DE FOGOS, Q'NELLAS EXISTÃO.*

p.133 Desenho do autor sobre: *Planta Geral da Villa de Santo António de Arenilha*, a.d., [c.1775], B.A.H.M.O.P.T.C, *in Conjunto de Desenhos*.

Capítulo 9

p.134 *PLANTA DA RESTITUIÇÃO DA BAHIA*, João Teixeira Albernaz, 1631, B.N.R.J.

p.136 *Urbs SALVADOR*, João Maurits, 1671, B.A., in *DE NIEUWE EN ONBEKENDE WEERELD OF BESCURYVING VAN AMERICA EN T'ZUID-LAND.*

p.137 *PLANTA DELLA CITTA DI S. SALVADORE, Capitale del Bresile*, a.d., [séc. XVIII], M.A.H.

p.138 *S.t SALVADOR Ville Capitale du Bresil*, 1700, B.P.M.P., in *Relation du voyage de Mr. de Gennes au detroit de Magellan.*

p.139-40 Desenhos do autor.

p.141-6 Modelo 3D do autor.

p.147 (esquerda, no alto) Detalhe de: *PLANTA DA CIDADE, Dº SALVADOR, NA BAHIA. DE TODOS OS SANTOS*, a.d., [1616], B.P.M.P. in *Livro da Razão do Estado do Brasil.*

(direita, no alto) Detalhe de: *PLANTA DA RESTITUIÇÃO DA BAHIA*, João Teixeira Albernaz, 1631, B.N.R.J.
(esquerda, embaixo) Detalhe de: *PLANTA DA CIDADE, D° SALVADOR, NA BAHIA. DE TODOS OS SANTOS*, a.d., [1616], B.P.M.P. in *Livro da Razão do Estado do Estado do Brasil*.
(direita, embaixo) Detalhe de: *PLANTA DA RESTITUIÇÃO DA BAHIA*, João Teixeira Albernaz, 1631, B.N.R.J.

p.148-51 Desenhos em 3D do autor.

p.152-5 Fotografias do autor.

Capítulo 10

p.156 *PLAN DE LA VILLE DE LISBONNE EN 1650 ÉXISTANT AUX ARCHIVES MUNICIPALES, Planta da cidade de L.ª em q' se mostraõ os muros de vermelho com todas as Ruas e praças da cidade dos muros a dentro dessas declarações postas em seu lugar. Delineada por joaõ nunes tinoco Architecto de S.Mg.de Anno 1650*, [João Nunes Tinoco], 1650, M.C.L.

p.158 *Igreja de S. Paulo / Eglise de St. Paul*, Jacques Philippe Le Bas, 1757, M.C.L.

p.159 *Praça da Patriarchal / Place de la Patriarchale*, Jacques Philippe Le Bas, 1757, M.C.L.

p.160 *Planta n.° 1.°, Plano da cidade de Lisboa baixa destruída em que vaõ sinaladas por linhas e pontinhos de tinta preta as Ruas traveças, e becos antigos, e sobre o mesmo plano se mostraõ em branco as Ruas melhoradas assim as largas, como as estreitas de mayor uso, como também sobre os becos, e Ruas menores se desenhaõ novas ruas que se poderaõ ou escusar, ou abraçar ficando os lugares que os edifícios occupaõ lavados de aguada preta; as Igrejas dos Conventos, Freguesias e Ermidas vaõ sinaladas com aguada Carmim, e a divisaõ das freguesias de côr azul*, Pedro Gualter da Fonseca, e Francisco Pinheiro da Cunha, [séc. XVIII], M.C.L.

p.161 *Planta n.° 2.°, Plano da Cidade de Lisboa baixa arruinada em que vaõ de linhas pretas delgadas as ruas e travessas antigas, e em branco as ruas de novo escolhidas, os edifícios novos de carmim claro, as Igrejas com carmim mais forte, e a cruz, e a divisão das freguesias de azul*, Elias Sebastião Poppe e José Domingos Poppe, [séc. XVIII], M.C.L.

p.162 *Planta n° 3.°, Plano da Cidade de Lisboa baixa destruída, em que vaõ signaladas com punctuaçaõ preta todas as ruas, travessas e becos antigos, e as rus escolhidas de novo com toda a liberdade se mostraõ em branco, e os sítios dos edifícios novos de amarello, e as Igrejas e lugares se conservaõ sem mudança de carmim forte, a alfandega do tabaco, Baluarte do terreyro do Paço e sua cortina, que se devem derribar para restar formado o grande terreyro do Paço vaõ lavados de huma agoada de carmim, como também algumas porções de edifícios do arco do açougue té á entrada do Pelourinho, que taõ bem se haõ de derribar para complemento do mesmo terreyro do Paço com semelhante agoada e a divizaõ das fregas com a cor azul*, Eugénio dos Santos e Carvalho, António Carlos Andreas, [séc. XVIII], M.C.L.

p.163 (no alto) *Planta n.° 4.°, Formada ainda com mais liberdade sem attender a conservar as Igrejas nos seus próprios sitios, nem outro algum edifício, como bem se descobre na delineaçaõ do antigo muyto mais fina*, Pedro Gualter da Fonseca, [séc.XVIII], M.C.L.
(embaixo) *Planta, para a renovação da cidade de Lisboa baixa destruída ideada com toda a liberdade, assim dêtro da povoaçaõ, como na marinha se atender a conservação de couza alguma antiga, assim, como profana*, Elias Sebastião Poppe, [séc.XVIII], M.C.L.

p.165 *Planta Thopografhica da Cidade de Lisboa arruinada, tambem Segundo o novo Alinhamento dos Architétos. Eugénio dos Santos e Carvalho, e Carlos Mardel*, Eugénio dos Santos e Carvalho, e Carlos Mardel, [séc.XVIII], M.C.L.

p.166 *Prospecto do primeiro Quarteiraõ da Rua da S.ta Justa vindo daCalçada do Carmo, e tremina na Rua Aurea. Lado esquerdo*. Marques de Pombal, *in Cartulário Pombalino*, s.d., D.P.C.D.M.L.

p.167 *Prospecto do 1° Quarteiraõ da Rua da Magdalena do Lado do Nazcente principiando no Ang.° da Traveça que divide azcazas de João de Almada*, Marques de Pombal, *in Cartulário Pombalino*, s. d., D.P.C.D.M.L.

p.168 *Prospecto no Lado meridional da Praça do Rocio*. Marques de Pombal, *in Cartulário Pombalino*, s. d., D.P.C.D.M.L.

p.169 *Vue perspective de la Grand Place de Lisbon, nouvellement batie sur les desseins de François Marca*, François de Marca, [séc. XVIII], MCL.

p.170 (esquerda, no alto) Desenho do autor sobre: *PLAN DE LA VILLE DE LISBONNE EN 1650 ÉXISTANT AUX ARCHIVES MUNICIPALES, Planta da cidade de L.ª em q' se mostraõ os muros de vermelho com todas as Ruas e praças da cidade dos muros a dentro dessas declarações postas em seu lugar. Delineada por joaõ nunes tinoco Architecto de S. Mg.de Anno 1650*, [João Nunes Tinoco], 1650, M.C.L.
(direita, no alto) Desenho do autor sobre: *Planta n° 3.°, Plano da Cidade de Lisboa baixa destruída, em que vaõ signaladas com punctu-*

açaõ preta todas as ruas, travessas e becos antigos, e as rus escolhidas de novo com toda a liberdade se mostraõ em branco, e os sítios dos edifícios novos de amarello, e as Igrejas e lugares se conservaõ sem mudança de carmim forte, a alfandega do tabaco, Baluarte do terreyro do Paço e sua cortina, que se devem derribar para restar formado o grande terreyro do Paço vaõ lavados de huma agoada de carmim, como também algumas porções de edifícios do arco do açougue té á entrada do Pelourinho, que taõ bem se haõ de derribar para complemento do mesmo terreyro do Paço com semelhante agoada e a divizaõ das fregas com a cor azul, Eugénio dos Santos e Carvalho, António Carlos Andreas, [séc. XVIII], M.C.L.

(embaixo) Desenho do autor sobre: *Planta Thopografhica da Cidade de Lisboa arruinada, tambem Segundo o novo Alinhamento dos Architétos. Eugénio dos Santos e Carvalho, e Carlos Mardel*, Eugénio dos Santos e Carvalho, e Carlos Mardel, [séc.XVIII], M.C.L.

p.171 (esquerda, no alto) Desenho do autor sobre: *PLAN DE LA VILLE DE LISBONNE EN 1650 ÉXISTANT AUX ARCHIVES MUNICIPALES, Planta da cidade de L.ª em q' se mostraõ os muros de vermelho com todas as Ruas e praças da cidade dos muros a dentro dessas declarações postas em seu lugar. Delineada por joaõ nunes tinoco Architecto de S. Mg.de Anno 1650*, [João Nunes Tinoco], 1650, M.C.L.

(direita, no alto) Desenho do autor sobre: *Planta nº 3.º, Plano da Cidade de Lisboa baixa destruída, em que vaõ signaladas com punctuaçaõ preta todas as ruas, travessas e becos antigos, e as rus escolhidas de novo com toda a liberdade se mostraõ em branco, e os sítios dos edifícios novos de amarello, e as Igrejas e lugares se conservaõ sem mudança de carmim forte, a alfandega do tabaco, Baluarte do terreyro do Paço e sua cortina, que se devem derribar para restar formado o grande terreyro do Paço vaõ lavados de huma agoada de carmim, como também algumas porções de edifícios do arco do açougue té á entrada do Pelourinho, que taõ bem se haõ de derribar para complemento do mesmo terreyro do Paço com semelhante agoada e a divizaõ das fregas com a cor azul*, Eugénio dos Santos e Carvalho, António Carlos Andreas, [séc. XVIII], M.C.L.

(embaixo) Desenho do autor sobre: *Planta Thopografhica da Cidade de Lisboa arruinada, tambem Segundo o novo Alinhamento dos Architétos. Eugénio dos Santos e Carvalho, e Carlos Mardel*, Eugénio dos Santos e Carvalho, e Carlos Mardel, [séc.XVIII], M.C.L.

p.173-7 Fotografias do autor.

Siglas

A.H.M.	Arquivo Histórico Militar
A.H.U.	Arquivo Histórico Ultramarino
A.N.BR.	Arquivo Nacional do Brasil
A.N.T.T.	Arquivo Nacional da Torre do Tombo
A.H.E.	Arquivo Histórico do Exército
B.A.	Biblioteca da Ajuda
B.A.H.M.O.P.T.C.	Biblioteca e Arquivo Histórico do Ministério de Obras Públicas, Transportes e Comunicações
B.N.P.	Biblioteca Nacional de Portugal
B.N.R.J.	Biblioteca Nacional do Rio de Janeiro
B.P.A.R.A.H.	Biblioteca Pública e Arquivo Regional de Angra do Heroísmo
B.P.M.P.	Biblioteca Pública Municipal do Porto
B.P.A.D.P.D.	Biblioteca Pública e Arquivo Distrital de Ponta Delgada
D.G.O.T.D.U	Direção-Geral do Ordenamento do Território e Desenvolvimento Urbano
D.P.C.C.M.L.	Departamento do Patrimônio Cultural da Câmara Municipal de Lisboa
G.E.A.E.M.	Gabinete de Estudos Arqueológicos de Engenharia Militar
M.A.H.	Museu de Angra do Heroísmo
M.C.L.	Muscu da Cidade de Lisboa
M.M.R.E.It.	Mapoteca do Ministério de Relações Externas Itamaraty

FUNDAÇÃO EDITORA DA UNESP

Editores-Assistentes Anderson Nobara
Henrique Zanardi
Jorge Pereira Filho
Copidesque Marcols Soel
Preparação de original Patrícia Sponton
Revisão Giuliana Gramani
Capa Estúdio Bogari
Editoração Eletrônica Estúdio Bogari
Apoio gráfico Carla Patrício
Assistência editorial Olivia Frade Zambone

IMPRENSA OFICIAL DO ESTADO DE SÃO PAULO

Coordenação Editorial Cecília Scharlach
Assistência Editorial Francisco Alves da Silva
Supervisão e Acompanhamento da Impressão Edson Lemos
CTP, Impressão e Acabamento Imprensa Oficial do Estado de São Paulo

Formato	23,5 x 24,5 cm
Mancha	19,5 x 19,4 cm
Tipologia	Bembo 11,5/14,5
Papel	Couché Fosco 150 g/m² (miolo)
	Cartão Supremo 300 g/m² (capa)
Número de Páginas	208
Tiragem	2 000